Tourenübersicht

Das östliche Binnenland

Morbihan – das »kleine Meer« im Süden

Finistère – »Ende der Welt«

Côtes d'Armor – Küsten und Wälder des Nordens

Bernhard Pollmann

Wanderungen in der Bretagne

40 Touren in einer der ursprünglichsten Kultur- und Naturlandschaften Europas

Mit 95 Farbfotos, 40 Kartenskizzen und einer Übersichtskarte

Bruckmann

Umschlag-Titel:
Pointe du Raz (Tour 26).

Umschlag-Rückseite:
Über den Klippen thront die Kapelle Saint-Samson (Tour 32).

Innentitel:
Bei auflaufendem Wasser sind Küstenwanderungen am schönsten. Doch mit der See ist nicht zu spaßen, deshalb ist das Baden nur an den dafür gekennzeichneten Strandabschnitten erlaubt (Tour 8).

Eine Produktion des
Bruckmann-Teams, München

Umschlaggestaltung: Uwe Richter
Lektorat: Marianne Faiss-Heilmannseder, München; Dr. Sabine Klinkert
Layout und Herstellung: Ina Hesse

Bildnachweis:
PICTOR UNIPHOTO: Umschlag-Titel.
Alle übrigen Fotos: Bernhard Pollmann, Emden-Larrelt.

Die Kartenskizzen zu den Touren wurden von Annelie Nau, München, erstellt, die Übersichtskarte vom Ingenieurbüro für Kartographie Heidi Schmalfuß, München.

Alle Angaben dieses Werkes wurden vom Autor sorgfältig recherchiert und auf den aktuellen Stand gebracht sowie vom Verlag auf Stimmigkeit geprüft. Für die Richtigkeit der Angaben kann jedoch keine Haftung übernommen werden. Für Hinweise und Anregungen sind wir jederzeit dankbar. Bitte richten Sie diese an den Bruckmann Verlag, Lektorat, Nymphenburger Straße 86, 80636 München.

Gedruckt auf chlorfrei gebleichtem Papier

Die Deutsche Bibliothek – CIP-Einheitsaufnahme

Pollmann, Bernhard:
Wanderungen in der Bretagne: 40 Touren in einer der ursprünglichsten Kultur- und Naturlandschaften Europas / Bernhard Pollmann. – München : Bruckmann, 1996
(Erlebnis Wandern)
ISBN 3-7654-2953-8

Gesamtherstellung: Bruckmann, München
Druck: Gerber + Bruckmann, München
Printed in Germany
ISBN 3-7654-2953-8

Inhalt

**Côtes d'Armor – Küsten und
Wälder des Nordens** 159

Vorwort

Die Bretagne ist eine der archaischsten Kultur-Natur-Landschaften Europas. Sie ist ein frommes und traditionsstolzes Land, und nahezu alle Wanderungen bieten neben reichem Naturerleben ungewöhnliche Begegnungen mit den Zeugen der Frömmigkeit, die dieses Land hervorgebracht hat. Diese Zeugnisse stehen inmitten der Natur und erregen Staunen, aus welcher Zeit auch immer sie stammen: mehrtausendjährige Megalithtempel, Menhire, Dolmen und Steinkreise, druidische »Altäre«, Schalenfelsen und Heilquellen, christliche Wallfahrtskapellen, Kalvarien und Kathedralen.

Ebenso wie das Tosen der See, die alpin aufragenden Steilküsten, die Sonneninseln und Sandstrandbuchten, die malerischen Fischerdörfer und Altstädte bilden die Megalithen, Kirchen und Sagen einen wesentlichen Bestandteil der Wander-Bretagne, machen jedoch das Wandern zu einer ständigen Begegnung mit Mythen und Symbolen, die in fernste Zeiten des vorgeschichtlichen Europa zurückreichen. Schon die Gewalt und Schönheit der Natur läßt Wanderungen in der Bretagne zu unvergeßlichen Erlebnissen werden, doch das außergewöhnliche Miteinander von Natur, Kultur und Mythos schafft ein Erleben, das weit über »normales« Wandern hinausgeht.

Dieses Miteinander kann als spannend empfunden werden, denn es führt inmitten einer reichen Natur zurück zu den Quellen unserer eigenen Kultur: Der Süden Deutschlands, die Schweiz, Böhmen und Österreich waren einst keltisches Land wie die Bretagne, die Megalithen im deutschen Norden und Westen zeugen davon, daß auch bei uns die Megalithkultur heimisch war – nur, in den Schulen wird kaum etwas darüber gesagt. Wir kennen die Mythen der Römer und Griechen, im Religionsunterricht wird gelernt, wie jüdische Patriarchen vor Tausenden von Jahren ins »Heilige Land« zogen und welche Abenteuer sie dabei bestanden, aber wie die Menschen bei uns lebten und liebten, welche Schönheit sie sahen, ob sie im Einklang mit ihrem Land lebten und ob sie dieses Land mit seinen Quellen und Wäldern, seinen Küsten, Bergen und fruchtbaren Tälern als »heiliges Land« betrachteten – darüber ist nichts zu erfahren.

In der Schönheit der Bretagne tauchen solche Fragen immer wieder auf, und ein wenig von diesen alten, sagenumwobenen Dingen ist in diesen Führer eingeflossen. Wanderungen in der Bretagne sind Wanderungen zu den Quellen – zu den Wurzeln des alten Europa, zu seinen Mythen, seinem Zauber. Grundvoraussetzung für das Erleben dieses Zaubers ist bei allen Wanderungen die Achtung vor der Natur.

Bernhard Pollmann

Obwohl sich die Küsten der Bretagne nur bis zu 70 Meter hoch aufschwingen, sind Küstenwanderungen ein stetes Auf und Ab, weshalb eine gute Kondition von Vorteil ist. Das Miteinander von Seeluft, Sonne und kräftigen Winden macht Küsten- und Inselwanderungen zu natürlichen Heilwanderungen: Die schadstoffarme und so gut wie pollenfreie, jodhaltige Seeluft wirkt wie eine Sole-Inhalation.

Naturstruktur

Gebirge am Meer

Mit den Namen *Armor* = Land am Meer und *Argoat* = Waldland charakterisierten die Kelten vor mehr als 2000 Jahren die beiden Landschaften der Bretagne. Diese Namen sind bis heute lebendig: *Armor* ist die Küste mit ihren Felsflanken, Häfen, Sandstrandbuchten und Inseln, *Argoat* ist das von Mooren, Heide, sanft gerundeten Bergkuppen, Wäldern und tief eingeschnittenen Flußtälern geprägte Binnenland.

Obwohl die Bretagne eine Höhe von maximal nur 383 Metern erreicht, wird sie geologisch als Gebirge bezeichnet: als Armorikanisches Gebirge, als »Gebirge am Meer«. Seine Gestalt hat dieses aus Graniten, Gneisen und Glimmerschiefern bestehende Urgesteinsgebirge im wesentlichen im Tertiär vor 60 Millionen Jahren erhalten. Während damals die Alpen mehrere tausend Meter hoch aufgefaltet wurden, hoben die Erdkräfte das Armorikanische Gebirge nur sacht an.

Als beim Abschmelzen der eiszeitlichen Gletscher der Meeresspiegel anstieg, wurden die tief gelegenen Randgebiete des Armorikanischen Gebirges überflutet, die vergleichsweise hohen Küstenabschnitte hingegen entragen bis heute noch 20 bis 70 Meter den Fluten. Zu den eindrucksvollsten Resten der versunkenen Gebiete zählen die bizarr verwitterten Felsinseln, Nadeln und Riffs.

Die Gezeiten

Das natürliche Leben an der bretonischen Küste und auf den Inseln richtet sich heute wie vor Jahrtausenden nach der Mondzeit: Im Wechsel der etwa halbtägigen Haupt-Mondtiden überflutet die See weite Teile der Küste und läßt sie wieder trockenfallen. Ebbe und Flut sowie die Gezeitenströme sind die grundlegenden Gestaltungskräfte an den bretonischen Küsten und schaffen die Voraussetzung für Lebensräume einzigartiger Dynamik.

Nicht nur für Fischer und Kapitäne ist die Kenntnis der Gezeiten von grundlegender Bedeutung, auch auf Wanderungen ist es von Vorteil – und manchmal unerläßlich –, die Hoch- und Niedrigwasserzeiten zu kennen. Die meisten Küstenwanderungen sind am beeindruckendsten bei auflaufender Flut kurz vor Hochwasser; andererseits sind eini-

Sandstrandwanderungen zählen zu den schönsten Toureneinlagen in der Bretagne. Um nicht im trockenen Feinsand einzusinken, wandert man unten am Spülsaum. Dort ist der Sand feucht und fest, man kann auf ihm leicht federnd wie auf einer finnischen Laufbahn kilometerweit gehen – und zwischendurch Muscheln sammeln und in der See schwimmen. Im Bild die Plage de Bordardoué (Tour 7).

Die Markierung der Wanderwege und die namentliche Ausschilderung besonderer Stellen ist in der Bretagne meist gut, wie hier an der Teufelsgrotte im Felsenmeer von Huelgoat (Tour 18).

ge Halbinseln an den Felsenküsten nur bei Ebbe zu erreichen. Zwar werden die Daten für Hoch- und Niedrigwasser in der Lokalpresse sowie auf Anschlägen in Hotels und in Häfen bekanntgegeben, am besten ist es jedoch, sich den Gezeitenkalender zu besorgen, um Küstenwanderungen optimal planen zu können: Das kleine Heftchen kostet wenige Franc und ist in fast allen Buchhandlungen erhältlich.

Erzeugt werden Ebbe und Flut durch ein komplexes Zusammenspiel der Kräfte von Mond, Erde und Sonne. Da die Tiden bei gewissen Mondständen besonders heftig bzw. schwach sind, verzeichnen die Gezeitenkalender stets auch die Mondphasen. Ein bis zwei Tage nach Vollmond sowie ein bis zwei Tage nach Neumond kommt es zu den Springtiden (Springfluten) mit höherem Hochwasser und niedrigerem Niedrigwasser.

Mit der Gewalt der See ist nicht zu spaßen! Der mittlere Tidenhub erreicht in der Baie du Mont Saint-Michel die gewaltige Höhe von mehr als 14 Metern, wobei die Flut mit einer Durchschnittsgeschwindigkeit von rund 20 Stundenkilometern aufläuft.

Pflanzenwelt

Die Pflanzenwelt der Bretagne unterscheidet sich nicht oder nur kaum von der bei uns, auch Vegetationsbeginn und Blattaustrieb finden etwa gleichzeitig statt. Während Anfang Mai am Golfe du Morbihan alles in Blüte steht, sind die Buchen und Eichen im Gebirge noch kahl.

Auffallend ist in den meisten Wäldern ein urtümlich wirkendes Miteinander von Buche und Eiche, Stechpalme und Efeu: Im Schatten der Buchen, der »Mütter des Waldes«, horsten die Stechpalmen, der Efeu umwindet die Eichen. Durch Wälder zu wandern, in denen passagenweise alle Eichen von Efeu umrankt sind, kann als ungewöhnlich empfunden werden.

In schwer begehbaren Steilhängen finden sich außerdem oft Wälder, die früher als Niederwälder bewirtschaftet, aber irgendwann sich selbst überlassen wurden, weil sich dieser Erwerbszweig als zuwenig rentabel erwies. Auch in diesen Wäldern dominieren Eiche, Buche, Stechpalme und Efeu – zuweilen erfreut auch der Anblick der Tanne, die in der Bretagne ebenso selten wie in Deutschland ist.

Anders als in den Hochwäldern schlagen Buchen und Eichen jedoch am Stock aus: Vierlinge, Fünflinge, ja sogar Siebenlinge sind in diesen Wäldern keine Seltenheit, und die Efeugirlanden, die sich von Baum zu Baum schwingen, tragen ihrerseits zu einem ganz eigenartigen, malerisch-magischen Anblick bei.

Kultur und Geschichte

Megalithische Bretagne

Während die Menschen der Altsteinzeit Sammlerinnen und Jäger waren, bauten jene der Jungsteinzeit bereits Pflanzen an und züchteten Tiere. Die sammelnde Wirtschaftstätigkeit (Beeren pflücken, Fische fangen, Rentiere jagen) hatte die Altsteinzeitmenschen zu einer wandernden Lebensform gezwungen, die Jungsteinzeitleute hingegen konnten mit ihrer »produzierenden« Wirtschaftstätigkeit seßhaft werden. Dieser Übergang vom Wandern zur Seßhaftigkeit, der in der Bretagne in der Zeit um 5000 v. Chr. stattfand, wird als Neolithische Revolution bezeichnet. Diese Revolution veränderte radikal das Wirtschaftsleben, die Sitten und Gebräuche, die religiösen Vorstellungen, das soziale Gefüge und das Verhältnis zwischen Frauen und Männern. Ackerbau, Viehzucht, Hausbau und viele andere Erfindungen stammen aus dieser Zeit.

Was die Menschen der Jungsteinzeit aus der heutigen Wanderperspektive so interessant macht, sind die gewaltigen Denkmäler, die sie in der Bretagne errichtet haben. Während in Deutschland und den meisten anderen Ländern Europas die Monumente der Megalithkultur vergleichsweise spärlich sind oder nur in Museen bzw. in musealem Rahmen (Stonehenge) betrachtet werden können, bilden sie in der Bretagne einen wesentlichen Teil der Landschaft und begegnen uns auf nahezu allen Wegen inmitten der Natur.

Land der großen Steine

In der Bretagne gibt es eine derartige Vielzahl von Werken der Megalithkultur, daß die beiden Grundtypen von Schöpfungen dieser Kultur international mit bretonischen Namen bezeichnet werden: Menhir und Dolmen. Benannt ist die Kultur nach den Megalithen (griechisch megalithos = Großstein), gigantischen Steinsetzungen, die Menschen im Neolithikum, in der Zeit um 5000 bis um 1500 v. Chr., vornahmen. Viele

der Steinmonumente wurden später keltisiert und christianisiert, viele wurden zerschlagen, zerstört, zum Straßen- und Hausbau verwendet, doch sind in der Bretagne noch Zehntausende von ihnen vorhanden.

Insgesamt ist rätselhaft, wozu die Steinsetzungen dienten. Aus heutiger Sicht und im Vergleich zu den Monumentalbauten anderer Hochkulturen sind sie »sinnlos«, weil sie weder wirtschaftlichen Zwecken noch der Machtdemonstration von Königen, Päpsten, Popstars oder Geldinstituten und schon gar nicht Horrorritualen wie den Menschenschlächterkulten der Azteken dienten. Daß bei Carnac Tausende von Menhiren in Reihen aufgestellt wurden, ist unerklärlich, und doch üben diese scheinbar sinnlosen Steinmonumente eine eigentümliche Anziehungskraft auf Millionen von Besuchern aus.

Die Menschen der Megalithkultur besaßen zwar das technische Know-how, Steine mit einem Gewicht von über 40 Tonnen kilometerweit zu transportieren und dann an besonderen Orten zentimetergenau zu plazieren, aber ihre eigenen Häuser errichteten sie aus Holz und anderen vergänglichen Materialien. Die Funde an neolithischen Siedlungsplätzen in der Bretagne belegen, daß die Menschen damals schlicht und bescheiden lebten. Niemand verfiel auf den Gedanken, sich – wie ägyptische Pharaonen, chinesische Kaiser oder römische Päpste – von Sklavenheeren und auf Kosten des Volkes prunkvolle Paläste und Tempel errichten zu lassen. Was diese Menschen erbauten, waren Gemeinschaftswerke, die für die Ewigkeit gestaltet zu sein scheinen. Jahrtausende haben sie überdauert – länger als die Werke jeder anderen Kultur, die es seither in Europa gegeben hat.

Dolmen

Dolmen sehen wie Steinhäuschen mit tischähnlich flachem Dach aus (bretonisch taol = Tisch, maen = Stein). Ihre Wände bestehen aus plattigen Stützsteinen, die mit der Schmalseite auf den Boden gesetzt sind; eine Deckplatte liegt den Stützsteinen auf und überdeckt den Zwischenraum, so daß eine »Kammer« entsteht. Ein Dolmen mit einer Deckplatte ist ein einfacher Dolmen, einer mit mehreren hintereinander plazierten Deckplatten ist ein Galeriedolmen, auch Allée couverte genannt. In etwa zwei Drittel aller Dolmen wurden Knochen gefunden (daher bezeichnet man Dolmen auch als »Grabanlagen«), die anderen Dolmen waren leer.

Blutrünstige sehen in Dolmen druidische Opferaltäre, auf denen Jungfrauen und Greise geschlachtet wurden. Im 19. Jahrhundert galten solche Vorstellungen als »romantisch«. Der bretonische Schriftsteller und französische Diplomat Chateaubriand trug entscheidend zu ihrer Verbreitung bei. Velleda heißt die in Frankreich populär gewordene keltische Druidenpriesterin aus Chateaubriands Romanepos »Die Märtyrer oder Der Triumph der christlichen Religion« (1809, schon zwei Jahre später, erschien die deutsche Übersetzung). Darin schildert Chateaubriand unter anderem, wie Velleda – sie ist schön und blond, aber anders als die germanische Priesterin und Politikerin Véleda hat sie ein Keuschheitsgelübde abgelegt – an den Megalithen von Carnac ein Menschenopfer durchführt.

Wörtlich heißt es: »Die Menge forderte unter lautem Geschrei Menschenopfer, um den Willen des Himmels besser zu erfahren … Sogleich wurde ein eisernes Becken herbeigebracht, damit Velleda über ihm die Kehle eines Greises durchschneide. Sie stellten das Becken vor ihr auf dem Boden nieder. Velleda thronte auf einem goldenen Dreifuß, ihre Kleider umgaben sie in wirrem Faltenwurf, ihr Haar flatterte wild, in der Hand hielt sie das Opfermesser, zu ihren Füßen leuchtete eine Fackel … Die Barden sangen immerfort: Teutates verlangt nach Blut – der heilige Mistelzweig ist mit goldener Sichel geschnitten – Teutates verlangt nach Blut – er hat gesprochen in der Eiche der Druiden!«

Chateaubriands literarische Fiktion wurde im 19. Jahrhundert von vielen für bare Münze genommen und beeinflußte nachhaltig die Vorstellungen der Öffentlichkeit über das Druidentum. Auch zahlreiche Maler griffen Chateaubriands Vorlagen auf und »romantisierten« in großformatigen Ölgemälden Menschenopfer.

Die Archäologie hat diese »romantischen« Mordphantasien nicht bestätigt: An den Megalithen wurden weder in neolithischer noch in keltischer Zeit Menschenopfer durchgeführt.

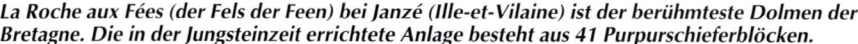

La Roche aux Fées (der Fels der Feen) bei Janzé (Ille-et-Vilaine) ist der berühmteste Dolmen der Bretagne. Die in der Jungsteinzeit errichtete Anlage besteht aus 41 Purpurschieferblöcken.

Menhire

Menhire sind säulenartig aufragende Langsteine (bretonisch maen = Stein, hir = lang), die an besonderen Orten in die Erde gesteckt und vertikal zum Boden aufgerichtet wurden. Ihre Höhe variiert zwischen 2 und 20 Metern. Sind mehrere Menhire in einer Reihe aufgestellt, so bilden sie ein Alignement (Steinallee); die Anordnung der Steine in einem Alignement erfolgt in der Regel nicht linear, sondern in einer welligen Schlangenform. Sind mehrere Menhire kreisförmig, im Halbkreis, elliptisch oder im Viereck aufgestellt, so bilden sie ein Kromlech (»krummer Ort«).

Aufgrund ihrer Höhe waren die Menhire zu allen Zeiten sichtbar. Während die vergleichsweise niedrigen Dolmen im Mittelalter und bis in die Neuzeit unter Erde, Gras, Gestrüpp und Steinschutt verschwanden, waren die hoch aufragenden Menhire in keltischer und gallorömischer ebenso wie in christlicher Zeit die weithin sichtbaren Zeugen einer Kultur, die zwar untergegangen war, deren gewaltige Steinsetzungen jedoch Menschen aller Zeiten anregten, sich mit ihnen zu beschäftigen.

Da niemand weiß, wozu Menhire dienten, wurden und werden sie unterschiedlich gedeutet: als zu Stein gewordene Menschen, als Symbole für Leben und Tod, als Verbindungsglieder zwischen Erde und Himmel. Die Wissenschaft hat herausgefunden, daß einige Menhire der Sonnenstandsbeobachtung dienten und Kalenderwarten waren. Sagen berichten von »Schätzen« unter den Menhiren. Schatzsucher nahmen das wörtlich und fingen unter Menhiren zu graben an. Viele dieser Raubgräber wurden von umstürzenden Menhiren erschlagen, aber niemals wurden Gold und Silber gefunden. Die sagenumwobenen »Schätze« sind offenbar nicht materieller Art.

Viele Menhire wurden durch Abschlagen des oberen Teils und Aufsetzen eines Kreuzes bzw. durch das Anbringen von Reliefs christianisiert. Diese Christianisierung hat einige Menhire vor der Zerstörung gerettet: War ein Menhir christianisiert, so gab es keinen Grund mehr, in ihm einen heidnischen Kultstein zu sehen und ihn der Vernichtung preiszugeben.

Riesen und Feen

Die deutschen Sagen schreiben die Errichtung der meisten Megalithbauten den Hünen = Riesen zu und nennen sie Hinkelsteine (= Riesensteine), Hünenbetten (= Riesenbetten), Hühnerfelsen (= Riesenfelsen), Heunesteine (= Riesensteine) usw. Einst, so erzählen diese deutschen Sagen, haben Wesen gelebt, die unendlich viel stärker waren als die heutigen Menschen; das waren die Hünen oder Heunen, und die hatten die Kraft, diese großen Steine hinzustellen. Da die Riesen in der germanischen Mythologie die Vertreter einer als weiblich gedachten, vorgermanisch-europäischen Urbevölkerung sind, müßten »die Riesen« der Sage also Frauen gewesen sein, die vor der Ankunft der Indogermanen in Europa gelebt und diese vorindogermanische Kultur wesentlich geprägt haben. Die Wissenschaft bestätigt die Sagen nur insofern, als sie sagt: Die Megalithbauten wurden lange Zeit vor der Ankunft der indogermanischen Germanen und Kelten errichtet.

Die Zweisprachigkeit in den Vogesen am Schnittpunkt zwischen Deutschland und Frankreich liefert in diesem Zusammenhang einen überraschenden Hinweis. In deutschsprachigen Vogesen-Sagen werden viele Megalith-Orte mit den Riesen in Zusammenhang gebracht, während die französischen Sagen dieselben Orte mit den Feen in Verbindung bringen: Riesen = Feen.

In der Bretagne schreiben die Sagen die Errichtung einiger Megalithen ebenfalls den Riesen zu; so heißt ein Dolmen bei Pont-Aven »Tombeau des Géants« (Hünengrab). Die meisten bretonischen Megalithen jedoch sollen von den Feen aufgestellt worden sein oder aber von Notre-Dame (Unserer lieben Frau). Nachts tanzen die Feen ihre Reigen um die Menhire, berichten die Sagen. Im Mittelalter wurde der Begriff »Fee« oftmals durch den Begriff »Hexe« (sorcière) ersetzt, und so berichten viele Legenden, daß nachts schaurige Jungfrauen gräßliche Tänze an den Menhiren aufführen, während der Teufel ihnen den Takt geigt.

Die Sagen berichten nichts von blutigen Opferritualen an den Megalithen, sondern sie erzählen, daß in den Dolmen die Feen wohnen. Einer der schönsten und eindrucksvollsten Dolmen der Bretagne ist die Roche aux Fées, der »Fels der Feen«. Dieser 20 Meter lange und über 2 Meter hohe Galeriedolmen besteht aus 41 Purpurschieferblöcken; vier gigantische Blöcke, jeder schwerer als 40 Tonnen, decken die Galerie. Da Funde, die auf ein Grab hindeuten könnten, in der Roche aux Fées fehlen, wird von archäologischer Seite oft die Ansicht geäußert, dieser Megalithbau habe als »Tempel« gedient. Aber bewiesen ist die Tempeltheorie nicht.

Die Feen sind (ebenso wie die Riesen) nicht mehr da, klagen die Sagen. Als sie die Bretagne verlassen mußten, flogen sie weinend übers Meer, aus ihren Tränen entstanden die Inseln. Als die Feen noch in der Bretagne lebten, soll das Land überaus fruchtbar gewesen sein, überall herrschten Wohlstand und Glück. Seit sie fort sind, erinnern an die Feenzeit noch die Inseln, die Felsen, die Menhire und die steinernen Wohnungen der Feen, die Dolmen. Aber die Feen sind nicht für immer verschwunden, wissen die Sagen, sie schlafen nur. Und bald kommen sie wieder.

Schalensteine

Neben den Menhiren und Dolmen bilden die Schalensteine eine weitere wichtige Gruppe von Steindenkmälern in der Bretagne. Es handelt sich um Felsen, in die rundliche Schalen von Fingerhutgröße (Näpfchen) bis Handteller- und Kesselgröße eingetieft sind: kreisrund, dreieckig-schoßförmig, nierenförmig, beckenförmig, oval usw., stets rundlich, nie kantig. In vielen Schalen sammelt sich Wasser, andere Schalen bleiben trocken, oft wurden Näpfchen auch an Senkrechtflächen, an denen sich kein Wasser sammeln kann, eingetieft. Viele Schalen weisen Abflußrinnen auf, vielfach sind Schalen und Rinnen zu einem kunstvollen Ensemble verbunden.

In der Bretagne begegnen dem Wanderer Hunderte dieser Schalensteine. Die meisten davon an Orten, die durch archäologische Funde als seit der Megalithzeit benutzte Plätze ausgewiesen sind, durch Legenden und Kapellenbauten christianisiert wurden (die Legenden deuten die Schalen als Knie- oder Fußabdrücke eines Heiligen oder eines Engels oder auch als Krallenspuren des Teu-

fels) oder in Sagen mit Druiden (Opfersteine), Feen und Hexen in Zusammenhang gebracht werden. Aus Kirchenakten geht hervor, daß mehrfach Verbote erlassen wurden, die Schalensteine aufzusuchen.

Die Schalen sind nicht datierbar. Ein Teil der Wissenschaft behauptet, sie seien durch natürliche Erosion entstanden. Ein anderer, sie seien zu kultischen oder medizinischen Zwecken geschaffen worden; das Wasser, das sich in den Schalen sammelt, sei als Heilwasser betrachtet und zu therapeutischen Zwecken verabreicht worden. Religionsforscher sehen in den »Weihwasser«-Becken katholischer Kirchen und auch in Taufsteinen mögliche Nachfolger dieser Schalen. Blutrünstige erblicken in ihnen Gefäße, in die das Blut geopferter Jungfrauen und Greise abfloß.

An der Pointe de Penhir sowie an der Küste des Rosa Granit bei Perros-Guirec finden sich zahllose Schalensteine. Eine auffällige Vielzahl begegnet uns auch bei Névez südwestlich von Pont-Aven.

Rituale

Weit verbreitet war bis zu Beginn der industriellen Revolution um 1850 der Glaube, daß bestimmte Felsen und Steine (aber auch Bäume und vor allem die Quellen) in der Bretagne Heimstatt übernatürlicher Wesen und von diesen mit heilender Kraft begabt seien. Solche Felsen und Steine wurden als heilig = heilend angesehen, und die Menschen suchten sie auf in der Hoffnung, ein Teil der heilenden, heiligen Kraft möge auf sie übergehen. Die Anliegen, mit denen Frauen, Kinder und Männer zu den Steinen gingen bzw. gebracht wurden, waren alle in etwa die gleichen: Glück, Gesundheit, Liebe. Noch im 19. Jahrhundert gingen Kranke zu manchen Menhiren, kratzten Steinstaub aus dem Langstein (auf diese Weise entstanden »Näpfchen«) und mischten ihn in Speisen und Getränke.

Viele Rituale, die an den Felsen bis in die Neuzeit hinein (und auch heute noch) praktiziert wurden, überdauerten trotz der kirchlichen Verbote, weil das Volk die Macht der Steine als größer empfand als die Macht der römischen Kirche und ihrer Amtsträger. Was auch immer vom Stein erhofft wurde – beim

Ritual galt es, ihn mit dem unverhüllten Körperteil, auf den die heilende Kraft wirken sollte, zu berühren. Bei hinkenden Kindern beispielsweise hielt die Mutter das entblößte Bein des Kindes an den Menhir. Den Abschluß des Rituals bildete stets der Dank: Man bedankte sich beim Menhir oder Felsen und schenkte ihm etwas, beispielsweise ein Stück Stoff oder ein Band.

Weit verbreitet waren liebes- und fruchtbarkeitsmagische Handlungen. Frauen, die sich ein Kind wünschten, rieben ihren Schoß am Menhir. Mütter legten ihre Brüste an Menhire, um Milch zu bekommen. In Saint-Renan (Finistère) gingen junge Eheleute, die einen Kinderwunsch hatten, zur Jument de Pierre (Stein-Stute), einem kolossalen Felsen, und rieben an ihm ihren Unterleib. In Pleumeur-Bodou (Côtes d'Armor) wurden die Lenden kleiner Kinder am Rocher Saint-Samson gerieben, damit sie »Kraft« erhielten. Auch Ehemänner, die von ihren Frauen gequält wurden, sollen sich von den Steinen eine Verbesserung ihres beklagenswerten Schicksals erhofft haben. Zu diesem Zweck mußten sie nachts auf einem Bein um den Felsen in Combourtillé (Ille-et-Vilaine) herumhüpfen.

Berühmt sind ferner die Gleitsteine. Vor allem im Département Ille-et-Vilaine werden zahlreiche Felsblöcke – darunter viele Schalenfelsen – gezeigt, die den Namen »Roches écriantes« tragen (écrier = Dialektausdruck für glisser = gleiten). Frauen, die einen Heiratswunsch hatten, erstiegen den Gipfel des Felsens und rutschten mit nacktem Hintern die Schräge hinab. Kam die Frau unten an, ohne beim Gleiten wund geworden zu sein, konnte sie sicher sein, bald einen guten Mann zu finden. Einige Gleitsteine wurden so oft benutzt, daß sie glattpoliert wie Marmor sind. Die Kirche verbot solche Handlungen, konnte sie aber nicht unterbinden. Der Gleitstein von Kerbénès bei Ploemeur (Morbihan) wurde im Jahr 1845 zerschlagen, um »das schamlose Treiben der Frauen und jungen Mädchen« zu beenden.

Folgendes Ritual wurde an der Roche aux Fées praktiziert: Heiratswillige Paare traten vor den Eingang, beide mußten den Dolmen umrunden, der Mann rechts, die Frau links herum; während der Umrundung des Dolmens mußten sie die Steine zählen und danach die Zahl nennen – eine Differenz von zwei Steinen galt als gerade noch hinnehmbar, waren es mehr, bedeutete dies, daß die beiden nicht zusammenpaßten.

Untergang der Megalithkultur

Das Ende der Megalithkultur in der Bretagne wird um 1500 v.Chr. angesetzt. Zu dieser Zeit kamen metallene Waffen auf (Bronzezeit 1500–650 v.Chr., danach Eisenzeit). Der Untergang der Megalithkultur wird mit dem Erscheinen aggressiver indogermanischer Metallwaffenvölker in Zusammenhang gebracht. Die für den europäischen Raum bedeutendsten waren Kelten und Germanen; sie waren ursprünglich – und auch noch in römischer Zeit – nicht auseinanderzuhalten.

Die indogermanischen Metallwaffenvölker waren kriegerisch ausgerichtet und patriarchal strukturiert. Die Megalithkultur hingegen war ein auf Frieden ausgerichtetes System. Außerdem soll sie ein matrilinear strukturiertes, prinzipiell egalitäres und im ursprünglichen Sinn des Wortes »hierarchisches« Gesellschaftssystem gewesen sei. Matrilinear bedeutet, daß die Mütter als die eigentlichen Kulturträgerinnen anzusehen sind. Egalitär bedeutet, daß es keine Standes- oder Klassenunterschiede gab, da alle Menschen als gleich wichtig betrachtet wurden. Das aus dem Griechischen kommende Wort »hierarchisch« heißt soviel wie »auf den heiligen Anfang bezüglich« und bezeichnet in diesem Sinn nicht eine pyramidal von oben nach unten auf dem Herr-Untertan-System aufgebaute Gesellschaft (so wurde das Wort später uminterpretiert), sondern eine Gesellschaft, in der die Menschen Dinge tun, die als »von Anfang an heilig« angesehen wurden: Eine Bäckerin erschafft in einem heiligen, magischen Akt das Brot, ein Jäger erlegt in einem heiligen, magischen Akt Tiere. Alle Menschen vollziehen

Die in die See hineinstoßenden Felszungen bilden immer wieder hervorragende Plätze für eine aussichtsreiche, sonnige Rast, wie hier auf der Halbinsel von Quiberon.

Akte, die als heilig angesehen werden und der Gemeinschaft zugute kommen; deshalb sind alle Menschen gleich wichtig.

Weitgehend unbestritten ist die Tatsache, daß im Megalithikum eine als weiblich gedachte Wesenheit in vielerlei Gestalt als Urgrund aller Dinge und Menschen verehrt wurde. Da ihr Name nicht bekannt ist, wird sie als »Große Göttin« oder »Muttergöttin« bezeichnet; in veränderter Form hat diese »Große Göttin« in keltischen und germanischen Göttinnen sowie in Notre Dame (Unsere liebe Frau) überlebt.

In der germanischen Mythologie wird die militärische, kulturelle, religiöse und ideologische Auseinandersetzung zwischen den patriarchal-kriegerischen Asen (den aus dem Osten kommenden indogermanischen Metallwaffenvölkern unter ihrem Häuptling Odin) und der alteingesessenen europäischen Megalithkultur (den Vanen) als »erster Weltkrieg« bezeichnet (Edda: Völuspa 25/27). Dieser sogenannte Vanenkrieg wurde ausgelöst durch die dreimalige Verbrennung der vanischen Seherin und Zauberin Gullveig. Nach ihrer Verbrennung (obwohl Gullveig dreimal verbrannt wurde, »lebt sie weiter«) kam es zu einem langwierigen Krieg, in dem keine Partei den Sieg erringen konnte. Schließlich einigten sich Vanen und Asen auf einen Friedensschluß, spuckten gemeinsam in ein Gefäß und stellten sich Geiseln. Die Vanin Freyja zum Beispiel, die älteste und höchste Göttin der vanisch-europäischen Mythologie (Göttin der Fruchtbarkeit, der Liebe und der Zauberkunst), wurde nach dem Vanenkrieg als Tempelpriesterin dem Asen-Hof überstellt.

Der germanische Mythos vom Vanenkrieg ist eines der wichtigsten, aber auch umstrittensten Dokumente über den Untergang der Megalithkultur in Europa. Die alteuropäischen Vanen konnten von den Indogermanen nicht einfach unterworfen und ausgerottet werden. Ihre »Häuptlinge« (die Göttinnen) wurden auch nach dem Vanenkrieg angerufen um gute Ernte, Sonne, Regen und Wind, um Liebe und Fruchtbarkeit; Fischer und Seeleute baten sie um günstige Witterung. Die keltischen und germanischen Mythologien sind voller Elemente, die aus dem Megalithzeitalter übernommen wurden.

Keltische Bretagne

Armorika – Land der Kelten

Spätestens ab 600 v.Chr., vielleicht auch schon Jahrhunderte früher, besiedelte das indogermanische Metallwaffenvolk der Kelten die Bretagne und gab ihren Küsten den Namen Armorika: Land am Meer. Als die Römer 58 v.Chr. mit der Unterwerfung des Landes begannen, siedelten folgende Stämme in Armorika:

– Redonen mit Condate (Rennes) als Hauptort,
– Namneter mit Condevicnum (Nantes) als Hauptort,
– Veneter mit Dartoritum (Vannes) als Hauptort,
– Osismer mit Legionum (Saint-Paul-de-Léon) als Hauptort,
– Curiosoliten mit Fanum Martis (Corseul) als Hauptort.

Der mächtigste Stamm war – laut Caesar – jener der Veneter: »Die Veneter besitzen an der ganzen Meeresküste den größten Einfluß, weil sie sehr viele Schiffe haben, mit denen sie regelmäßig nach Britannien fahren und zudem die übrigen (Stämme) an Kenntnis und Erfahrung im Seewesen übertreffen« (De bello Gallico III, 8).

Die Grundlage der keltischen Kultur war eine genaue Beobachtung natürlicher Vorgänge. Caesar: »Auch sprechen sie ausführlich über die Gestirne und ihre Bewegung, über die Größe von Welt und Erde, über die Natur, über Macht und Walten der unsterblichen Götter.« Die genaue Naturbeobachtung verband die Kelten aller Regionen, der Apostel Paulus warf sie auch den kleinasiatischen Galatern = Kelten vor: »Wie aber könnt ihr jetzt, da ihr Gott erkannt habt, vielmehr von Gott erkannt worden seid, wieder zu den schwachen und armseligen Elementarmächten zurückkehren? Warum wollt ihr von neuem ihre Sklaven werden? Warum achtet ihr so ängstlich auf Tage, Monate, bestimmte Zeiten und Jahre?« (Galaterbrief 4,9–10)

Der genauen Beobachtung der Komplexität natürlicher Vorgänge, die sich immer wiederholen – Sonnen- und Mondstände, Jahreszeiten, Tagundnachtgleichen, Saat, Blüte, Ernte usw. –, entsprach ein zyklisches

Das »Schmetterlingskreuz« von Kerduelic bei Ploemeur. Die geschweiften Enden der Kreuzarme sind in Form von Schmetterlingsflügeln gestaltet. Im Schnittpunkt von Längs- und Querbalken ist als Ritzung das alte keltische Kreis-Kreuz eingearbeitet.

Denken. Das Leben wurde gedacht als Kreislauf von Geborenwerden, Wachsen, Sterben und Wiederwerden, wobei die Mondphasen das augenfälligste Symbolsystem lieferten: Mond zunehmend = Wachsen und Fruchtbarwerden, Vollmond = Reifsein, Mond abnehmend = Altern, Schwarzmond = scheinbarer Tod, Neumond = Wiedergeburt.

Dieses zyklische Denken fand seinen Niederschlag auch in der »Hauptlehre der Druiden, die Seele sei nicht sterblich, sondern gehe von einem Körper nach dem Tod in ei- . nen anderen über« (Caesar).

Interessant ist Caesars Hinweis, daß die keltische Lehre in Britannien ihren Ursprung habe: »Die Lehre soll in Britannien entstanden und von dort nach Gallien gelangt sein, und heute noch reisen alle, die tiefer in sie eindringen wollen, nach Britannien.«

Als einen der auffälligsten Aspekte der keltischen Kultur bezeichnete Caesar die Tatsache, daß die Kelten nicht schreiben wollten: »Es ist streng verboten, ihre Lehre aufzuschreiben.« Alles, was wichtig war, wurde von Generation zu Generation mündlich weitergegeben: Es wurde *gesagt*. Aus diesem »Gesagten« entstanden die »Sagen«. Die christlichen Legenden hingegen wurden schriftlich fixiert und vorgelesen (das Wort Legende kommt von lateinisch legenda = »das, was vorzulesen ist«).

Eroberung durch die Römer

Im Gallischen Krieg unterwarf Caesar in den Jahren 58 bis 51 v. Chr. die keltischen Lande westlich des Rheins. Dieser Eroberungs- und Kulturvernichtungskrieg kostete schätzungsweise vier Millionen Kelten das Leben. Caesar schildert ausführlich die Taktiken, die er anwandte, um die als dumm, eingebildet und abergläubisch geschilderten »Barbaren« mit den Segnungen römischer Kultur zu beglücken. Dörfer und Felder wurden niedergebrannt, Männer als Sklaven verkauft, Aufmüpfige wurden »totgepeitscht und enthauptet«, in Gefangenschaft geratenen Mitgliedern der keltischen Résistance ließ Caesar »die Hände abhauen, schonte aber ihr Leben, um möglichst viele Beispiele für die Bestrafung von Bösewichtern zu schaffen« (De bello Gallico VIII, 44).

Die Überlebenden schlossen sich im Jahr 52 v. Chr. dem Freiheitskrieg des Vercingetorix an. Als der Krieg nach der Belagerung von Alesia mit dem Sieg Caesars endete, suchten Hunderttausende ihr Heil in der Flucht über den Kanal: Es kam zum Massenexodus der keltischen Bevölkerung von Armorika nach Britannien.

Untergang der keltischen Flotte

Im Golfe du Morbihan oder in der benachbarten Bucht von Quiberon fand im Jahr 56 v. Chr. die Entscheidungsschlacht zwischen den römischen Invasionstruppen und der keltischen Flotte statt. Um seine Marine gut im Blick zu haben, soll Caesar den Tumulus de Tumiac – auch »Butte de César« (Caesars Hügel) genannt – auf der den Golf südlich begrenzenden Presqu'île de Rhuys erstiegen haben. Tatsächlich bietet dieser 15 Meter hohe Grabhügel eine phantastische Aussicht auf den Golfe du Morbihan einschließlich der Inseln und auf die Bucht von Quiberon.

Caesar glaubte bereits 57 v. Chr., die armorikanischen Stämme durch Geiselnahme ruhighalten zu können, doch im Frühjahr 56 riefen die Veneter ihre Nachbarn auf, »lieber die ererbte Freiheit zu behaupten und sich gegen das römische Joch zu wehren«. Dem Befreiungskrieg schlossen sich alle keltischen Küstenstämme zwischen Bretagne und Rhein an; die Allianz erhielt zusätzlich Unterstützung aus Britannien. Die römische Marine ging mit Sicheln in die Schlacht, um die ruderlosen keltischen Schiffe durch Zerschneiden des Takelwerks und der Ledersegel manövrierunfähig zu machen. Die Taktik hatte Erfolg. Nach dem Sieg ließ Caesar den keltischen Ältestenrat hinrichten und die übrigen Gefangenen – »die ganze junge Mannschaft, aber auch alle älteren Leute« – als Sklaven verkaufen (De bello Gallico III, 16). Damit war die Elite der armorikanischen Stämme weitgehend liquidiert.

Gallorömische Kultur

Die Kelten, die nach dem Sieg Caesars in Armorika blieben, wollten unter der Besatzungsmacht Karriere machen oder mußten sich, wenn sie ihr Leben behalten wollten, mit ihr arrangieren. Sie hießen nicht mehr Kelten, sondern wurden »Gallier« genannt. Auf diese Weise entstand in Armorika (ebenso wie im nachmaligen Frankreich) die gallorömische Kultur: eine Mischform aus keltischen und provinzialrömischen Elementen, wobei das römische Element überwog.

Von dieser gallorömischen Kultur ist vor allem der Osten der Bretagne geprägt. Schon die Namen der dortigen Hauptstädte (Vannes = Hauptort der Veneter, Rennes = Hauptort der Redonen, Nantes = Hauptort der Namneter) verweisen darauf: Die keltischen Ortsnamen wurden romanisiert, die »gallorömische« Namensform hat sich bis heute erhalten.

Die Stadt Rennes beispielsweise lag am Zusammenfluß von Ille und Vilaine und hieß in keltischer Zeit »Condate« (= Zusammenfluß). Die Orte, an denen sich Flüsse vereinigen, galten in der keltischen Mythologie als mit besonderen glückbringenden Energien begabt, so auch Condate. Die Römer verstanden das nicht und benannten den Ort nach dem Volk der dort siedelnden Redonen in »Civitas Redonum« um; dieser gallorömische Name verschliff sich zu Rennes.

Die heute populärsten Gestalten aus der von den Römern beherrschten Bretagne sind der einfallsreiche Knirps Astérix le Gaulois (»Asterix der Gallier«) und sein gutmütiger Kumpan Obelix, der als Kind in eine Zaubertrankschale fällt und dadurch seine enorme Kraft erhält. Listenreich machen sie der römischen Besatzungsmacht das Leben schwer. Asterix und Obelix sind fiktive Gestalten, doch ihre Geschichten über die Zeit unter der römischen Fremdherrschaft avancierten rasch zu einer Art Mythos: Freiheitswille, Witz und Dickschädligkeit sind die Grundelemente.

Flucht nach Britannien

Die aus Armorika nach Britannien geflohenen Kelten wurden rasch von der römischen Militärmaschinerie eingeholt. Die Römer verwüsteten nicht nur das Land, sie vergriffen sich auch an den als heilig erachteten Institutionen. Als sie im Jahr 60 die Königin-Priesterin Boudicca auspeitschen und ihre beiden Töchter von Legionären öffentlich vergewaltigen ließen, kam es zum Krieg. Unter der Führung Boudiccas wurden die neugegründeten Römerstädte London, Colchester und St. Albans niedergebrannt.

In der Entscheidungsschlacht sollen – wie der römische Geschichtsschreiber Tacitus berichtet – auf keltischer Seite mehr Frauen als Männer gekämpft haben. Vor der Schlacht fuhr Boudicca mit einem Wagen von Stamm zu Stamm und hielt Reden. Auf dem Wagen standen auch ihre beiden vergewaltigten Töchter. Boudicca sagte jedem Stamm, um was es ging: um ein Leben in Freiheit und Würde oder um ein Leben in Vergewaltigung und Schmach. Tacitus berichtet, beim anschließenden Kampf seien 400 Römer und 80 000 Kelten gefallen; Boudicca sei entkommen und habe sich selbst den Tod gegeben.

Etwa gleichzeitig kam es zum sogenannten Druidenmassaker auf der Insel Môn (Wales). Tacitus beschreibt die Eroberung der Insel: »Da stand am Gestade die gegnerische Kampffront, eine dichte Reihe von Waffen und Männern, dazwischen liefen Frauen herum, die nach Art von Furien im Leichengewand mit herabwallenden Haaren Fackeln vorantrugen, die Druiden ringsum stießen grausige Verwünschungen aus, die Hände zum Himmel erhoben. Dieser ungewohnte Anblick versetzte die Soldaten in Bestürzung, so daß sie sich, gleichsam an den Gliedmaßen gelähmt, unbeweglich der Verwundung aussetzten. Als dann aber der Feldherr sie anfeuerte und sie sich selbst Mut machten, doch nicht vor einem Haufen rasender Weiber in Angst zu geraten, gingen sie zum Angriff über, warfen alle nieder, die ihnen entgegentraten, und trieben sie in das Feuer der eigenen Fackeln. Eine Besatzung wurde anschließend auf die besiegte Insel verlegt, und zerstört wurden die Haine, die den Riten eines wilden Aberglaubens geweiht waren.«

Trotz aller Liquidierungsversuche durch die Römer überlebte die keltische Kultur in Britannien in Reinform. Von dort kam sie zurück in die Bretagne.

Christliche Bretagne

Bretagne = Britannien
Die Erfahrungen, die die aus Armorika nach Britannien geflohenen Kelten machten, sind von entscheidender Bedeutung für die Geschichte der Bretagne. Denn diese »Britonen« kehrten knapp 500 Jahre später aus Britannien nach Armorika zurück, gaben dem Land nun aber den Namen Britannia (= Bretagne).

Mit diesem Namen wurde zweierlei zum Ausdruck gebracht: 1. Das alte keltische Armorika war untergegangen, ein ganz neues Kapitel in der Geschichte des Landes wurde aufgeschlagen, nämlich die Geschichte des Christentums. 2. Die alte Britannia gab es nicht mehr (sie war nun in der Hand der Angelsachsen und hieß »England«); die neue Britannia (Bretagne) betrachtete sich als die Nachfolgerin dieser untergegangenen alten Britannia.

Auslöser für die Übersiedlung aus dem Süden Britanniens in die Bretagne waren die Einfälle der germanischen Angeln und Sachsen ab der Mitte des 5. Jahrhunderts. Vor den Germanen flohen die Britonen über den Kanal und nahmen den Landesnamen, die Sprache und viele Orts- und Landschaftsnamen mit (z.B. englisch Cornwall = bretonisch Cornouaille). Aus der ursprünglichen Britannia wurde nach der Eroberung durch die Germanen England, das »Land der Angeln«; die geistige Britannia hingegen – jenes Land, das Caesar als Ursprungsland der keltischen Lehre bezeichnet hatte – wurde nach Armorika verpflanzt.

Die sieben Gründungskathedralen
Als Gründer der Bretagne gelten jene sieben Missionare (die Sieben ist als symbolische Zahl zu verstehen), die fast alle im 5./6. Jahrhundert von den Britischen Inseln (einschließlich Irland und Wales) kamen, die heidnischen Bewohner durch Wunder in Staunen versetzten, an alten Kultstätten christliche Heiligtümer errichteten, sich von den lokalen Häuptlingen Bischöfe nennen ließen und vom Volk als Heilige verehrt wurden. Eine Reise zu diesen sieben Städten – die alle im Bereich der Wanderungen dieses Führers liegen – ist zugleich eine Reise zu einigen der schönsten Kathedralen und historischen Stadtbilder der Bretagne. Gläubige Bretonen müssen mindestens einmal im Leben die »Tro Breiz« genannte Wallfahrt zu den Kathedralen dieser sieben Orte unternehmen.

Saint-Brieuc: Im 5. Jahrhundert kam Brieuc aus Britannien in die Bretagne und ließ sich an der Quelle nieder, über der heute – unweit der Kathedrale von Saint-Brieuc – die Kapelle Notre-Dame-de-la-Fontaine steht. Brieuc gründete hier ein Kloster und starb im Jahr 502. Sein Festtag ist der 1. Mai, das keltische Beltene-Fest, das der deutschen Walpurgisnacht entspricht (die Feste wurden immer nachts gefeiert, der darauffolgende Tag war der »Feiertag«, an dem man sich ausruhte).

Saint-Pol-de-Léon: Dieser Ort im nördlichen Finistère war die erste Bischofsstadt der Nieder-Bretagne. Ihr Gründer war der aus Wales stammende heilige Pol, auch Paulus Aureanus genannt (Fest: 15. März). Pol war zunächst Kaplan bei König Marke von Cornwall, dem Ehemann der blonden Isolde. Um

530 fuhr Pol auf die bretonische Insel Ouessant, wo ihm ein Fisch die 4 Kilogramm schwere Gong-Glocke übergab, die heute in der Basilika von Saint-Pol-de-Léon gezeigt wird und auf wunderbare Weise gegen Migräne helfen soll. Von Ouessant reiste Pol weiter auf die Insel Batz. Als er dort drei Blinde, einen Gelähmten und zwei Stumme heilte, hielt der Inselhäuptling ihn für einen Zauberer und fragte, ob er auch den Menschen und Vieh fressenden Inseldrachen töten könne. Pol bejahte, ging mit einer geweihten Stola (ein langer Stoffstreifen) auf den Drachen zu, wickelte ihm die Stola um den Hals, führte ihn zur Nordküste und befahl ihm, ins Meer zu springen. Der Drache gehorchte und kam nie mehr zurück. Die Stelle, wo er ins Meer sprang, heißt »Trou du Serpent« (Schlangenloch). Als Gegenleistung wurde Pol vom Inselhäuptling zum Bischof ernannt. Daraufhin begab sich Pol in die nachmalige Stadt Saint-Pol-de-Léon, die von Seeräubern niedergebrannt worden war. Als Pol durch die menschenleere Ruinenstadt ging, traf er bei der Quelle, die heute Fontaine-de-Saint-Pol genannt wird, einen Bären, einen Stier, eine Sau mit Ferkeln und einen Bienenschwarm und erkannte, daß er hier seine Bischofskirche gründen mußte. Pol starb um 575, sein Sarg wird in der sehenswerten Basilika gezeigt.

Dol-de-Bretagne: Um 550 kam Erzbischof Samson von York in die Bretagne und ließ sich auf dem Mont-Dol, einem Felsberg im sumpfigen Marais, nieder. Er heilte die Frau eines Häuptlings von der Lepra, trieb aus der Häuptlingstochter den Teufel aus, erhielt als Gegenleistung das Grundstück, auf dem die heutige Kathedrale steht, und wurde der erste Bischof der Bretagne. Um 565 starb er in seinem Kloster in Dol; sein Festtag ist der 28. Juli.

Tréguier: Der heilige Tugdual (Fest: 30. November) fuhr im 6. Jahrhundert mit 72 Mönchen und zwei Frauen von England in die Bretagne und gründete an der Mündungsbucht der Flüsse Jaudy und Guindy das »Kloster des Tals von Trégor«. Die Kathedrale Saint-Tugdual gilt als eine der schönsten in der Bretagne, allerdings hat ein anderer Heiliger Tugdual den Rang abgelaufen: Der »heilige Herr Ivo« (Monsieur saint Yves), der »Tröster der Armen« und Patron der Rechtsanwälte, gestorben 1303, gilt heute als populärster Heiliger der Bretagne. Alljährlich am 19. Mai findet sein Patronatsfest statt.

Quimper: Einst Hauptstadt von Cornouaille, heute Verwaltungssitz des Département Finistère, hieß der Ort jahrhundertelang Quimper-Corentin nach dem ersten Bischof, dem heiligen Corentin. Corentin lebte gemeinsam mit einem Fisch an einer wundersamen Quelle am Fuß des Ménez-Hom. Jeden Morgen schwamm der Fisch zum Messer des Heiligen: Corentin schnitt einige Scheiben ab, warf den Rest in die Quelle zurück, und am folgenden Morgen war der Fisch wieder zu voller Größe ausgewachsen. Auf diese Weise erhielt Corentin nicht nur selbst Speise, sondern er konnte mit dem Fisch auch staunende Besucher verköstigen, darunter König Gradlon, der sich auf einer Jagd in Corentins Einsiedelei verirrt hatte. Als König Gradlon später ein Bistum gründen wollte, erinnerte er sich an den Heiligen mit dem Fisch und ernannte ihn zum ersten Bischof von Quimper. In der schönen, in ihrer Ursprünglichkeit erhaltenen Altstadt von Quimper steht die gotische Kathedrale Saint-Corentin.

Vannes: Der einstige Vorort der keltischen Veneter, heute Hauptstadt des Département Morbihan, erhielt um 465 mit dem heiligen Patern seinen ersten Bischof. Patern hatte keinen Erfolg mit der Christianisierung, mußte fliehen und starb in der Fremde. Auch die Kathedrale von Vannes ist nicht nach Patern benannt, sondern nach dem Apostel Petrus. Zwar besitzt die Kathedrale einige Patern-Reliquien, aber sie bleiben unbeachtet, während das Grab eines anderen Heiligen die ganze Aufmerksamkeit auf sich zieht: Es ist das Grab des Dominikaners Vinzenz Ferrer, der einer der bedeutendsten Bußprediger des Mittelalters war. Meist begleitet von Flagellanten (das waren Männer, die sich auf öffentlichen Plätzen und auf Straßen mit Geißeln Hiebe auf den nackten Oberkörper gaben), durchzog Vinzenz Ferrer Spanien, Oberitalien, Frankreich, die Normandie und die Bretagne und starb 1419 in Vannes, nachdem er 8000 Sarazenen, 35 000 Juden und 100 000 Ketzer für das

Über dem Eingang zur berühmten Wallfahrtskirche von Sizun räkelt sich die Sumpf- und Wasserfee Morgane. Die Monts d'Arrée und das Moor Yeun Ellez galten in alter Zeit als Morganes Reich.

avignonesische Papsttum gewonnen hatte (bis 1417 gab es bis zu drei Päpste gleichzeitig, die sich gegenseitig bekriegten). Vinzenz Ferrer wird auch als Stadtpatron von Vannes verehrt.

Saint-Malo: Der heilige Maklow (Fest: 15. November) stammte aus der Gegend von Gwent in Wales. Er hatte wenig Erfolg mit der Christianisierung der Umgebung von Saint-Malo, mußte schließlich fliehen und starb um 640 als Eremit in Saintonge. Die Kathedrale von Saint-Malo ist nicht nach ihm, sondern nach dem heiligen Vinzenz benannt.

In der Bretagne gibt es 7777 Heilige. Daß es fast ausnahmslos Männer sind, hat eine einfache Erklärung: Es gab keinen Grund, die Eigenschaften der in der Bretagne allgegenwärtigen »Notre Dame« auf andere Frauen zu verteilen.

Einige weibliche Heilige gibt es allerdings doch. Zu den berühmtesten zählt die heilige Nonn (Sainte Nonn), die in Dirinon (Finistère) verehrt wird. Nonn war eine irische Prinzessin. Sie wurde im Wald von einem Prinzen namens Keredig vergewaltigt. Um »ihre Schande« zu verbergen, fuhr sie in die Bretagne, ließ sich dort nieder, wo heute ihre Kirche steht (genauer gesagt: auf dem Friedhof, wo die Kapelle steht). Dort gebar sie einen Knaben: Divi. Bei der Geburt wurde der Felsen, wo sich dies zutrug, ganz weich und formte sich zu einer Schale, so daß Nonn eine natürliche Wiege zur Verfügung hatte. Als Divi einige Tage alt war, entsprang auf wunderbare Weise eine Quelle, »und Nonn taufte den Knaben« auf den Namen Divi (auch er wurde ein großer Heiliger).

Legenden und Sagen

Die überwiegend auf die Zeit der Christianisierung zurückgehenden, in späterer Zeit redigierten Heiligenlegenden sind eines der wichtigsten Kulturgüter der Bretagne. Sie sind eine Mischung aus christlicher Legende und keltischer Sage und begegnen uns auf nahezu allen Wanderungen.

Diese Legenden wollen weder »wahr«

sein noch belehren, sondern dem neube-
kehrten und vielfach noch in heidnischen
Traditionen verhafteten Volk erklären, warum es eine bestimmte Person als heilig ver-
ehren oder in eine bestimmte Kirche gehen
soll. Um dieses Ziel zu erreichen, schöpfen
die bretonischen Legenden in vollen Zügen
aus der keltischen Symbolik. Zum Beispiel
bei der oben erwähnten Kirchengründung
von Saint-Pol.

Der heilige Pol gelangt an eine Quelle
(Quellen galten als heilig), an der sich ein
Bär (heiliges Tier seit der Steinzeit), ein Stier
(heiliges Tier seit der Steinzeit), ein Schwein
(in keltischer Zeit ein glückbringendes Tier:
»Schwein haben«) und ein Bienenschwarm
(Bienen halten nach keltischer Vorstellung
schädliche Erdstrahlen fern bzw. lenken sie
ab) aufhalten. Die auf den ersten Blick vielleicht zufällig erscheinende Zusammenstel-
lung Quelle–Bär–Stier–Schwein–Bienen ist
beabsichtigt: Sie weist das Gelände als uralten heiligen Ort aus. Dieser bleibt ein Heiligtum, nur unter veränderten Vorzeichen –
er wird ein christliches Heiligtum. Wie die
Legende weiter suggeriert, waren die Heiden nicht fähig, diesen heiligen Ort zu
schützen: Seeräuber hatten ihn und die dort
errichteten Gebäude zerstört. In diesem Zusammenhang erscheint der heilige Pol, der
eine alte Religion durch eine neue ersetzen
will, nicht als Zerstörer eines heiligen Ortes,
im Gegenteil: Er baut ihn wieder auf.

Nichts in diesen Legenden wird zufällig
erzählt, alles hat Bedeutung, doch leider ist
die Bedeutung heute vielfach verschüttet:
Der »Drache« von Batz, der im Norden ins
Meer springt (Norden = die »böse« Richtung), Nonns Vergewaltigung im Wald, die
taufende Nonn – all dies sind keine »frommen Märchen«, sondern verklausulierte
Hinweise auf tatsächliche Begebenheiten.

Anders als in Deutschland und Frankreich, wo die Christianisierung mit Massen-
deportationen und Millionen von Toten verbunden war, erfolgte sie in der westlichen
Bretagne durch die keltischen Priester vergleichsweise behutsam: Die heidnisch-kelti-
sche Vorstellungswelt wurde in das christliche Glaubenssystem integriert, damit wurde
das Christentum »verständlicher« (für die
damaligen Menschen) und akzeptabler als

die Glaubenssätze, die in Deutschland oder
Frankreich mit Feuer und Schwert verkündet
wurden.

Die westliche Bretagne hatte das Glück,
von Priestern christianisiert zu werden, die
mit den Mythen und spirituellen Konzepten
der alten Religion aufgewachsen und vertraut waren. Diese Missionare waren außerdem nicht von der römischen Kirche abhän-
gig: Sie mußten sich ihre Missionsbefugnis
nicht in Rom oder bei einem Kaiser holen,
sondern sie handelten selbständig, zumindest in der Frühzeit der Christianisierung.
Wurden sie zu Bischöfen ernannt, dann
nicht im fernen Rom, sondern vor Ort: als
Gegenleistung für die besonderen Taten, die
sie im Lande vollbrachten.

Steinkreuze, Kalvarien, Kapellen

Die »keltische« Christianisierung ging überwiegend in der westlichen Bretagne vor
sich, weniger in der östlichen. Gerade in der
westlichen Bretagne haben die Legenden
und Sagen ihren großartigen künstlerischen
Ausdruck im Schmuck der Kapellen, Kirchen und Kalvarien gefunden. Dieser Bild-
schmuck verwebt auf einzigartige Weise
megalithische, keltische und christliche Vorstellungen.

Das am einfachsten zu verwendende
Symbol war das Kreuz, denn das alte keltische Steinkreuz fügte sich nahtlos in die
christliche Bildkunst ein. Das keltische
Steinkreuz hat einen Kreis über der Balken-
vierung und symbolisiert die Vereinigung
des als zyklisch gedachten weiblichen und
des als linear gedachten männlichen Prin-
zips. Stand an einer Quelle ein Steinkreuz,
konnten Kelten und Christen gleichermaßen
zufrieden sein: Die Kelten sahen in ihm ein
keltisches, die Christen ein christliches Symbol. Unter dem Missionierungsdruck des
Hochmittelalters verschwand der Kreis, heute sind nur noch ganz wenige alte Kreis-
Steinkreuze erhalten.

Eines der eigenartigsten Steinkreuze ist
das »Schmetterlingskreuz« von Kerduelic
(bei Ploemeur). Die geschweiften Enden der
Kreuzarme sind in Form von Schmetterlingsflügeln (»Doppelaxt«) gestaltet; im Schnittpunkt zwischen Längs- und Querbalken ist

Die »drei Marien« am Calvaire von Brasparts.

als Ritzung das alte keltische Kreis-Kreuz eingearbeitet (s. Foto S. 21).

Die zweite bedeutende Gruppe bretonischer Bildkunstwerke sind die Calvaires mit ihren oft phantastischen Darstellungen des Lebens Christi. Obwohl diese Kalvarien erst im ausgehenden Mittelalter und in der frühen Neuzeit entstanden (15./16. bis 17. Jh.), integrieren sie heidnisches Gedankengut. Offenbar waren die Einheimischen noch zu Beginn der Neuzeit derart ihren alten Glaubensvorstellungen verhaftet, daß ihnen die neue Religion durch die bildliche Darstellung alter Gottheiten schmackhafter gemacht werden mußte.

In diesem Rahmen stehen beispielsweise die »drei Marien«, die den Leichnam des toten Christus halten. Die »drei Marien« gibt es als Kreuzabnahmemotiv nur in der Breta-

gne; außerhalb der Bretagne sind stets die Mutter Maria, der heilige Johannes und Maria Magdalena dargestellt, also maximal zwei, aber nie »drei Marien«. Die bretonischen »drei Marien« symbolisieren die in vorchristlicher Zeit als göttlich verehrte weibliche Dreifaltigkeit (die »drei Matronen«). Integriert in das Bildprogramm der Calvaires, werden sie zu Trägerinnen des Leichnams Christi. Mit unbeweglichen Mienen, den Blick starr in die Ferne gerichtet, halten sie den Leichnam.

Eine weitere Gestalt, die uns an und in Kirchen und an Calvaires begegnet, ist die »Große Göttin«. Sie wird fast immer gleich dargestellt: nackter Oberkörper einer Frau, schlangenartiger, drachenartiger oder schuppiger Unterkörper eines Meerwesens. In der Kirche von Brennilis ruht sie barbrüstig zu Füßen der Maria und legt ihren Schlangenschwanz unter den Schutzmantel der Madonna. Die heidnische Morgane und die christliche Maria haben offenbar keine Probleme miteinander. Außen an der Kirche von Sizun erscheint Morgane gleich viermal.

Dem Mélusine-Morgane-Typus entsprechen auch die häufigen Darstellungen mit nacktem Ober- und verhülltem Unterkörper. Der Unterkörper ist verhüllt, damit die Fisch-, Schlangen- oder Drachengestalt kaschiert wird. Die berühmteste Darstellung mit verhülltem Unterkörper ist die Karyatide am Beinhaus der Kirche von La Martyre: Mit nacktem Oberkörper, der häßlich aussehen soll (Hängebusen, hervortretende Rippen), lehnt sie in Lebensgröße am Beinhaus, ihren Unterkörper verhüllt ein windelartiges Wickelband. Auch die Darstellung der Notre Dame am Calvaire von Tronoan entspricht diesem Typus: Maria liegt mit aufgelösten langen Haaren und entblößtem Oberkörper im Bett, ihren Unterkörper verhüllt ein Tuch, vor dem Bett stehen die Heiligen Drei Könige und überreichen ihre Gaben.

Viele dieser Bildwerke haben Anstoß bei der geistlichen Obrigkeit erregt. Das berühmteste Ärgernisbeispiel aus dem 20. Jahrhundert ist die Ausschmückung der Kirche von Tréhorenteuc. Dem dortigen Pfarrer, Abbé Henri Gillard, wurde untersagt, sein arthurisch-keltisch-christliches Bildprogramm in der Eglise du Saint-Graal zu verwirklichen. Der couragierte Geistliche machte dennoch weiter; heute zählt diese Kirche zu den meistbesuchten im Inneren der Bretagne.

Feudalzeitliche Bretagne

Die neun historischen Länder

Die Orte der sieben Gründungskathedralen waren bis zur Französischen Revolution zugleich die Hauptstädte von sieben der neun historischen Länder der Bretagne. Die Zuordnung der historischen Länder zu den heutigen Départements ist kompliziert darzustellen, da die Französische Revolution die Länder oft willkürlich zerrissen hat. So liegt das Gebiet der historischen Landschaft Cornouaille gleich in drei Départements: Finistère, Côtes d'Armor und Morbihan. Hier die neun historischen Länder im Überblick:

Land	Hauptstadt
Cornouaille	Quimper
Pays de Léon	Saint-Pol-de-Léon
Pays de Trégor	Tréguier
Pays de Saint-Brieuc	Saint-Brieuc
Pays de Vannes	Vannes
Pays de Saint-Malo	Saint-Malo
Pays de Dol	Dol-de-Bretagne
Pays de Rennes	Rennes
Pays de Nantes	Nantes

Den fränkischen Merowingern gelang es nicht, ihre Herrschaft auf die Bretagne auszudehnen; auch Karl der Große konnte die Bretagne nicht dem christlich-fränkischen Großreich einverleiben, obwohl seine Soldateska mehrfach sengend und brennend das Land durchstreifte und Geiseln nahm. Weitgehend unter fränkischer Herrschaft war jedoch die sogenannte Bretonische Mark (Marca Britanniae) um Rennes, Nantes und Vannes, also jene drei historischen Länder, die nicht überwiegend keltisch geprägt, sondern romanisiert waren.

Für das Jahr 799 berichten die fränkischen Reichsannalen, Markgraf Wido habe die gesamte Bretagne unterworfen: »Das ganze Gebiet der Bretagne (Britannia) wurde, was nie zuvor der Fall war, von den Franken unterworfen.«

Königreich und Herzogtum Bretagne

Zu Beginn des 9. Jahrhunderts setzten sich beim »treulosen Volk der Bretonen« – wie die fränkischen Annalen immer wieder die »frechen«, »ungehorsamen« Bretonen nennen – Tendenzen durch, das Land zu einen, um schlagkräftiger die Aggression des inzwischen zum Kaiserreich und »Imperium Romanum« (Römisches Reich) avancierten und mit dem päpstlichen Staat verbündeten Frankenreichs abwehren zu können. Immer wieder rückten die römischen Kaiser an, wie Ludwig der Fromme im Jahr 825: »Abermals zog der Kaiser in die Bretagne und verwüstete das Land wegen dessen Treulosigkeit mit großer Verheerung.«

826 ernannte Kaiser Ludwig der Fromme einen Adligen aus Vannes namens Nomenoius zum Herzog der Bretagne. Dieser »treulose« Bretone dankte dem frommen Kaiser den Gunstbeweis nicht, im Gegenteil, er erhob sich gegen die Franken, schlug im Jahr 845 bei Redon den König und nachmaligen Kaiser Karl den Kahlen und schüttelte die fränkische Oberherrschaft ab. Sein Sohn Erispoë nahm den Königstitel an. Unter Erispoës Nachfolger, König Salomon, erlebte das Land eine große Blüte.

Die Normanneneinfälle des 9. Jahrhunderts führten in der Bretagne zum Bau zahlreicher Burgen, und als im Jahr 952 König Alain starb, endete auch das bretonische Königtum: Von nun an versank das Land für Jahrhunderte in den Kriegen der sich gegenseitig befehdenden Burgherren und Feudalgeschlechter. Die mächtigsten Burgherren erhielten Unterstützung von Frankreich und England. Um ihre Stellung als Herren der Bretagne irgendwie zu legitimieren, ließen sie sich von den französischen Königen »Herzöge« nennen. Auf diese Weise entstand im 10. Jahrhundert das Herzogtum Bretagne. Nachdem das Land im Bretonischen Erbfolgekrieg (1341–1365) weitgehend ausgeblutet war, wurde es von den

Die felsigen Steilküsten der Bretagne schwingen sich bis zu 70 Meter über den Meeresspiegel empor. Ungesichert folgen die Küstenpfade der Abbruchkante, wie hier an der Pointe de Pen-Hir.

Herzögen von Montfort regiert. Sie erkannten zwar die Oberhoheit des französischen Königs an, herrschten jedoch selbständig.

Rennes contra Nantes

Rennes stand seit dem frühen Mittelalter stets in Rivalität zu Nantes: Die Grafen von Rennes wurden im 10. Jahrhundert Herzöge der Bretagne, doch ihre glanzvolle Residenz ließen sie im Hochmittelalter in Nantes errichten. Zwar residierten die Herzöge in Nantes, doch das Parlament der Bretagne und die Universität befanden sich in Rennes. So hatte die Bretagne zwei Hauptstädte: Die Seehafen- und Industriestadt Nantes – ab dem 14. Jahrhundert bis ins sklavenhandelnde 18. Jahrhundert einer der bedeutendsten Häfen Europas – als wirtschaftliches und Verwaltungszentrum, Rennes als geistiges Zentrum. Seit 1982 gehört Nantes nicht mehr zur Bretagne; Rennes ist seither die Hauptstadt der Région Bretagne, während Nantes die Hauptstadt der Région Pays de la Loire wurde.

Zeit der Artusritter

Ausgerechnet in der Zeit der mittelalterlichen Wirren entstand in der Bretagne eine Literatur, die bis heute lebendig ist: die Artusepik. Fast zahllos sind in der Bretagne die Orte, die Berühmtheit erlangt haben im Zusammenhang mit der Artusepik und ihrem Umkreis: die Ile de Sein als mythische Paradies- und Toteninsel Avalon, die Ile Tristan in der Bucht von Douarnenez, das Grab des Zauberers Merlin, das Tal der Fee Morgane.

Die Literatur, die um diese und viele andere Orte und Personen kreist, wird seit etwa 100 Jahren in stark verengter Perspektive als »Artusepik« bezeichnet, da in ihr hin und wieder jener König der keltischen Britonen vorkommt, der um 500 gelebt und die germanischen Sachsen besiegt haben soll. Im Mittelalter wurde diese Literatur treffender »Matière de Bretagne« = Stoff aus der Bretagne genannt; treffender deshalb, weil keineswegs nur König Artus vorkommt, sondern generell »Stoff aus der Bretagne«, auch wenn er nichts mit Artus zu tun hat. Die Matière-de-Bretagne-Literatur war neben der christlich-geistlichen die einzige gesamteuropäische Literatur. Sie wirkte weit bis in die Neuzeit hinein (Goethe, Heine, Richard Wagner, Mark Twain, Jean Cocteau) und erlebt gegenwärtig eine Renaissance in Fantasy-Romanen (Marion Zimmer Bradley: »The Mists of Avalon«), im Theater (Tankred Dorst: »Merlin oder Das wüste Land«), im Musical (Frederic Loewe: »Camelot«) und im Film (»Der letzte Ritter«).

Die Matière-de-Bretagne-Literatur entstand im 12. Jahrhundert während des vorübergehenden Verfalls der von Karl dem Großen institutionalisierten christlich-feudalen Herrschaftssysteme, nahm ihren Ursprung im keltischen Nordwesten Frankreichs und breitete sich von dort mit rasender Geschwindigkeit über ganz Europa aus. Sie erfaßte Deutschland ebenso wie Rußland, das skandinavische Festland und Island, Italien ebenso wie die Iberische Halbinsel und Großbritannien. Ihr Thema war der Widerspruch zwischen dem manipulierten Glaubens- und Herrschaftssystem des Mittelalters und einer als märchenhaft beschriebenen Welt natürlichen Zaubers. Im Mittelpunkt dieser Welt steht die Minne (Liebe).

Die Matière-de-Bretagne-Literatur griff alte, gesamteuropäische Mythen und Sagen auf und verarbeitete sie unter dem Deckmantel des Ritterromans. Damit die Kritik am christlich-höfischen Feudalsystem nicht als ketzerisch aufgefaßt werden konnte, ergingen sich die Dichter vielfach in Anspielungen und Zweideutigkeiten (König Artus wird zwar als »gut«, »christlich« und »tugendhaft« bezeichnet, aber geschildert wird er immer wieder als jämmerlich). Marie de France drückt diesen Zwiespalt im Prolog ihrer berühmten »Lais« deutlich aus. Sie weist darauf hin, daß sie ihre Geschichten »recht dunkel« formulieren muß, aber sie vertraut darauf, daß eine Zeit kommen wird, in der die Menschen »vermöge ihres eigenen Verstandes das über den Text Hinausgehende hinzuzufügen vermöchten«.

Marie de France ist die erste namentlich bekannte französischsprachige Autorin und eine der bedeutendsten Matière-de-Bretagne-Dichterinnen. In ihren um 1165 entstandenen »Lais« (Lieder) verarbeitete sie in altfranzösischer Sprache »abenteuerliche

Geschehnisse«, die sie von bretonischen Erzählern gehört hatte. Ihr berühmtester Lai heißt »Lanval«; er erzählt die Geschichte des außenseiterischen Artusritters Lanval, der sich von dem als korrupt geschilderten Hof abwendet und sich von seiner feenhaften »amie« (Freundin) auf die Insel Avalon entführen läßt. Die »Lais« von Marie de France und viele andere Werke der Matière-de-Bretagne-Literatur sind die im wahrsten Sinne des Wortes zauberhafteste Lektüre zur Einstimmung auf Wanderungen in der Bretagne.

Anne – die letzte Herzogin

Anne de Bretagne ist die bekannteste Frau der bretonischen Geschichte. Obwohl sie stets für die Unabhängigkeit ihres Landes eintrat, war ausgerechnet sie es, die ungewollt die Bretagne der französischen Krone zuführte.

Als Zwölfjährige wurde Anne 1489 nach dem Tod ihres Vaters Herzogin der Bretagne. Die Freier standen Schlange. Anne ließ König Charles VIII. von Frankreich abblitzen und entschied sich für den deutschen König und späteren römischen Kaiser Maximilian I. Die Hochzeit der 13jährigen mit dem 32jährigen verwitweten Habsburger fand 1490 statt. Da ein Krieg den Bräutigam daran hinderte, persönlich zur Hochzeit zu erscheinen, schickte er einen Prokurator (Stellvertreter), denn ohne den zumindest symbolischen »Vollzug« wäre das heilige Sakrament der Ehe von der Kirche nicht anerkannt worden.

Durch Prokuration hatte Max bereits 1477 geheiratet: Er schickte einen Pfalzgrafen zu Marie von Burgund, der Pfalzgraf wies sich durch Maxens Handschuh und einen Verlobungsring als Prokurator aus und legte sich mit Marie zu Bett – in voller Rüstung und mit entblößtem Schwert, Marie in voller Kleidung und mit entblößtem Knie. Die Entblößung von Schwert und Knie galt nach kirchlichem Recht als Vollzug der Ehe behufs Kinderzeugung. Eine ähnliche Prokurations-Hochzeit erlebte 1490 Herzogin Anne de Bretagne.

Das Fehlen des Bräutigams bei der Hochzeit rief die energische Anne de Beaujeu, Regentin von Frankreich, auf den Plan. Sie führte seit 1483 tatkräftig die Regentschaft für ihren körperlich und geistig zurückgebliebenen Bruder, König Charles VIII. Eines ihrer Hauptziele war die Vereinigung der Bretagne, des letzten unabhängigen Herzogtums, mit der französischen Krone. Charles war mit der zehnjährigen Margarete von Österreich verheiratet (Tochter Maximilians), allerdings war die Ehe noch nicht vollzogen, nicht einmal symbolisch (die Braut war bei der Eheschließung zwei Jahre alt). Anne de Beaujeu schickte ihren Bruder mit einem Heer in die Bretagne, 1491 belagerte Charles Rennes und forderte die verheiratete Herzogin als Braut.

Was sich tatsächlich zutrug, wird wohl für immer Geheimnis bleiben; die Version in französischen Geschichtsbüchern lautet: Anne und Charles verliebten sich auf den ersten Blick unsterblich. Da Annes rechtmäßiger Mann, König Max, immer noch in Ungarn Krieg führte, konnte er ihr nicht zu Hilfe kommen. Anne wurde in der belagerten Stadt so sehr unter Druck gesetzt (die Bevölkerung wurde ausgehungert), daß sie schließlich in einen Ehevertrag einwilligte.

Nach diplomatischen Verhandlungen annullierte der Papst die Ehe Annes mit Maximilian und die Ehe von Charles und Margarete. Damit war der Weg frei für die Hochzeit Herzogin Annes mit dem französischen König Charles VIII. Die französische Krone betrachtete von nun an die Bretagne als Teil Frankreichs, obwohl Anne weiterhin souveräne Herzogin der Bretagne blieb.

1498 starb König Charles VIII. ohne Erben. 1499 mußte die Witwe den Nachfolger von Charles – König Louis XII. – heiraten, denn sie hatte sich vertraglich verpflichtet, Frankreich mit einem Erben zu beglücken. Neun Monate nach der Hochzeit wurde die nachmalige Reine Claude in die Wiege gelegt. Reine Claude, »die gute Königin« – Namensgeberin einer grünlichen, kugeligen Pflaumenart – war als Erbin der Bretagne das Pfand in der Hand der französischen Krone. 1514 starb ihre Mutter, Anne de Bretagne, im Alter von 37 Jahren, 1515 mußte Claude den französischen Thronfolger François heiraten und die Bretagne in die Ehe einbringen. Damit endete die Geschichte der politisch selbständigen Bretagne.

Edikt von Nantes

1598 wurde im Schloß von Nantes eines der für die Geschichte Frankreichs bedeutendsten religionspolitischen Edikte unterzeichnet: Der französische König Henri IV. (mit dem Satz »Paris ist eine Messe wert« war er 1593 zum Katholizismus konvertiert) erließ hier das Edikt von Nantes, das die seit 1562 andauernden Hugenottenkriege beendete.

Hugenotten gab es in der traditionell katholischen Bretagne so gut wie nicht. Die ostbretonische Festungsstadt Vitré war einer der wenigen Orte mit kalvinistischer Gemeinde. Die bekannteste Konvertitin war Renée de Rieux, die Herrin von Vitré; nach ihrem Übertritt zum Kalvinismus hieß sie nur noch »Guyonne die Wahnsinnige«. Als Guyonne la Folle 1567 ohne Nachkommen starb, fiel Vitré an die kalvinistischen Coligny. (Gaspard de Coligny war bis 1572 Führer der Hugenotten.)

Unter Guyonne der Wahnsinnigen waren keine Toten zu beklagen. Erst 1588 begann die Verwüstung der katholischen Bretagne, allerdings nicht durch die kalvinistischen Hugenotten, sondern durch die Truppen der Katholischen Liga. Auslöser war eine Erhebung der Bretonen gegen den königlichen Statthalter, den Herzog von Mercoeur. Dieser hatte versucht, aus den Wirren der Hugenottenkriege machtpolitisches Kapital zu schlagen und sich die Bretagne anzueignen. Nach der Revolte zogen die Mordsöldner der Katholischen Liga unter der Parole »Glaubenskrieg« durchs Land und raubten und mordeten.

Der brutalste dieser katholischen Ligisten in der Bretagne war La Fontenelle. Er verwüstete ganze Landstriche. Der Ort Penmarc'h in Cornouaille beispielsweise war bis zu den Hugenottenkriegen eine bedeutende Stadt. 1595 ließ La Fontenelle 3000 Einwohner der Stadt in der Kirche verbrennen, weitere 2000 wurden in den umliegenden Dörfern umgebracht – Penmarc'h war ausgelöscht (und ist heute ein unbedeutendes Dorf).

Mit der Bitte, diese Zustände zu beenden, wandten sich die Bretonen an den König Henri IV. Der König reagierte sofort: Mit der Unterzeichnung des Edikts von Nantes in der Hauptstadt der Bretagne beendete Henri Quatre die Hugenottenkriege.

Heutige Bretagne

Région Bretagne

Die Einteilung der Bretagne in Départements wurde während der Französischen Revolution diktiert, zerriß die historisch gewachsenen Landschaften und ist im wesentlichen bis heute gültig. Das Dezentralisierungsgesetz von 1982 schuf in Frankreich »Regionen« mit parlamentsähnlichen Volksvertretungen (»conseil régional«, kaum Befugnisse). Eine dieser Regionen ist die Région Bretagne, durch die der vorliegende Wanderführer leitet; zu ihr gehören die Départements Côtes d'Armor, Finistère, Ille-et-Vilaine und Morbihan.

Die Hauptstadt der Région Bretagne ist Rennes, die historische Hauptstadt der Bretagne ist Nantes. Dieser nach dem keltischen Stamm der Namneter benannte Ort wurde im 4. Jahrhundert Bischofssitz und gehörte unter Karl dem Großen zur Bretonischen Mark. Später war Nantes Sitz der Herzöge der Bretagne und avancierte im 14. Jahrhundert zu einem der bedeutendsten Seehäfen Westeuropas. 1532 fiel es mit der Bretagne an Frankreich. Bei der Schaffung der französischen Regionen wurde Nantes von der Bretagne abgetrennt und der Region »Pays de la Loire« zugeordnet.

Größtes Abwanderungsgebiet Frankreichs

Das Binnenland der heutigen Bretagne umfaßt eine Fläche von 27 000 Quadratkilometern. Das ist annähernd die Größe Belgiens, doch während an Schelde und Maas zehn Millionen Menschen leben, sind es auf der größten Halbinsel Frankreichs nur drei Millionen: Seit der industriellen Revolution ist die Bretagne das größte Abwanderungsgebiet Frankreichs, da in diesem an Naturschönheiten reichen, an industriell ausbeutbaren Ressourcen jedoch armen Land nicht soviel Geld zu verdienen ist wie in den Industriegebieten. Dementsprechend wird das Binnenland überwiegend von der Landwirtschaft geprägt, von kleinen Dörfern und Städten, Industriekulissen hingegen fehlen fast völlig: Das »Gebirge am Meer« ist der größte Butter- und Käselieferant und einer der bedeutendsten Gemüseproduzenten

Frankreichs. Hinzu kommen als traditionelle Wirtschaftszweige Küsten- und Hochseefischerei, ferner Austernkulturen sowie die Erzeugung von Cidre, einem aus frischen Äpfeln bereiteten Wein.

Zweisprachigkeit

Sprachlich gliedert sich die Bretagne in einen westlichen, bretonischsprachigen Teil (Niederbretagne oder Bretagne bretonnante) und einen östlichen, überwiegend französischsprachigen Teil (Hochbretagne oder Pays gallo). In der westlichen Bretagne finden sich vielfach zweisprachige Ortsschilder (bretonisch und französisch), auch die Wanderwegeausschilderungen sind dort oft zweisprachig.

Die bretonische Sprache (brezhoneg) hat so gut wie nichts mit der französischen Sprache gemeinsam. Sie ist eine Gruppe des keltischen Britannischen und wird in der Niederbretagne in vier Hauptdialekten – entsprechend den vier historischen Ländern – gesprochen.

Die Aussprache ist einfach, wenn man die deutsche (nicht die französische) Aussprache zugrundelegt. Die Buchstabenfolge »crac'h« beispielsweise wird wie deutsch »krach« ausgesprochen (und nicht französisierend »krasch«). Der Buchstabe »h« wird fast immer wie deutsch »h« ausgesprochen (und ist nicht wie im Französischen stumm): zum Beispiel Menhir. Prinzipiell können aber alle Namen auch französisch ausgesprochen werden (menhir = menîr), der Name der Insel Batz lautet also bretonisch »batz« (oder Bath ähnlich wie im Englischen) und französisch »ba«.

Einige bretonische Wörter begegnen uns auf den Wanderungen immer wieder in Ortsnamen, und es ist gut, ihre Bedeutung zu kennen. Diese Wörter sieht man auch vielfach in Zusammensetzungen und unterschiedlichen Schreibweisen.

Beispielsweise Locmariaquer = loc + Maria + ker = heiliger Ort + Maria + Haus/Siedlung = Dorf am heiligen Ort der Maria.

beg	Landzunge
bré	Hügel, Berg
du	schwarz
goat	Wald
gwenn	weiß
ker	Haus, dorfähnliche Siedlung
lann	Kirche
lec'h	Ort, Stelle
loc	heiliger Ort
marc'h	Pferd
men	Stein
menez	Berg, Gebirge
mor	Meer
plon, ploe	Pfarrgemeinde
porz	Hafen
ster	Fluß
stivell	Quelle
tro, traon	Tal

Flagge und Triskell

Überall in der Bretagne weht die bretonische Flagge »Gwenn ha du« (Weiß und Schwarz). Sie wurde in den 20er Jahren von Morvan Marchal vom Parti National Breton (Nationalbretonischen Partei) entworfen. Hauptmotiv sind vier weiße und fünf schwarze Streifen, die die neun historischen Länder der Bretagne symbolisieren. Die vier weißen Streifen stehen für die vier bretonischsprachigen Länder der Niederbretagne (Léon, Cornouaille, Vannes, Tréguier), die fünf schwarzen für die fünf französischsprachigen Länder der Hochbretagne (Rennes, Nantes, Dol, Saint-Malo, Saint-Brieuc). Ein Hermelinmotiv erinnert an das einst unabhängige Herzogtum Bretagne.

Zur Flagge kommt das metallene Triskell: In einem mit Ornamenten verzierten Kreis steht ein Wirbelkreuz, dessen drei Arme Feuer, Wasser und Luft darstellen sollen. Das Triskell versinnbildlicht die Einheit der keltischen Welt.

Das östliche Binnenland

Das östliche Binnenland der Bretagne liegt überwiegend auf dem Gebiet des Département Ille-et-Vilaine mit der Hauptstadt Rennes. Die bedeutendsten Städte in diesem landwirtschaftlich geprägten, von ausgedehnten Wäldern und Heideflächen bedeckten und tief eingeschnittenen Flußläufen zerfurchten Landstrich sind neben Rennes die alten Festungsstädte Fougères und Vitré. Vitré ist die am weitesten östlich gelegene bretonische Ortschaft und zugleich die Stadt mit dem am besten erhaltenen spätmittelalterlichen Kern der gesamten Bretagne: verwinkelte Gassen wie vor 500 Jahren.

Zentrale Wasserader ist die Vilaine. Sie entspringt im Hügelland von Juvigné an der Grenze zur Normandie, durchschneidet diagonal den östlichen Landblock des Armorikanischen Gebirges auf einer Länge von 230 Kilometern und ergießt sich in einem gewaltigen Mündungstrichter in den Atlantik – wenige Dutzend Kilometer von der Mündung der Loire entfernt. Zwischen den Mündungen von Loire und Vilaine weiten sich die Moore der Grande Brière (Tour 6).

Die faszinierendsten Wandermöglichkeiten im Binnenland bieten die Wälder und Heiden: die Buchenhochwälder von Fougères (Tour 1), der sagenumwobene Wald von Brocéliande (Touren 2 bis 4) und die von Kletterfelsen, Menhiren und Dolmen akzentuierten Heiden bei Saint-Just (Tour 5).

In tief eingeschnittenen, weiten Tälern strömen die als Angel- und Wassersportparadiese genutzten Flüsse aus dem Binnenland der Bretagne der See zu. Im Bild die Vilaine bei La Roche-Bernard.

1 Durch den Stechpalmenwald von Fougères

Carrefour de Chiennedet – Cordon des Druides – Plage de la Maison Neuve – Pierre Courcoulée – Carrefour de Chiennedet

Tourencharakter: Bequeme Waldwanderung auf Pfaden und Wegen.
Beste Jahreszeit: Ganzjährig, auch bei Schneelage.
Länge der Tour: 11 km.
Anstiege: 150 Hm.
Reine Gehzeit: 3 Std.

Diese Wanderung führt durch die prachtvollen Buchenhochwälder vor den Toren von Fougères. Zehntausende von Stechpalmenhorsten sowie die Efeupflanzen, die sich in diesem einst nassen Sumpfgebiet um die Stämme der Bäume ranken, geben dem Wald ein eigentümliches Gepräge. Schon in der Steinzeit schlug dieses Gebiet Menschen in seinen Bann. Hiervon zeugen Dolmenreste und eine Steinallee, deren Errichtung die Sage den Druiden zuschreibt.

Heilige Haine

So, wie die Sagen die Megalithen des *Waldes von Fougères* den Druiden zuschreiben, deuten sie diesen Wald – und viele andere Wälder in der Bretagne – als »heilige Haine« alter Zeit. Wie bei den Germanen war bei den Kelten der Wald eine Stätte der Verehrung von Gottheiten: der von Menschenhand so gut wie unberührte, von den Säulen mächtiger Laubbäume umhegte, von lichtdurchflutetem Blätterdach beschirmte »heilige Hain«. Im Rauschen des Waldes, nicht in einem ummauerten Raum, schien ihnen das Göttliche spürbar, im magischen Licht von Buchenkathedralen und Eichenhallen, nicht in einem Abbild aus Stein oder Holz. Auch darin glichen die Kelten den Germanen, von denen der römische Geschichtsschreiber Tacitus berichtet: »Übrigens finden sie es unvereinbar mit der Er-habenheit der Himmlischen, die Götter in Wände einzuschließen und sie den Zügen des Menschenantlitzes irgendwie nachzubilden. Sie weihen ihnen Waldlichtungen und Haine und bezeichnen mit göttlichen Namen nur jenes geheimnisvolle Wesen, das sie allein in ihrer Ehrfurcht schauen« (Germania 9). Auch der Name der Druiden, der keltischen Priester, bezieht sich auf einen Baum; er bedeutet »Eichen-Kundiger«.

Hochburg der Chouans

Wer die Wanderung durch die Wälder von Fougères in der Abenddämmerung unternimmt oder sich nachts in diesem Wald aufhält, hört immer wieder den Ruf der Käuze. Der nachgeahmte Ruf des Waldkauzes (chat-huant) war das Erkennungszeichen der monarchistisch-antirevolutionären *Chouans* (»die Waldkäuze«), die ab 1792 einen Guerillakrieg gegen die Französische Republik führten und in Fougères eine ihrer Hochburgen hatten.

Ebenso gnadenlos, wie die Chouans gegen die Träger der Revolution vorgingen, wurden sie selbst behandelt, wobei die Massenertränkungen von Nantes im Jahr 1793 zu den grausigsten Ereignissen zählen: Da die Gefängnisse in Nantes mit Chouans, Adligen, Priestern und anderen Antirevolutionären überfüllt waren, ließ der Nationalkonvents-Abgeordnete Carrier als Vertreter der Staatsmacht die überzähligen Gefangenen in Kähne verfrachten und in der Loire versenken. Das terroristische Exekutivkomitee des revolutionären französischen Nationalkonvents hieß damals »Wohlfahrtsausschuß« (Comité du Salut Public).

Ein facettenreiches Bild aus der Zeit der »Chouannerie« zeichnet Honoré de Balzac in seinem 1829 erschienenen Roman »Der letzte Chouan oder Die Bretagne im Jahr 1800«. Die Studien zu diesem Roman trieb Balzac in Fougères.

Festungsstadt Fougères

Zum Auftakt der Wanderung oder an ihrem Ende ist ein Rundgang durch die ostbretonische Festungsstadt *Fougères* mit ihrem schönen Altstadtkern zu empfehlen. Die mittel-

Das Alignement im Wald von Fougères trägt zwar den keltischen Namen Cordon des Druides (Band der Druiden), gesetzt wurden die Steine jedoch im Megalithikum, Jahrtausende vor der Ankunft der Kelten. Das Alignement verläuft wie alle Steinalleen nicht linear, sondern leicht schlangenlinienförmig. Das Bild zeigt das sonnenuntergangsseitige Ende der Steinallee.

alterliche Umwallung der *Burg* auf einem alten Umlaufberg des Nançon – der Fluß fließt heute östlich des Burgbergs – mit ihren 13 Türmen ist vollständig erhalten, das zerstörte

Burginnere wurde parkähnlich gestaltet bzw. in ein Freilichttheater umgewandelt.

Die mächtige Burganlage (12.–15. Jh.) erinnert an die Zeiten, als Fougères ein hart umkämpfter Ort im Grenzgebiet zwischen der Bretagne und Frankreich war. Der 13. Turm, der *Turm von Mélusine*, ist der mächtigste und schönste. Mit 13 Metern Durchmesser und 3,50 Metern Mauerstärke gilt er als Meisterwerk der Militärarchitektur seiner Zeit (14. Jh.).

Südlich der Festung reckt die spätgotische *Kirche Saint-Sulpice* ihren schiefergedeckten Vierungsturm in den Himmel. Die linke Seitenkapelle enthält eine frühgotische, als wundertätig geltende Statue von Notre-Dame-des-Marais (Unsere liebe Frau der Sümpfe); dargestellt ist eine Maria lactans (stillende Maria). Der Name »Unsere liebe Frau der Sümpfe«, den es auch in anderen moorigen Gegenden der Bretagne gibt, spielt darauf an, daß Fougères (»Stadt der Farne«) früher von ausgedehnten Moor- und Bruchgebieten umgeben war. Ursprünglich stand die Statue, die im 11. Jahrhundert angefertigt worden sein soll, in der Burgkapelle, im Jahr 1166 soll sie von englischen Soldaten dort herausgerissen und in den Wassergraben der Burg geworfen worden sein. Zwei Jahrhunderte später wurde sie dort wiedergefunden und erhielt ihren Platz in der Kapelle mit dem Altar der Herzogin Anne de Bretagne.

Die Fee Mélusine

Die Sumpf-, See- und Wasserfee *Mélusine*, die oft mit einem schlangenähnlichen Unterleib und flügelartigen Armen dargestellt wird, ist eine auch in Deutschland bekannte Sagengestalt; in der Bretagne begegnen wir ihr auch als Morgane, Dahud, Ahès, Marimorgane und unter weiteren Namen. In Fougères wird sie als Ahnfrau des gräflichen Hauses Lusignan verehrt. Außen an der *Kirche Saint-Sulpice* ist sie neben dem Südportal dargestellt, wie sie ihr Haar kämmt. Auch der erwähnte 13. Turm der Festung von Fougères trägt ihren Namen: *Tour Mélusine*.

Mélusine, die Fee, vermählte sich mit einem Menschenmann, dem Grafen Raymond de Lusignan, und gebar zehn Söhne, kräftige Knaben, die gewisse Anzeichen nichtmenschlicher Herkunft trugen: Der eine hatte ein Auge auf der Backe, ein anderer, Geoffroy Riesenzahn, besaß einen überlangen Eckzahn. Da Mélusine jeden Sonnabend etwas tun mußte, über das sie nicht reden wollte, hatte sie Raymond das Versprechen abgenommen, daß er sie an diesen Abenden allein lassen würde. Raymond konnte seine Neugier nicht bezähmen, denn jedesmal, wenn sich Mélusine zurückzog, ereignete sich etwas Wunderbares: Eine neue Kirche oder ein neues Kloster wurde gegründet, ein neues Schloß entstand.

Eines sonnabends folgte Raymond Mélusine, um herauszufinden, was sie trieb. Mélusine zog sich in eine Höhle zurück, badete in einer Wanne aus Marmor und hatte den Oberkörper einer Menschen- und den Unterkörper einer Schlangenfrau. Mélusine bemerkte Raymond, und da er sein Versprechen gebrochen hatte, verließ sie ihn. Klagend hob sie die Arme, die zu Flügeln auswuchsen, stieß einen Schrei aus und flog für immer davon.

Mélusines zehn Söhne aber wuchsen zu Recken heran – vor allem Geoffroy Riesenzahn wurde ein in der Bretagne populärer Held – und begründeten das mächtige Grafengeschlecht der Lusignan. Im 13. Jahrhundert fiel Fougères an die Lusignan. Zu Ehren von Mélusine (die Lusignan deuteten diesen Namen als »mère Lusigne« = Mutter der Lusignan) erhielt der schönste Turm der Burganlage von Fougères ihren Namen.

Der Wegverlauf

Vom **Parkplatz östlich der D 177** zweigt ein Pfad ab, ausgeschildert »Promenade de la Longue Noë«. Markiert mit violettem Rechteck, zieht er durch den Buchenwald und passiert den jungsteinzeitlichen Dolmenrest *Pierre du Trésor* (Schatzstein), der in einer kreisrunden Vertiefung liegt. Augenscheinlich handelt es sich um ein Denkmal der Megalithkultur, allerdings ist sich die Wissenschaft nicht sicher, aus welcher Zeit genau es stammt und wozu es gedient haben könnte. Der Name geht auf Sagen zurück, die von Schätzen unter der mächtigen Dolmenplatte berichten. Bei einem der zahlreichen Plünderungszüge der Engländer im 13. Jahrhundert soll Raoul II. von Fougères dieses Steinmonument errichtet haben, um seine Schätze darunter zu verstecken.

Je mehr sich der Pfad von der Straße entfernt, desto prachtvoller wird der Wald. Mehr und mehr besiedeln Farne den feuchten, gras- und krautreichen Waldboden, Efeu umrankt die alten, bemoosten Buchen, in deren Schatten Tausende von Stechpalmen horsten. Nach den Farnen (französisch

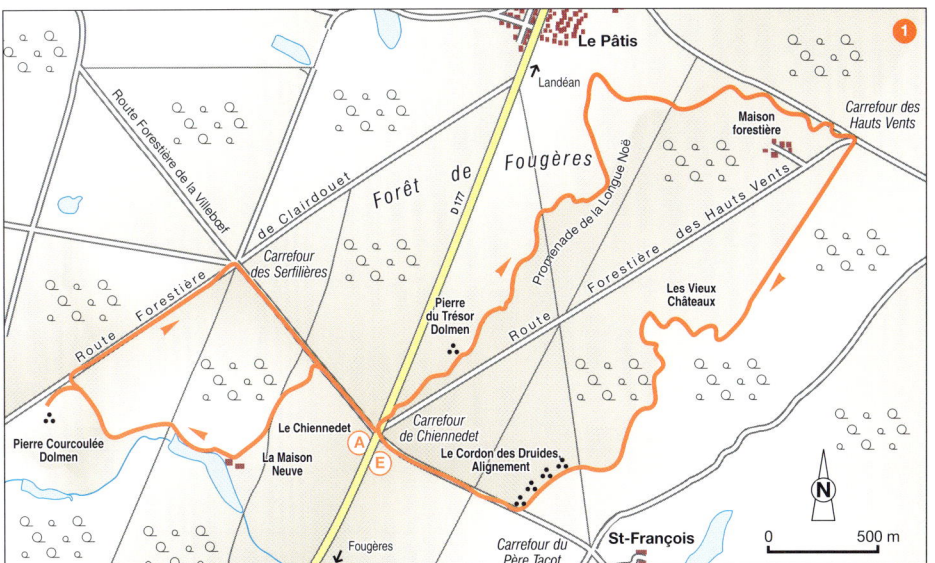

fougères) trägt auch die Stadt Fougères ihren Namen.

Schließlich folgt der Pfad einem Bachtal abwärts, wendet sich vor den Wiesen des Dorfs **Landéan** rechts, umgeht ein Forsthaus und trifft auf eine Wegeverzweigung. Hier wechselt die Markierung violettes Rechteck auf einen schnurgeraden Weg, der bald darauf in sonniges Jungholzgelände eintritt. Dort zweigt der mit blauem Rechteck markierte Rundwanderweg »Circuit des Vieux Châteaux« rechts auf einen schmalen Pfad ab, der nach einer Weile wieder in den Buchen-Stechpalmen-Farn-Wald eintaucht und dann das **Alignement le Cordon des Druides** (Band der Druiden) erreicht. Es handelt sich um eine nach Nordosten ausgerichtete, schlangenförmig gewundene Steinallee aus etwa 50 Quarzblöcken.

Wenn der Pfad auf die Forststraße trifft, folgen wir ihr rechts in wenigen Minuten zum Parkplatz zurück, queren die Départementstraße, gehen geradeaus und zweigen dann links zur **Plage de la Maison Neuve** ab: An einem Weiher im Wald lädt ein vielbesuchtes Picknick- und Freizeitgelände zur Rast. Diesseits des Teichs führt der Pfad weiter und erreicht den **Galeriedolmen Pierre Courcoulée** an einer Forststraße. Auf dieser geht es nach rechts, an der ersten Forstwegekreuzung halb rechts, und schon ist der Ausgangspunkt, der **Parkplatz an der D 177**, wieder erreicht.

Nützliche Informationen

Ausgangsort: Fougères (Ille-et-Vilaine).
Anfahrt/Ausgangspunkt: Bushaltestelle und Parkplätze am Carrefour de Chiennedet, 4 km nordöstlich von Fougères an der D 177 Richtung Saint-Hilaire.
Einkehr unterwegs: Keine; zahlreiche Möglichkeiten in Fougères.
Sehens- und Wissenswertes: Die ostbretonische Stadt Fougères besitzt eine der bedeutendsten mittelalterlichen Festungen Frankreichs und einen sehenswerten Altstadtkern.
Auskunft: Office de Tourisme, Place Aristide Briand, 35300 Fougères, Tel. (2) 99 94 12 20, Fax (2) 99 99 42 41.
Karte: ign série bleue 1:25000, Blatt 1317 est Fougères.

2 Von Vivianes See zu Merlins Grab

Château Comper – Etang de Comper – Etang du Pont Dom Jean – Tombeau de Merlin – Fontaine de Jouvence – Château Comper

> **Tourencharakter:** Waldwanderung auf bequemen Pfaden und Wegen.
> **Beste Jahreszeit:** Ganzjährig; Park und See von Schloß Comper sind von Ostern bis Ende September mittwochs bis montags von 10–19 Uhr zugänglich.
> **Weglänge:** 15 km.
> **Anstiege:** 200 Hm.
> **Reine Gehzeit:** Knapp 4 Std.

Von Schloß und See Comper führt diese Wanderung zum Grab des Zauberers Merlin im Wald von Brocéliande. Seit langem wird die Unterschutzstellung dieses sagenumwobenen Waldes als »europäisches Kulturgut« gefordert, doch noch immer ist er weitflächig in Privatbesitz, und eine Rundtour ist unmöglich: Die vom Hauptwanderweg abzweigenden Pfade und Wege dürfen nicht betreten werden. Daß die Wanderung auf denselben Wegen und Pfaden hin und zurück erfolgt, ist jedoch kein Nachteil: Sie ist so schön, daß es sich auch lohnen würde, dieselbe Route Dutzende von Malen zu gehen.

Merlin – der weiseste aller Männer

Der *Zauberer Merlin* ist eine der vielschichtigsten und bekanntesten Gestalten der bretonisch-britannischen Sagenwelt, und sein Grab zählt zu den meistbesuchten Orten im Wald von Brocéliande. Heine, Dorothea Schlegel, Uhland, Wieland – zahllos sind die Gedichte, die sich auch in deutscher Sprache mit Merlin und seinem »leuchtenden Grabe« (Goethe) beschäftigen.

Wie Bischof Geoffrey of Monmouth in seiner »Geschichte der britannischen Könige« (um 1130) berichtet, war Merlin der Sohn einer frommen Jungfrau und des Teufels. Als die gottesfürchtige Jungfrau einst vergaß, das

Im sagenumwobenen See vor Château Comper steht das kristallene Schloß der Fee Viviane.

Abendgebet zu sprechen, trat der Teufel bei ihr ein. Sie empfing ein Kind, gebar es und ließ es taufen: Merlin. Merlin war ein sterblicher Menschenmann, doch war er begabt mit nichtmenschlichen Kräften. Er verwandte diese Kräfte zum Guten, häufte weder weltliche Macht noch materielle Reichtümer an, blieb zeitlebens ein Kind der Wälder und war, wie es heißt, der weiseste aller Männer.

Auf Merlins Betreiben hin gebar Igraine (eine von drei feenhaften Schwestern) den nachmaligen König Artus, den Merlin im Verborgenen erzog. Dank dessen Klugheit wurde Artus König und begründete, Merlins Rat befolgend, die Tafelrunde.

Als Merlin alt war, zog er sich in den Wald von Brocéliande zurück, dort traf er an der Quelle von Barenton (Tour 3) die Fee Viviane. Merlin lehrte Viviane die Zauberkunst und ließ sich von ihr verzaubern: Viviane warf über den schlafenden Merlin einen Zauberschlaf und tat den Schlummernden in einen Zauberkreis oder – nach anderer Version – in eine Höhle. Seither schläft Merlin im Wald von Brocéliande für alle Ewigkeit glücklich und vereint mit seiner Geliebten Viviane. Einige Sagen fügen hinzu: Viviane, die Fee, sei keine andere als jene Jungfrau,

die Merlin geboren hatte, und als Merlin, der Weise, gefühlt habe, daß sein Menschenleben zu Ende ging, sei er zu ihr zurückgekehrt, um sich auf ewig wieder mit ihr zu vereinen.

Wunschzettel und Haarsträhnen

Stille wie am See von Schloß Comper oder wie im Wald darf an *Merlins Grab* niemand erwarten, dafür wird allerlei Kurzweil geboten. Alt und jung schreiben Wünsche auf Zettel und stecken diese in die Ritzen des Restdolmens, der als Grab des großen weisen Mannes gilt. Andere flechten Kränze aus langen Gräsern, aus Ginsterzweigen, Haarsträhnen und Blumen und werfen diese Kränze auf die Stechpalme: Bleibt der Kranz hängen, geht der Wunsch in Erfüllung, heißt es. Allerdings weiß niemand, ob der Dolmenrest tatsächlich das Grab ist, in dem Merlin schläft. Vielleicht haben Viviane und Merlin dieses Grab nur »gezaubert«, um vom echten abzulenken. Vielleicht schläft Merlin auf der Turnier-Höhe über der Quelle von Barenton, vielleicht schläft er auch in einem der »Merlin-Gräber« in England, Irland oder Wales.

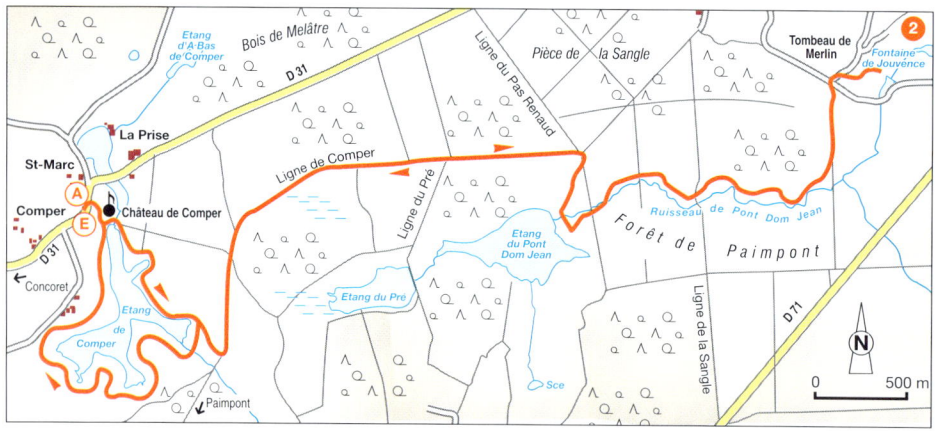

Die Dame vom See

In gallorömischer Zeit soll im *See von Schloß Comper* Diana ein Schloß aus Kristall gehabt haben. Diana galt im keltischen Raum als Schützerin der Wälder und der ungezähmten Natur. Als Mondfrau verkörperte sie den natürlichen Kreislauf von Werden, Vergehen und Wiederentstehen, als kämpferische Hüterin der Jungfräulichkeit stand sie für ein freies Leben in Unabhängigkeit von Herren und Herrschern, und zu ihren Lieblingsorten zählten die Quellen und Seen tief in den Wäldern. Später wurde Diana zu einer »Göttin der Jagd« reduziert, und viele Orte, die ihr geweiht waren, hat man in noch späterer Zeit nach dem Patron der Waidmänner benannt, dem heiligen Hubert.

Nicht nur mit Diana, auch mit der Fee Viviane wird der See von Comper in Verbindung gebracht: Im kristallenen Schloß im See soll Viviane geboren worden sein. Diana, Viviane, die Namen wechselten, gemeint war dieselbe, und später wurde sie deshalb ganz einfach »die Dame vom See« genannt. Im kristallenen Schloß im Etang de Comper soll die Dame vom See den Ritter Lancelot du Lac (Lanzelot vom See) erzogen haben.

Wie im Zentrum des Arthurischen Imaginären in Schloß Comper zu erfahren ist, sehen einige das kristallene Schloß noch heute im See. Was jedoch alle, die hierher kommen, fasziniert, ist die zeitlose Ruhe, die dieses große, von Wäldern umrahmte Gewässer ausstrahlt.

Der Wegverlauf

Das einsam am See gelegene **Château Comper** gehörte im Mittelalter dem mächtigen Adelsgeschlecht der Montfort-Laval, doch erinnern an diese Zeit nur zwei Ringmauern, ein Turm und ein Ausfalltor, während die Wohngebäude überwiegend aus dem 19. Jahrhundert datieren. Dem Publikumsverkehr geöffnet sind im Schloß die Räume des *Centre de l'Imaginaire Arthurien* (Zentrum des Arthurischen Imaginären): Eine Ausstellung informiert über die Geschichte des Waldes von Brocéliande.

Der große, ruhige **Etang de Comper** südlich des Schlosses wird als Angelparadies genutzt, Baden und Motorensport sind nicht erlaubt. Wir gehen auf der linken (östlichen) Seite des Sees entlang, teils auf Wegen, zuletzt auf einem Waldpfad, der schließlich eine Kreuzung erreicht. Wer hier rechts abzweigt, umrundet weiter den See, während wir geradeaus halten, nach wenigen Minuten einen Zaun passieren und nun auf dem Weitwanderweg stehen, der von Paimpont zu Merlins Grab (links) führt.

In paradiesischer Stille zieht der gelb-rot markierte, grasige Weg durch den Wald und stößt nach einer guten Stunde auf den **Etang du Pont Dom Jean**, einen großen Teich, dessen von alten Eichen bestandenes Ufer einen ausgezeichneten Rastplatz bildet. Hinter dem Teich zweigt der gelb-rot markierte Weitwanderweg links (!) auf einen Pfad ab und pirscht weiter durch den gras- und krautreichen Laubwald, ehe nach einer weiteren ½ Stunde der Parkplatz bei Merlins Grab erreicht ist. Wir queren die kleine Straße und halten halb rechts auf eine alte Eiche zu: Dort ist **Le Tombeau de Merlin**, **Merlins Grab**. Die zwei Steine, aus denen das »Grab« besteht, sind Reste eines Dolmen aus der Zeit um 3000 v.Chr. Zwischen den beiden Steinen, die als Symbole für Merlin und Viviane gedeutet werden, wächst eine Stechpalme.

In einer Entfernung von etwa 2 Minuten von Merlins Grab fault die **Fontaine de Jouvence** (Jungbrunnen). Da sich die Quelle, deren Wasser verjüngen soll, am Rand eines Militärgeländes befindet, ist sie verseucht, und die vielen, die hierher kommen, um einen Verjüngungsschluck zu tun oder das Wasser in Flaschen abzufüllen, wenden sich angeekelt ab.

In früheren Jahrhunderten wurden hier die im Verlauf eines Jahres geborenen Kinder in der Mittsommernacht registriert: Der Pfarrer wusch die Neugeborenen mit dem klaren Wasser aus der Quelle, danach wurden sie von einem weltlichen Beamten in das »marith« (Register) eingetragen. Damit die Säuglinge nicht unterkühlten, brannten viele Feuer, an denen es die Kinder warm hatten. Die Zeremonie war mit einem großen Fest verbunden.

Nach der Rast an Merlins Grab und am einstigen Jungbrunnen tauchen wir wieder ein in die Stille der Wälder und wandern zurück zum Etang du Pont Dom Jean und zum **See am Schloß von Comper**.

Nützliche Informationen

Ausgangsort: Saint-Méen-le-Grand (Ille-et-Vilaine).

Anfahrt/Ausgangspunkt: In Saint-Méen auf der D166 Richtung Vannes fahren, bei Gael auf die D773 Richtung Concoret und zuletzt Richtung Château Comper abbiegen. Ausgangspunkt ist der Parkplatz vor dem Château Comper.

Einkehren unterwegs: Keine Möglichkeit außer einem Speiseeisstand im Château Comper.

Sehens- und Wissenswertes: Das Städtchen Saint-Méen-le-Grand wurde im 6. Jahrhundert vom heiligen Méen gegründet, dessen Grab sich auf dem Friedhof des ehemaligen Klosters (13.–18. Jh.) befindet.

Auskunft: Comité départemental du Tourisme, 1 rue Martenot, 35000 Rennes, Tel. (2) 99029743.

Karten: ign série bleue 1:25000, Blatt 1018 est St-Méen und Blatt 1118 ouest Montauban.

In den Ritzen von Merlins Grab stecken Wunschzettel. Auch die aus Gräsern, Haaren und Ginsterzweigen geflochtenen Kränze symbolisieren Wünsche, die der Zauberer in Erfüllung gehen lassen soll.

3 Die Zauberquelle von Barenton

La Folle Pensée – Fontaine de Barenton – Le Camp du Tournoi – La Folle Pensée

Tourencharakter: Waldspaziergang auf bequemen Pfaden und Wegen.
Beste Jahreszeit: Frühjahr bis Herbst.
Weglänge: 4 km.
Anstiege: 100 Hm.
Reine Gehzeit: 1 Std.

Die am Fuß alter Eichen »brodelnde« Fontaine de Barenton ist einer der sagenumwobensten Orte des Waldes von Brocéliande und der gesamten Bretagne. Sie ist die Gewitter- und Regenzauberquelle, die Quelle, die vom Wahnsinn heilt, die »Quelle, die kocht und doch kälter ist als Marmor« (Chrétien de Troyes), die vom Ritter Yvain beschützte Quelle im Laudine-Reich, die Quelle, an der der Zauberer Merlin und die Fee Viviane sich begegneten, die Quelle, von der der Artusritter Kalogrenant in Hartmann von Aues Roman »Iwein« sagt:

»Hier war es,
als sei ich im Paradies selbst.
Dieses Glück preise ich
vor allem, was mir je widerfahren ist.«

Kochende Quelle

Bei der *Fontaine de Barenton* quillt das Wasser geräuschlos aus dem Boden von unten nach oben. Es ist nicht zu sehen, daß Wasser aufsteigt, lediglich, daß ein beständiger Wasserfluß vorhanden ist; auch in heißen Sommern ist der ovale Quelltopf bis zu einer gewissen Höhe immer gefüllt. Wer längere Zeit an der Quelle sitzt, sieht irgendwann – nach Sekunden, nach Minuten – Blasen im Wasser aufsteigen. Dieses heftige Aufsteigen der Blasen, begleitet von einem leisen Sprudeln, erweckt den Anschein, als koche das Wasser. Wer es erlebt, hat einen Wunsch frei, heißt es. Kinder staunen über die »kochende« Quelle, Eltern erklären, es sei eine »magische« Quelle, die meisten Kinder geben sich mit dieser Erklärung nicht zufrieden, bis jemand ganz prosaisch sagt: Es sind Stickstoffblasen, Gase, die aus dem Inneren der Erde steigen und die Quelle zum Brodeln bringen. Das leicht kohlensäurehaltige Wasser weist das ganze Jahr über eine Tem-

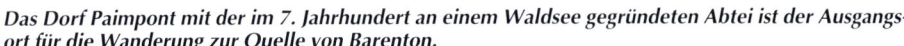

Das Dorf Paimpont mit der im 7. Jahrhundert an einem Waldsee gegründeten Abtei ist der Ausgangsort für die Wanderung zur Quelle von Barenton.

peratur von etwa 10 Grad Celsius auf und wird durch die Blasen mit reinem Stickstoff durchmischt.

Den »Wahnsinn« verbinden

Das verwunschen wirkende Bauerndorf unweit der Quelle heißt La Folle Pensée (der wahnsinnige Gedanke). Wie so oft bei französierten bretonischen Ortsbezeichnungen handelt es sich um eine verstümmelte Namensform: Der alte bretonische Name lautet in französischer Übersetzung »La Folie Pansée« = der verbundene Wahnsinn (panser = »verbinden« im Sinn von einen Verband anlegen, um etwas Verletztes heil zu machen). Aufgrund dieses Ortsnamens und der Heilungssagen, die sich um die Quelle ranken (ihr Wasser soll unter anderem schwächliche Kinder kräftigen), wird vermutet, daß der Quelle in alter Zeit bei Erkrankungen des Geistes, des Gemütes und der Seele eine heilende Wirkung zugedacht wurde; im nachmaligen Dorf La Folle Pensée habe sich möglicherweise eine vorgeschichtliche Gesundheitsstation befunden. Beweise dafür gibt es jedoch nicht.

Mediziner haben das Wasser untersucht und sind zu dem Ergebnis gelangt, es habe keine heilende Wirkung. Nicht einbezogen in die wissenschaftliche Analayse wurden die Geräusche, die beim Brodeln entstehen, die Spiegelungen von Sonne und Mond im Wasser, das Rauschen des Waldes, die gesunde Luft, die Sehnsüchte und Hoffnungen der Menschen, die hierherkommen, um Heilung zu finden, und all das andere Faßbare und Unfaßbare, das untrennbar mit dieser Quelle verbunden ist. Und so wandern weiterhin viele zur Quelle, um Heilung vom »Wahnsinn« zu finden, und weiterhin kommen Mütter, die ihren Kindern von dem Wasser zu trinken geben – mag die HighTech-Medizin sagen, was sie will.

Regenzauber-Quelle

Die meisten Touristen, die zur Fontaine de Barenton spazieren, sehen in ihr die sensationelle »Gewitterquelle«. Sie schöpfen Wasser, gießen es auf die »Perron de Merlin« genannte Felsplatte neben der Quelle

Der Quelltopf der Fontaine de Barenton im Abendlicht. Das Wasser hat einen weichen, ungewöhnlichen Geschmack.

und warten auf den Regen- und Gewitterzauber.

Der normannische Dichter Robert Wace berichtet in seiner Reimchronik »Le Roman de Rou« (um 1170) als erster von der Eigenschaft der Quelle, Gewitter und Regen hervorrufen zu können. Aktenkundig wurde der Regenzauber im Jahr 1467 in einer Urkunde, die nicht nur vorschrieb, wie der Zauber auszuüben war, sondern daß ihn nur der Lehnsherr – der Herr von Montfort – praktizieren durfte.

Später ging die Befugnis, Gewitter und Regen zu zaubern, vom Lehnsherrn (weltliche Macht) auf den Pfarrer von Concoret (geistliche Macht) über. Während der Dürre des Jahres 1835 zog der Pfarrer an der Spitze einer feierlichen Prozession zur Quelle, segnete sie, tauchte ein Kreuz hinein und schüttete das Wasser auf den Perron. Wenige Minuten später soll es in Strömen geregnet haben. Derartige Regenzauber-Prozessionen sollen im 19. Jahrhundert öfter stattgefunden haben – sehr zum Unwillen der Wissenschaft und der staatlichen Organe.

Quelle der Liebenden

Robert Wace berichtet um 1170, die Fontaine de Barenton sei ein beliebter Aufenthaltsort von Feen. Der romantische Dichter Chateaubriand erzählt in seinen Memoiren (1848), er habe an der Quelle von Barenton Morgane und Viviane getroffen. Wie im »Zentrum des Arthurischen Imaginären« in Schloß Comper (Tour 2) zu erfahren ist, sei an der Quelle gut zu erkennen, wer eine Fee ist oder nicht. Wer also unsicher ist im Ausfindigmachen von Feen und Zauberern, wandert zur Quelle von Barenton; hier wird alles offenbar: Manchmal sind es Kinder, manchmal Erwachsene, andere sind alt. Einer dieser Alten war der Zauberer Merlin. Er wollte im Wald von Brocéliande als Einsiedler leben, doch an der Fontaine de Barenton begegnete er der Fee Viviane. Viviane saß auf dem Perron neben der Quelle und wartete auf den, der in alle Ewigkeit ihr Geliebter sein würde (vgl. Tour 2).

Die Geschichte von Merlin und Viviane hat zahlreiche Dichter und Maler inspiriert und dazu geführt, daß die Fontaine de Barenton ein klassisches Nachtwanderziel für Verliebte geworden ist: Hand in Hand sitzen sie auf dem Perron, still, und lauschen dem Brodeln des Wassers, während der Mond über die bewaldete Berghöhe wandert, den Quellbezirk unter dem weit ausladenden Blätterdach der alten Eichen wie einen Tempel erhellt und im magisch-surrealen Silberlicht der Mondstrahlen die Quelle brodelt.

Das Laudine-Reich

Viviane, Diane, Morgane – die Namen sind Chiffren für jenes Wesen, dessen Reich der Wald von Brocéliande mit der brodelnden und heilenden, mit der Liebe und Fruchtbarkeit, aber auch Unwetter, Blitz und Verderben bringenden Quelle in alter Zeit war. Der Dichter Chrétien de Troyes hat sie in seinem Roman »Yvain« (um 1170) Laudine genannt. In diesem Roman, den der Deutsche Hartmann von Aue um 1200 genial nachdichtete, gehören die Quelle und der Wald von Brocéliande einer Burgfrau namens Laudine. Sie trägt Züge einer Feenkönigin, aber in der Welt des christlichen Mittelalters kann sie

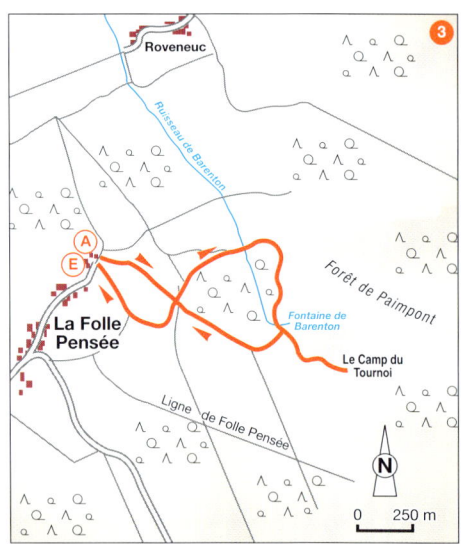

nicht mehr unabhängig sein, sondern braucht einen Mann, der ihren Wald und ihre Quelle schützt vor denjenigen, die sie entweihen und ihr Reich erobern wollen: vor den Mannen des Königs Artus.

Der außenseiterische Artusritter Yvain entfesselt an der Quelle von Barenton den Regenzauber und verletzt Laudines Quellwächter-Mann im Zweikampf tödlich, entgeht mit Hilfe von Laudines Beraterin Lunete der Gefangennahme (die »Mondfrau« Lunete gibt ihm einen Zauberring, der ihn unsichtbar macht) und verliebt sich in Laudine. Wenige Tage nach dem Tod ihres Quellwächters, der ihr sieben Jahre gedient hat, setzt Laudine Yvain als neuen Mann und als Schützer ihres Waldes und ihrer Quelle ein. Kurz darauf, in der Mittsommernacht, feiern König Artus und seine Ritter uneingeladen ein Fest an der Quelle. Yvain besiegt den Ritter Keu, der die Quelle während des Festes entweiht hat. Doch Yvain ist hin und her gerissen zwischen dem Laudine-Reich und dem Artushof, dessen Wertvorstellungen er sich glaubt beugen zu müssen, und kehrt zurück an den Hof: eine Welt voller Intrigen und Scheinheiligkeit.

Als Yvain sie in der nächsten Mittsommernacht nicht besucht, verflucht Laudine ihn und läßt ihm öffentlich den Kraftring, der ihn als ihren Mann ausweist, vom Finger ziehen. Daraufhin wird Yvain »wahnsinnig«. Er flieht vom Hof in den wilden Wald und lebt dort wie ein »Unvernünftiger«. Erst als eins von drei rätselhaften Fräuleins den Körper des schlafenden, nackten »Irren« mit einer Salbe der weisen Fee Morgane bestreicht, kommt er wieder zu sich. Er befreundet sich mit einem Löwen, der ihn nun immer begleitet, und unter dem Namen des Löwenritters besteht Yvain zahlreiche Aventüren, aber nicht mehr, um den Werten des höfischen Lebens zu genügen, sondern um heimzukehren in das Laudine-Reich. Es gelingt ihm. Im Reich der Laudine im Wald von Brocéliande an der Quelle von Barenton findet Sire Yvain seinen Frieden.

Der Wegverlauf

Am oberen Rand des Parkplatzes vor dem Dorf **La Folle Pensée** weist ein Holzschild auf einen bequemen Waldweg. Wenn der Weg nach wenigen Minuten endet, zweigt rechts ein breiter Pfad ab, verläuft durch Buschwerk und Gehölze und trifft wiederum auf einen Weg. Der Weg (links) durchschreitet die sanfte Talsenke, durch die das Wasser aus der Quelle von Barenton abfließt, gleich darauf zweigt rechts ein deutlicher Waldpfad zur **Fontaine de Barenton** ab.

Wer nicht zauberkundig ist, darf das brodelnde Wasser der Quelle nicht auf den Perron gießen, sonst könnten sich – wie Chrétien de Troyes ausführlich schildert – gefährliche Dinge ereignen. Einer von jenen, die zauberten, ohne daß sie wußten, was sie taten, war der Artusritter Kalogrenant. Die Route, die Kalogrenant wählte, nachdem er versehentlich den Gewitterzauber ausgelöst hatte, ist bekannt: Mit dem Rücken zur Quelle stehend, geht es geradeaus und auf einem von Farnen überwucherten Pfad bergan zur Höhe **Le Camp du Tournoi** (der Turnierplatz). Hier sollen die Kämpfe stattgefunden haben, die Kalogrenant und Yvain mit Laudines Quellwächter-Mann ausfechten mußten, hier soll Yvain als dessen Nachfolger den Artusritter Keu besiegt haben. Le Camp du Tournoi soll nicht nur Kampfstätte gewesen sein, hier soll auch Merlins Grab liegen: Der Steinkreis, in dem der von Viviane verzauberte weise Mann schläft, ist allerdings »verschwunden«. Wer im Frühjahr dem Farnpfad folgt, hört das Murmeln der Bäche, die unterirdisch fließen, ehe sie sich sammeln und an der Quelle von Barenton zutage treten.

Vom Camp du Tournoi geht es auf demselben Pfad zurück zur Quelle. Wer die

Sommernachmittag an der Quelle von Barenton. Die »Sitzgelegenheit« unter der alten Eiche neben der Quelle ist der Perron, auf dem der Regen- und Gewitterzauber ausgelöst werden kann.

Wanderung nachmittags angetreten hat, erreicht die Quelle nun möglicherweise am Abend, wenn die meisten Ausflügler fort sind. Wer die Quelle öfter aufgesucht hat, weiß die ruhigen Abende an ihr zu schätzen. Kaum jemand von denen, die sich abends an der Quelle niederlassen, spricht; Eltern und Kinder nähern sich der Quelle flüsternd, lauschen schweigend dem sanften Brodeln des Wassers. Dank ihrer Westlage empfängt sie bis spätabends Sonnenlicht.

Wenn die Dämmerung, die Zeit der Feen, vorüber ist und sich die Nacht über den Wald von Brocéliande senkt, ist es angeraten, den Rückweg anzutreten: Geradeaus, am nächsten Weg rechts hinab, unten geradeaus auf dem Pfad und auf dem ersten Weg links zurück zum Parkplatz vor dem Dorf **La Folle Pensée**.

Nützliche Informationen

Ausgangsort: Paimpont (Ille-et-Vilaine).
Anfahrt/Ausgangspunkt: Am südlichen Ortsausgang von Paimpont auf die D 40 Richtung Ploërmel fahren und wenig später rechts abbiegen, der Beschilderung »Fontaine de Barenton« folgend. Ausgangspunkt ist der Parkplatz am Rand des Dorfs La Folle Pensée.
Einkehr unterwegs: Keine Möglichkeit, lediglich in Paimpont.
Sehens- und Wissenswertes: Der kleine Ort Paimpont, ruhig im Wald von Brocéliande an den Ufern eines großen Teichs gelegen, entstand bei einem um 630 gegründeten Kloster, das während der Französischen Revolution aufgehoben wurde. Sehenswert ist der stimmungsvolle alte Klosterbereich, heute mit Cafés, Restaurants und Geschäften. Die ehemalige Abteikirche von Paimpont (13. Jh., im 17. Jh. barockisiert) und der Kirchenschatz können im Rahmen einer Führung besichtigt werden: Juli bis 31. August 10–12 Uhr und 15–18.30 Uhr; in den anderen Monaten gibt der Pfarrer Auskunft: Tel. (2) 99 07 81 07.
Auskunft: Comité départemental du Tourisme, 1 rue Martenot, 35000 Rennes, Tel. (2) 99 02 97 43.
Karte: ign série bleue 1:25 000, Blatt 1019 est Paimpont.

4 Val sans Retour – Tal ohne Wiederkehr

Tréhorenteuc – Miroir aux Fées – Val sans Retour – Maison de Viviane – Tréhorenteuc

> **Tourencharakter:** Bequeme Tal- und aussichtsreiche Höhenwanderung.
> **Beste Jahreszeit:** Ganzjährig, außer bei Schneelage.
> **Weglänge:** 8 km.
> **Anstiege:** 100 Hm.
> **Reine Gehzeit:** Gut 2 Std.

Diese Wanderung bietet auf den Höhen eine hervorragende Aussicht über das abwechslungsreiche Binnenland der östlichen Bretagne. Zugleich führt sie durch das sagenumwobene »Tal ohne Wiederkehr«, das Reich von Morgane le Fay.

Fata Morgana

Morgane le Fay war, wie es heißt, eine Weise, Zauberin und Heilerin. Sie kam aus dem Meer und wohnte in schwarzen Felsen und Felsschluchten, und wer sie sah, schied »froh, reich und weise« von ihr. In weiten Teilen Europas wurde sie so zum Inbegriff des Zauberhaften, daß gewisse Luftspiegelungen mit ihrem Namen bezeichnet werden: »Fata Morgana« bedeutet, wörtlich übersetzt, nichts anderes als »Fee Morgane« (italienisch fata = [Schicksals-]Fee).

Ab dem Hochmittelalter wurde Morgane auch als Giftmischerin, Mörderin und Teufelsbuhle dargestellt. Der mittelhochdeutsche Dichter Hartmann von Aue, der diese Zeit miterlebt hat, sagt in seinem Artusroman »Erec« von Morgane:

> *»Welch große Wissenschaft*
> *und seltsame Kenntnisse gingen mit ihr*
> *verloren!*
> *Man kann die Wunder nicht aufzählen,*
> *sondern muß die meisten verschweigen,*
> *die diese Frau vollbracht hat.«*

Morgane setzte ihre Zauberkraft zum Guten ein, aber sie war eine Gegnerin des Artushofs, weshalb König Artus schwor: »Ich werde mich so furchtbar an ihr rächen, daß die ganze Christenheit davon sprechen wird« (Malory 3–11). Der Artushof erboste sich über Morgane, »und viele Ritter wünschten, sie würde verbrannt« (3–15).

Kirche des heiligen Grals

Im Ausgangsort *Tréhorenteuc* lohnt zu Beginn der Wanderung der Besuch der *Eglise du Saint-Graal*, der »Kirche des heiligen Grals«. Von 1942 bis 1962 wurde die im 17. Jahrhundert errichtete Dorfkirche mit Mosaiken und Glasmalereien ausgeschmückt, die christliche, keltische und arthurische Motive aufgreifen und heutzutage einen regen Besucherandrang erleben (Führungen): Dargestellt sind die Suche nach dem Gral, die Quelle von Barenton, der weiße Hirsch, Morgane le Fay, Artus und die Ritter der Tafelrunde usw.

Das Wort *Gral* ist angeblich altfranzösisch. Aus welcher Sprache auch immer es tatsächlich kommt: Es bezeichnet ein schalenartiges, schönes, mit einer »Perle« besetztes Gefäß, das sehr begehrenswert ist und die Eigenschaft besitzt, Männer glücklich zu machen. Im Gral ist eine nicht näher bezeichnete Flüssigkeit, und hin und wieder befindet sich in ihm auch Blut. Außerdem gehört zum Gral eine »Lanze«.

Die Symbolik von Schale und Stab, die sich bis ins Megalithikum zurückverfolgen läßt, erfuhr im christlichen Hochmittelalter eine Neuinterpretation: Die »Schale« wurde zum Blutkelch stilisiert, aus dem »Stab« wurde eine Lanze. Diese Neudeutungen trieben bizarre Blüten. So wurde behauptet, der heilige Gral sei der Kelch, in dem Joseph von Arimathia, Mitglied des jüdischen Hohen Rates, auf dem Kalvarienberg bei Jerusalem das Blut des am Kreuz hängenden Christus aufgefangen habe (der römische Soldat Longinus hatte Christus mit einer Lanze in die Seite gestochen). Joseph von Arimathia setzte den Leichnam Jesu in einem Felsengrab bei, das er eigentlich für sich selbst hatte bauen lassen, bestieg mit Kelch und Blut ein Schiff, segelte in die Bretagne und wanderte mit Kelch und Blut in den Zauberwald von Brocéliande, wo er einschließlich Kelch und Blut spurlos verschwand.

Diese Geschichte war im Mittelalter weit verbreitet. Sie wurde auch anderen Heiligen angedichtet, beispielsweise dem heiligen Budoc (vgl. Tour 32): Ehe Budoc im 6. Jahrhundert Bischof von Dol wurde, fuhr er nach Jerusalem und brachte den heiligen Gral in die Bretagne.

Nach einer anderen weitverbreiteten Theorie soll es sich beim Gral um jenen Kelch handeln, den Jesus beim Letzten Abendmahl den Jüngern reichte, um sie sein Blut trinken zu lassen: »Dann nahm er den Kelch, sprach das Dankgebet und reichte ihn den Jüngern mit den Worten: Trinket alle daraus, das ist mein Blut« (Matthäus-Evangelium 26,27).

Diese und viele weitere Gral-Deutungen blieben unverständlich. Einigkeit bestand lediglich in der Annahme, der Gral sei etwas höchst Wunderbares, das in der Wirklichkeit existierte und das es zu finden galt. So machten sich die Ritter auf, den heiligen Gral zu suchen. Die bekanntesten Gralssucher waren die Liebesabenteurer Lancelot du Lac (»große Lanze vom See«) und Perceval (»Tal-Durchstoßer«).

Gralssucher Perceval

Perceval le Gallois (»Parsifal der Gallier«) wächst in den wilden Wäldern der Bretagne weitab von der Zivilisation auf. Er hat eine Mutter, Herzeloyde, aber keinen Vater. Als Perceval (der zu diesem Zeitpunkt noch nicht weiß, daß er so heißt) an den höfischen Artushof kommt, lacht bei seinem Anblick ein Hoffräulein, das schon jahrelang nicht mehr gelacht hat, fröhlich auf und ruft, Perceval werde der beste Ritter der Welt werden. Keu, der Seneschall des Artushofs, mißhandelt daraufhin das Fräulein, das sich erdreistet hat, fröhlich zu lachen.

Perceval verläßt den Hof, an dem die Fröhlichkeit bestraft wird, reitet weiter und vertreibt Artusritter, die die Stadt der feenhaften Blanchefleur belagern. Blanchefleur (»weiße Blume«) führt ihn in die Geheimnisse der Liebe ein. Pervecal reitet weiter und sieht in einer Burg eine »Gralsprozession«: Ein Mann trägt eine Lanze, an der drei Blutstropfen perlen, eine Frau trägt eine kostbar geschmückte Schüssel (»Gral«), mit der sie offenbar jemanden in einem Nebenraum bedient. Aber Perceval will nicht nach der Bedeutung dieser Gegenstände fragen, und so erfährt sie auch der Leser nicht.

Auf seinem Weiterritt trifft Perceval eine junge Frau namens Sigune, die ihren toten Freund im Arm hält, weil sie sich von ihm nicht trennen will. Sigune fragt Perceval nach seinem Namen: Nach all den Erfahrungen, die der Gralssucher inzwischen gemacht hat, weiß er nun, wer er ist – er ist Perceval, der »Tal-Durchstoßer«. Perceval reitet weiter, und als er drei Blutstropfen im Schnee sieht, denkt er an Blanchefleur und verfällt in Liebestrance. Später vermittelt ihm die Königin Repanse de Joie (»Wonnespenderin«) eine mystische Vision des Grals.

Chrétien des Troyes ließ seinen Perceval-Roman unvollendet, weil er nicht auf einem Scheiterhaufen der Inquisition enden wollte, doch phantasiebegabte Mönche schrieben sein Werk fort: Perceval entbrennt in fleischlicher Liebe zu einer Edelfrau, die ihn zur Todsünde verführen will, doch als er sich neben sie bettet, um die Todsünde zu begehen, fällt sein Blick glücklicherweise auf ein Kruzifix. Sofort bekreuzigt sich Perceval, und im selben Augenblick verschwindet die Frau, die in Wirklichkeit »der Oberteufel der Hölle« war, in einer schwarzen Rauchwolke. Daraufhin zückt Perceval sein Schwert, hackt seine Geschlechtsteile ab und ruft: »Da mein Fleisch mich beherrschen will, will ich es strafen … O Herrgott, nimm dies zur Wiedergutmachung für das, was ich dir angetan habe!« Damit ist Percevals Gralssuche beendet.

Der Wegverlauf

Vom Parkplatz am Ortsrand von **Tréhorenteuc** zieht ein mit gelber Scheibe und rot-weißem Strich markierter Weg sacht aufwärts, überschreitet aussichtsreich eine Anhöhe und biegt nach rechts. Wenn der Weg gleich darauf links schwingt, geht es ohne Ausschilderung geradeaus auf einen dunklen, markanten Felsen zu, der sich – obwohl die Wanderung gerade erst begonnen hat – gut für eine Rast eignet. Er bietet einen

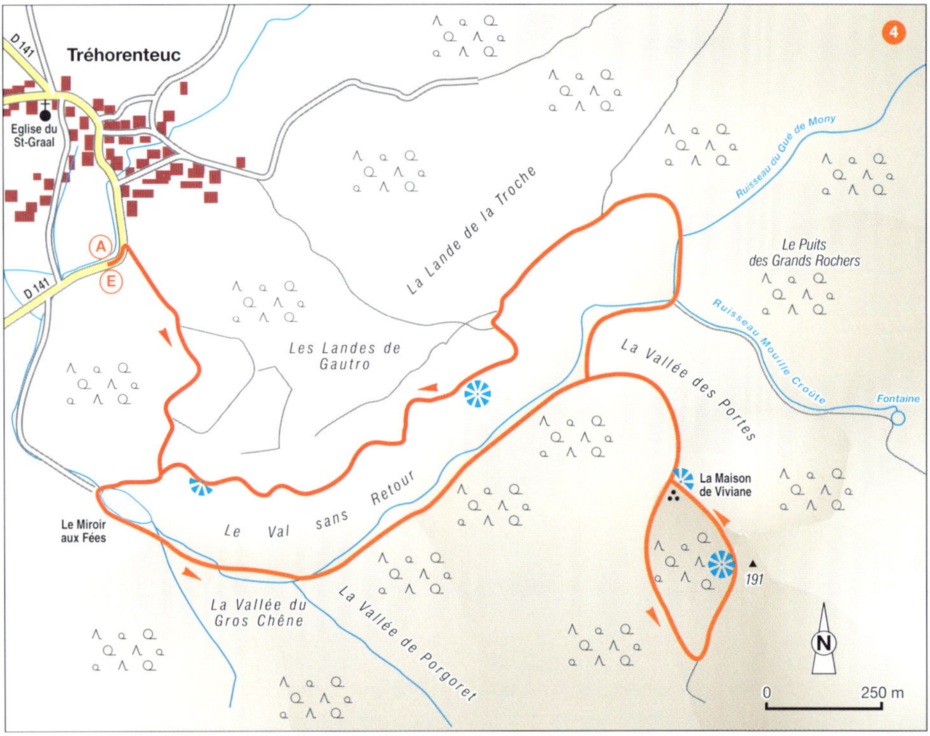

Beim Feenspiegelteich im Val sans Retour steht das mit Blattgold überzogene Kunstwerk L'Arbre d'Or (der Goldene Baum). Die Geweihsymbolik spielt auf den keltischen »Hirsch« an, das Gold steht für den goldenen Baum des Lebens, die rußschwarz gestaltete Umgebung soll die Gefährdung der Natur durch den Menschen versinnbildlichen und spielt auch auf die Waldbrandgefahr an.

schönen Blick auf den Teich Miroir aux Fées (Feenspiegel) auf dem Grund des Val sans Retour sowie auf den dahinter aufragenden *Rocher des Faux Amants* (Fels der Falschen Liebhaber).

Morgane le Fay hauste 13 Jahre lang in diesem Tal, und sobald ein Mann, der seine Frau betrogen hatte, das Tal betrat, zauberte sie ihn in den Fels der Falschen Liebhaber. Den falschen Liebhabern soll es gut ergangen sein in der Gefangenschaft von Morgane. Sie hatten alles, was man sich an Gütern und Vergnügungen fatamorganamäßig vorstellen kann – nur eins hatten sie nicht: die Freiheit. Lancelot du Lac soll die falschen Liebhaber schließlich befreit haben.

Vom schwarzen Aussichtsfelsen führt ein Pfad passagenweise recht steil hinab zum Teich **Miroir aux Fées**. Neben dem Ausfluß des Teichs steht die Skulptur *L'Arbre d'Or* (Goldener Baum). Das mit Blattgold überzogene Kunstwerk des Bildhauers François Davin, 1991 aufgestellt, will als »der goldene

Baum des Lebens« verstanden werden. Der Goldene Baum ist umgeben von fünf (die Zahl 5 steht in der keltischen Mythologie ebenso wie die 3 für »Ganzheit«) rußschwarzen Bäumen, die den Tod der Natur symbolisieren, falls sich die Menschen ihr gegenüber versündigen. Die Krone des Goldenen Baums hat die Form eines Hirschgeweihs, das den Kreislauf von Werden, Vergehen und Wiederwerden symbolisiert: Im Februar, spätestens im April jeden Jahres, werfen starke Hirsche ihr Geweih ab, ersetzen es bis Ende Juli und werfen es im nächsten Februar erneut ab.

Vom Feenspiegel-Teich führt ein rot-weiß markierter Pfad im Talgrund aufwärts. Während die Hänge überwiegend entwaldet sind, ist die Natur im Talgrund weitgehend intakt. Zwischen Farnen, Eichen und Buchen – viele von ihnen efeuumrankt –, zwischen Hainbuchen, Birken, Stechpalmen und Brombeergestrüpp zieht der Pfad neben dem Bach aufwärts, passiert einen kleinen

Vom schwarzen Felsen, den helle Quarzadern durchziehen, fällt der Blick auf den Teich Miroir aux Fées (Feenspiegel) im Val sans Retour, dem Tal ohne Wiederkehr.

Stauweiher und erreicht schließlich bei einer Übersichtstafel eine Gabelung. Hier geht es auf dem hangaufwärts führenden Pfad weiter.

Rot-weiß markiert, steigt der Pfad zunächst in üppigem Wald aufwärts, tritt dann in ausgedehnte Ginsterbestände und trifft zuletzt auf einen Weg: Links, der Beschilderung folgend, auf einem Pfad kurz durch ein Gehölz, und wir sind auf der **Felshöhe P 191**, die eine hervorragende Aussicht auf das Tal ohne Wiederkehr sowie weit hinaus in das abwechslungsreiche Binnenland der Bretagne gewährt.

Nach Überschreiten der Felshöhe ist der jungsteinzeitliche Galeriedolmen **Maison de Viviane** (Vivianes Haus) erreicht. Er wurde in der Zeit um 3500 v.Chr. errichtet und ist von einem Steinkreis umgeben. Von diesem sehr schönen Rastort läßt sich nahezu der gesamte Wald von Brocéliande überblicken.

Von Vivianes Haus zieht der Pfad wieder hinab ins Tal, unten geht es aufwärts, bis ein Weg kreuzt. Auf ihm leitet die Markierung gelbe Scheibe links hinauf, wo uns oben ein breiter Forstweg empfängt, der links (!) nach Tréhorenteuc zurückführt. Bald (nach etwa 10 Minuten) zweigt vom Weg links ein Pfad ab. Er verläuft zur felsigen Abbruchkante hoch über dem Val sans Retour und leitet mit prachtvoller Aussicht zurück zum schwarzen Felsen über dem **Feenspiegel-Teich**.

Dort geht es auf der bekannten Route zurück ins Dorf **Tréhorenteuc**, wo unter anderem das »Café Morgane« zu gemütlicher Rast lädt.

Nützliche Informationen

Ausgangsort: Ploërmel (Morbihan).
Anfahrt/Ausgangspunkt: Das Dorf Tréhorenteuc liegt 12 Kilometer nordöstlich von Ploërmel an der kleinen Straße D 141. Man stellt das Auto nicht auf dem Parkplatz am Ausgang des Val sans Retour ab, sondern – von Ploërmel kommend – am zweiten Parkplatz, der direkt neben dem Dorf liegt.

Einkehr unterwegs: Keine Möglichkeit, außer in Tréhorenteuc.

Sehens- und Wissenswertes: Die kleine Stadt Ploërmel, einstige Residenz der Herzöge der Bretagne, liegt in landwirtschaftlich geprägter Umgebung südwestlich des Waldes von Brocéliande. Benannt ist sie nach dem heiligen Armel (Plou Armel), der die Stadt im 6. Jahrhundert gründete, nachdem er einen Drachen besiegt hatte. Die Legende ist in der Kirche Saint-Armel (16. Jh.) dargestellt. Sehenswert sind auch die alten Häuser im Stadtzentrum, darunter das Maison des Marmousets (16. Jh.) mit bemerkenswerten Holzschnitzereien.

Die Eglise du Saint-Graal in Tréhorenteuc hat geöffnet vom 1. Märzsonntag bis Ostern 14–18 Uhr, von Ostern bis Allerheiligen 11–19 Uhr und von Allerheiligen bis 1. Dezember 14–18 Uhr; Tel. (2) 97 93 05 12.

Auskunft: Office de Tourisme, Place Lamenais, 56800 Ploërmel, Tel. (2) 97 74 02 70.

Karte: ign série bleue 1:25 000, Blatt 1019 est Paimpont.

5 Die Heide der Menhire von Saint-Just

Saint-Just – Lande de Cojoux – Etang du Val – Lande de Cojoux – Saint-Just

Tourencharakter: Bequeme, aussichtsreiche Höhenwanderung durch Heidelandschaft.
Beste Jahreszeit: Zeit der Seerosenblüte (Mittsommer bis Juli); von Juli bis September finden sonntags Führungen durch die Heide von Cojoux statt.
Weglänge: 8 km.
Anstiege: 100 Hm.
Reine Gehzeit: Gut 2 Std.

Das Faszinierende an den Megalithdenkmälern in der aussichtsreichen Lande de Cojoux, einer von Schieferfelsen durchbrochenen Heidelandschaft westlich des Dorfs Saint-Just, ist die Tatsache, daß hier

Das Alignement du Moulin bei der alten Mühle von Saint-Just ist eine zweireihige Steinallee aus spitzigen Quarz- und Schiefermenhiren sowie – hinter den Büschen – niedrigen Quarzblöcken.

Menhire, Dolmen und Kromlechs nicht nur zu besichtigen, sondern auch zu »erleben« sind. Während die Schöpfungen der Megalithkultur in Carnac eingezäunt sind, stellt sich bei der Wanderung durch die Lande de Cojoux das Gefühl ein, hier könne es vor 6000 Jahren ähnlich gewesen sein wie heute: die einsame Heide, der fast unendlich über das Land schweifende Blick, der weite Himmel darüber, die karge Erde, in der die Megalithen stecken – und kein Massentourismus. Allerdings führt diese Wanderung nicht nur durch eine der typischen »Ossian-Heiden« der Bretagne und zu Megalithdenkmälern: In den Granitwänden über dem Etang du Val tummeln sich die Kletterer, und an Mittsommer öffnen auf dem Teich Tausende von Seerosen ihre Kelche.

Der Wegverlauf

Aus der Kirche von **Saint-Just** tretend, geht es geradeaus hinab zur Straße, vor dem Café rechts und an der Verzweigung geradeaus auf einer kleinen Straße, dem Schild »Site mégalithique« folgend. Nach Passieren der Sportplätze zweigt rechts ein Weg ab; am ersten wenden wir uns links, und dort stehen zwischen Ginster- und Wacholdersträuchern die ersten Megalithen: **L'Alignement du Moulin** (die Steinallee der Mühle), so genannt nach der alten Mühle, die oberhalb in Sicht ist (Privatbesitz, nicht betretbar).

Die zweireihige Steinallee hat West-Ost-Ausrichtung. Entlang der südlichen stehen etwa ein Dutzend schlanker, unterschiedlich hoher Langsteine aus hellem Quarz und dunklem Schiefer. Rund 20 massige Quarzblöcke, von denen einige menhirartig aufragen, bilden die Nordreihe. Die Anlage datiert aus dem späten Neolithikum (um 2500 v.Chr.), in der Bronzezeit wurde ein Grab hinzugefügt.

Am Ende des Alignement zweigt die Hufeisen-Markierung auf einen aussichtsreichen Weg zwischen Wacholderbeständen ab und erreicht wenig später eine Ansammlung von Quarzblöcken. Sie werden **Les Demoiselles de Saint-Just** (die Fräuleins von Saint-Just) genannt. Die Hufeisen-Markierung leitet weiter zwischen Wacholder- und Ginsterbüschen und zweigt bei erster Gelegenheit rechts hinauf ab. Der von zum Teil bizarr verwitterten Schieferfelsen durchbrochene Bergrücken bietet eine phantastische Aussicht und ist einer der stimmungsvollsten Rastplätze auf dieser Wanderung.

Nach Überschreiten des Bergrückens wenden wir uns am ersten kreuzenden Weg links, bald zwischen Feldern, denen links ein eingezäunter Tumulus (Grabhügel) mit einer Menhir-Gruppe einträgt: **Le Château-Bu**, »das Schloß der Kuh«. Um 3500 v.Chr. wurde hier ein Dolmen errichtet, den man zwischen 1800 und 1500 v.Chr. mit Erde überhügelt hat; auf diese Weise entstand der

Diese Le Tribunal (Das Gericht) genannte Steinsetzung soll im Megalithikum der Beobachtung von Mond, Sonne und Sternen gedient haben. Die Menschen des Megalithikums besaßen das Know-how und die Kraft, gigantische Felsblöcke über Dutzende von Meilen hinweg zu Wasser, zu Lande und auf See zu transportieren und dann zentimeter- bzw. millimetergenau zu plazieren.

Die Felswände über dem Etang du Val sind ein beliebtes Kletterrevier.

Tumulus. Er wird überragt von acht aufrecht stehenden Menhiren, der neunte und größte liegt auf der Erde. Auf dem »Schloß der Kuh« sollen die Heiden jedes Jahr ein Mädchen geopfert haben, erzählt die Legende, und jedes Mal soll ein neuer Altar für diese Zeremonie aufgestellt worden sein. Die Archäologie hat diese Phantasien nicht bestätigt.

Wir folgen weiter dem aussichtsreichen Weg und erreichen **La Croix Saint-Pierre**, ein Ensemble mehrerer Dolmen, Tumuli usw. Am eindrucksvollsten ist die *Tribunal* (Gericht) genannte megalithische Anlage zur Beobachtung von Sonne, Mond und Sternen.

Bald darauf kommt der Weg zu dem von Schatzgräbern zerstörten jungsteinzeitlichen Dolmenrest **Le Four Sarrazin**, der um 2000 v.Chr. errichtet wurde. Die Felshöhe dahinter bildet einen schönen Rastplatz mit weitem Blick über das Land.

Wenige Minuten später endet der Weg an den lotrecht zum **Etang du Val** abstürzenden, aussichtsreichen Granitklippen, die als offizielles Klettergelände ausgewiesen sind. Ein teilweise steiler Weg, später Pfad führt halb rechts (nordwestwärts) hinab. Unten gibt der Uferpfad am Fuß der Kletterfelsen die Route vor, und hier findet sich so mancher lauschige Rastplatz unter alten, knorrigen Laubbäumen. Auf dem Teich, dessen Grund stark vermoort, schaukeln Seerosen, Frösche fangen Fliegen, am Ufer wächst Schilf, Kröten läuten, Libellen schwirren über das Wasser hin – eine Idylle voller Leben.

Wir schreiten am Ufer des Sees entlang, passieren eine Landzunge, stoßen in eine Bucht vor und zweigen hier wieder bergwärts ab: Der Pfad, später Weg, führt zurück zur **Croix Saint-Pierre**. Dort gehen wir geradeaus, biegen aber kurz vor dem »Schloß der Kuh« rechts auf einen Pfad ab. Er kurvt bald links, erweitert sich zum Weg und erreicht die eindrucksvollen **Demoiselles Piquées**, drei Quarz-Menhire. Das mit mehr als 3 Metern Höhe größte der »drei Fräuleins« liegt im Gras, die beiden anderen – 2,90 und 3 Meter hoch – stehen aufrecht. Vermutlich handelt es sich um die Reste eines Alignement (Steinallee).

Kurz nach Passieren der Demoiselles Piquées ist der bekannte Weg wieder erreicht, der uns zum Ausgangspunkt in **Saint-Just** zurückbringt.

Nützliche Informationen

Ausgangsort: Redon (Grenzbereich der Départments Ille-et-Vilaine, Morbihan, Pays).
Anfahrt/Ausgangspunkt: Saint-Just ist am raschesten über die Straße Rennes – Redon – Saint-Nazaire zu erreichen: südlich von Pipriac abzweigen und der Beschilderung nach Saint-Just folgen. Ausgangspunkt ist die Dorfkirche in Saint-Just.
Einkehr unterwegs: In Saint-Just.
Auskunft: Office de Tourisme, Place de la République, 35600 Redon,
Tel. (2)99710604, Fax (2)99710159.
Karten: ign série bleue 1:25000,
Blatt 1120 est Pipriac und Blatt 1120 ouest la Gacilly.

6 Durch die Moore der Grande Brière

Bréca – La Chaussée Neuve – Bréca

> **Tourencharakter:** Bequeme, aussichtsreiche Wanderung am Rand des Moors.
> **Beste Jahreszeit:** Frühjahr bis Herbst.
> **Weglänge:** 18 km.
> **Anstiege:** 100 Hm.
> **Reine Gehzeit:** Knapp 5 Std.

Die Grande Brière ist nach der Camargue das zweitgrößte Moorgebiet Frankreichs: Ein Land voller Schilfwälder, Teiche und Mooraugen, voller Inseln, überreicher Flora und Fauna, voller schwankender Torfmoospolster und Gefahren – eine Land fern der Welt, die sich nur weit draußen in Form von Kirchtürmen zeigt, die am Horizont den Weg weisen. Aufgrund ihres hohen botanischen, ästhetischen, Bildungs-, Erholungs- und Erlebniswerts sowie aufgrund der einzigartigen Architektur in den Moordörfern hat die Grande Brière 1970 den Status eines Naturparks erhalten und wurde dadurch in gewisser Weise dem Raubbau entzogen, dem sie vor allem in der zweiten Hälfte des 20. Jahrhunderts durch verschiedene Investoren ausgesetzt war (und es auch weiterhin ist).

Beliebt: Barkenfahrten

Innerhalb des Moorgebiets ist die Fortbewegung nur mit Booten möglich. Eine Fahrt durch die Grande Brière kann im Rahmen einer Gruppenführung erfolgen, am schönsten ist sie auf eigene Faust in einer gemieteten Barke. Es gibt ausgeschilderte Rundkurse, aber Abenteuerlustige können mit Muskeln, Phantasie, Karte und Orientierungssinn eine Barkenfahrt auch zur spannenden Ganztagswanderung gestalten: Durch die Kanäle rudern – einige sind groß, andere klein und verschilft –, irgendwo am Ufer im Gras rasten, weiterrudern, Zwischenstop in einem Restaurant in einem der ehemaligen Torfboothäfen, und am Abend geht es zum Ausgangspunkt zurück.

Moorinsel Fedrun

Auch aus der Fußwanderperspektive hat die Grande Brière einiges zu bieten. Empfehlenswert ist ein Spaziergang rund um die Ile de Fedrun, die größte »Insel« im Moor. Der Inselcharakter ist aufgrund der Entwässerungsmaßnahmen nicht mehr erkennbar, aber noch stehen die weißgetünchten, niedrigen, reetgedeckten Häuser aus vergangenen Jahrhunderten. Einige sind eingestürzt oder verwahrlost, weil auch die Siedlungen in der Grande Brière von einer starken Landflucht, besser: »Moorflucht«, betroffen sind (in den Fabriken der Städte ist mehr Geld zu verdienen); andere wurden und werden wiederhergerichtet und als Museen eingerichtet, zum Beispiel Haus Nr. 180 mit der Verwal-

Sommer in der Grande Brière. Üppiger Blumenschmuck im vor Trockenheit rissigen Boden.

tung des Naturparks (*Maison du Parc*). Sehr interessant ist auch der Besuch des *Museumsdorfs Kerhinet* am Ostrand des Moors in unmittelbarer Nähe des Ausgangspunkts der Wanderung.

Schwarzes Land

Literarisch bekannt wurde die Grande Brière durch den Roman »La Brière« (1923) von Alphonse de Châteaubriant (deutsch: »Schwarzes Land«). Wer Châteaubriants düster-melancholische Schilderung dieses Moorlands und seiner am Althergebrachten hängenden, selbstbewußten Menschen liest, darf keinen Schock bekommen, wenn er die Grande Brière zum ersten Mal in der Hauptsaison erlebt: Tourismus allenthalben in den Ausgangsorten. Doch wer von den Hauptorten aus nur wenige Minuten ins Moor wandert, fühlt sich fast wieder zurückversetzt in die Grande Brière von Châteaubriant.

So ist auch die vorgeschlagene Fußwanderung mit gemischten Gefühlen zu betrachten: Sie kann passagenweise als schrecklich einsam empfunden werden, und auch der reiche Blütenschmuck ändert nichts an dem Eindruck, durch ein sehr einsames Land zu wandern.

Riesen und Seelenlichter

Die Grande Brière ist, wie zahlreiche Augenzeugenberichte belegen, von vielerlei Geistern bevölkert. Einer von ihnen ist ein etwa 3 Meter hoher Riese, der abends im Schilf steht und gräßliche Schreie ausstößt. Wer die Schreie hört, soll sich bekreuzigen, zur Jungfrau Maria beten, rasch weiterwandern und nichts sagen, denn wer zurückruft, stirbt innerhalb eines Jahres. Ein anderer Geist stapft nachts durch Moor, er hat keinen Kopf mehr, aber einen Stab in der Hand, und manchmal setzt er sich nieder und ruft schaurig durch die Nacht: Hu-huup!, Hu-huup!

Wer nachts in der Barke über die Kanäle fährt, wird zuweilen von Lichtlein begleitet: Es sind die Seelen derer, die aus dem Moor nie zurückgekommen sind. Wer dies erlebt, soll still weiterrudern und ein Gebet für die armen Seelen sprechen.

Ausflugsbarke auf dem Canal de Bréca, dem Hauptkanal der Grande Brière.

Der Wegverlauf

Im ehemaligen Torfboothafen **Bréca** – heute vielbesuchter Ausgangspunkt für Barken- und Planwagenfahrten – führt die gelb-rote Markierung über die aussichtsreiche Metallbrücke eines kleinen Nebenkanals und hält neben ihm südwestwärts (rechts). Der einzige Hinweis darauf, daß es auf der Welt etwas anderes als Schilf, Pfeifengraswiesen, Heide, Blumen, Wasser und Moor gibt, ist der Kirchturm von Saint-André-des-Eaux, der sich im Süden reckt.

Der nächste Kanal wird auf einer Stegbrücke überschritten, danach geht es links weiter (schlecht markiert) am Kanal entlang, am nächsten Kanal rechts und zu einem kleinen Parkplatz mit Rasttischen und -bänken in der Nähe des Dorfs Héré. Nun wird, immer der gelb-roten Markierung folgend, erneut ein Kanal auf luftiger Stegbrücke überquert, und wir wandern weiter durch Schilf und Moor, bis an dem ehemaligen Torfboothafen **La Chaussée Neuve** wieder ein Parkplatz und zudem eine Einkehrmöglichkeit erreicht werden. Darüber hinaus beginnt in La Chaussée Neuve ein *Vogelbeobachtungslehrpfad*, außerdem läßt sich die Wanderung durch eine Reiteinlage würzen: Pferd mieten – und ab geht es durch die weiten, entwässerten Moorwiesen.

Von La Chaussée Neuve zieht ein breiter Staubweg, ausgeschildert als »sentier péde-stre«, in südöstlicher Richtung zu einem Rastplatz. Hier überschreiten wir auf einer wackligen Holzbrücke einen Kanal und steigen einen Hügel hinauf. Obwohl er nur wenige Meter hoch ist, bietet er eine prachtvolle Aussicht. Der Blick schweift über die gesamte Grande Brière, fällt auf die Hafenstadtkulisse von Saint-Nazaire an der Mündung der Loire, in 390 Kilometern Entfernung liegt Paris – wie die Panorama-Orientierungstafel erklärt –, während die Beethoven-Geburtsstadt Bonn immerhin schon 1050 Kilometer entfernt ist.

Nach dem Rundblick geht es über die Holzbrücke zurück zum Rastplatz, dann geradeaus auf staubigem Weg landeinwärts und an der Départementstraße links. Wer an der Straße nicht sofort links, sondern zuerst wenige Minuten nach rechts läuft, trifft auf ein Restaurant, das den Gast auf nette Weise willkommen heißt: »Alle sind willkommen, zu Fuß, zu Pferd oder im Auto«. An der Straße also links und gleich wieder links – das Ganze mit grünem Strich markiert und nicht zu verfehlen.

Bald darauf verläßt unsere Markierung den Straßenbereich und zieht durch das Landesinnere zwischen Bäumen, Wiesen, verlassenen Feldern. Die Kleinstdörfer, die auf der Karte namentlich eingezeichnet sind, entpuppen sich als Ansammlungen weniger Häuser. Es gibt keine Kaufläden, keine Gasthäuser, nichts – einsames Land.

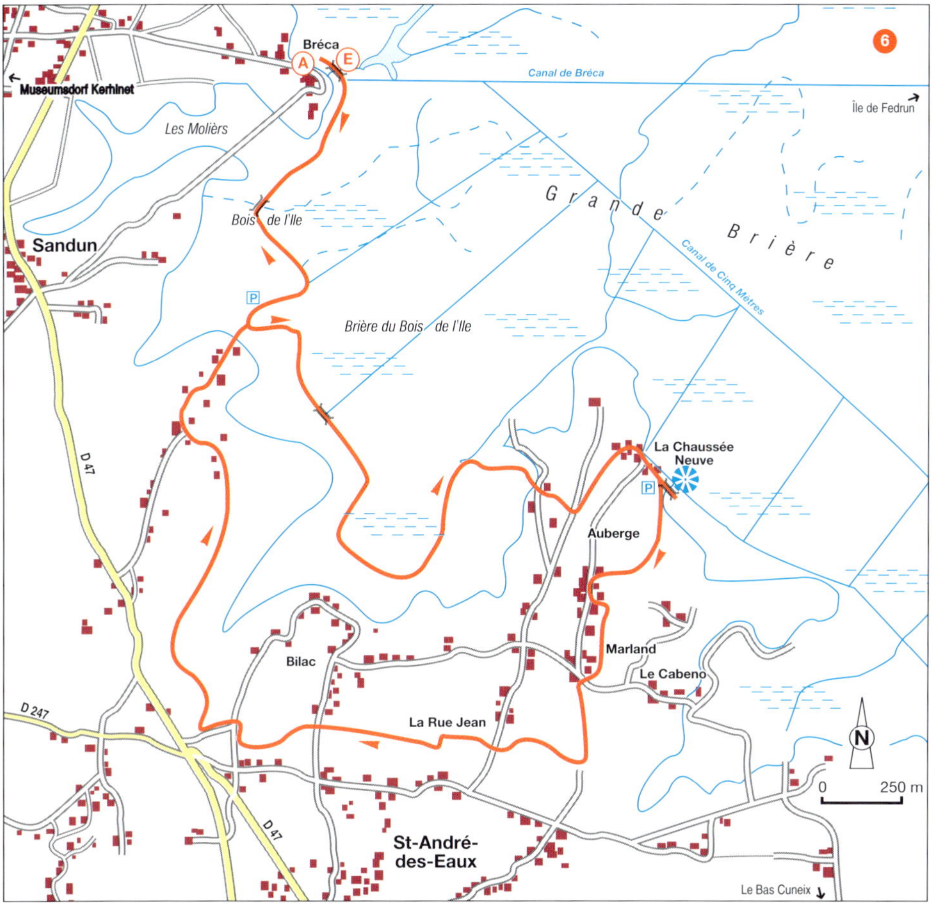

Schließlich erreicht der Weg, der oftmals zum Pfad wird, den bekannten Rastplatz bei **Tréhé** und damit das Moor. Abschließend geht es auf der Moor-Route wieder zurück nach **Bréca**.

Nützliche Informationen

Ausgangsort: Saint-Nazaire (Loire-Atlantique).
Anfahrt/Ausgangspunkt: Von Saint-Nazaire auf der autobahnähnlich ausgebauten N 171 Richtung Guérande, Ausfahrt Richtung Saint-André-des-Eaux, an Saint-André-des-Eaux vorbeifahren Richtung Herbignac, bis das Stichsträßchen nach Bréca ausgeschildert ist. Der Großparkplatz in Bréca ist der Ausgangspunkt.
Einkehr unterwegs: Restaurant in Bréca am Ausgangspunkt, Restaurant und »fliegende Händler« in La Chaussée Neuve, Herberge Haut Marland bei Chaussée Neuve.
Sehens- und Wissenswertes: Die moderne Hafen-, Erdölindustrie- und Werftenstadt Saint-Nazaire liegt an der Mündung der Loire in den Golf von Biscaya. Umrahmt von der Hafenkulisse findet sich hier auch ein Sandstrand unweit der 3356 Meter langen Mautbrücke, die die Loiremündung überspannt.
Auskunft: Parc Naturel Régional de Brière, 180, Ile de Fédrun, 44720 Saint-Joachim, Tel. (2) 40 88 42 39 und 40 88 42 72; Office de Tourisme, Place François-Blanche, 44600 Saint-Nazaire, Tel. (2) 40 22 40 65.
Karten: ign TOP 25, Blatt 1022 ET St-Nazaire; Übersichtskarte 1:50 000 Parc Naturel Régional de Brière.

Morbihan – das »kleine Meer« im Süden

Der Golfe du Morbihan mit seinen Sandstrandbuchten und 300 Inseln, seinem geschützten Klima und seiner mediterranen Vegetation – Palmen, Orangen, Mimosen – ist das meistbesuchte Sommerferien-Badestrand- und Wassersportgebiet der Bretagne und hat dem gleichnamigen Département mit der Hauptstadt Vannes seinen Namen gegeben: »Mor-bihan« bedeutet »kleines Meer«. Dieses kleine Meer hat eine maximale Breite von nur etwa 20 Kilometern; ein nur 1 Kilometer schmaler Durchlaß vor Port-Navalo verbindet den Golf mit der offenen See.

Zum Morbihan zählen allerdings nicht nur die unmittelbare Umgebung und die Inseln des Golfs, sondern auch das Landesinnere und die Inselwelt in der See, so daß die Wandermöglichkeiten hier nahezu unbeschränkt und an Vielfalt kaum zu überbieten sind: Neben der dramatischen Felsschönheit der Belle-Ile (Tour 7) und der wilden Küste der Halbinsel Quiberon (Tour 8) locken die vergleichsweise sanften Küsten des eigentlichen Morbihan (Tour 9), weltbekannte Megalithorte wie die Steinreihen von Carnac (Tour 10) ebenso wie aussichtsreiche Berge (Tour 11) sowie – weiter im Argoat im Landesinneren – die Wälder um den Lac de Guerlédan (Tour 12) oder die eindrucksvolle Ellé-Klamm unter den Roches du Diable (Tour 13).

Eine von vielen genutzte Möglichkeit, den Golfe du Morbihan kennenzulernen, ist eine Schiffsrundfahrt. Ausgangshäfen sind Vannes, Locmariaquer, Port-Navalo und Auray. Der Hafen von Larmor-Baden wiederum ist Ausgangspunkt für Tagesausflüge auf die berühmte »Ziegeninsel« Gavrinis. Sie ist in Privatbesitz, doch der interessante Cairn (Grabhügel) mit seinen eigenartigen Ritzungen kann besichtigt werden.

Zahlreiche Museen dokumentieren unterschiedlichste Aspekte der facettenreichen Kulturgeschichte des Morbihan. Das Museum in der Galeone von Plouharnel auf der Landenge von Penthièvre enthält eine außergewöhnliche Muschelsammlung.

7 Belle-Ile – Träne der Feenkönigin

Quiberon/Le Palais – Grands Sables – Pointe de Kerdonis – Locmaria – Pointe du Skeul – Port Kérel – Port de Goulphar – Aiguilles de Port Coton – Grotte de l'Apothicairerie – Pointe des Poulains – Sauzon/Quiberon

> **Tourencharakter:** Zwei- bis dreitägige, aussichtsreiche, baumfreie Streckenwanderung; feste Stiefel und Trittsicherheit sind von Vorteil.
> **Beste Jahreszeit:** Frühjahr und Herbst.
> **Weglänge:** Insgesamt 60 km: 15 km Le Palais – Locmaria, 19 km Locmaria – Bangor, 21 km Bangor – Pointe des Poulains, 5 km Pointe des Poulains – Sauzon.
> **Anstiege:** Etwa 500 Hm.
> **Reine Gehzeit:** Knapp 20 Std.

Niemand fährt für nur einen Tag auf die »Schöne Insel«, und auch die vorgeschlagene Wanderung entlang ihrer Küsten dauert zwei bis drei Tage. Marcel Proust, Gustave Flaubert, André Gide, die »göttliche« Sarah Bernhardt, die Maler Gustave Courbet, Claude Monet und Henri Matisse, der Komponist Albert Roussel, die Romanautorin Colette – lang ist die Liste der Namen derer, für die die Belle-Ile, die mit 85 Quadratkilometern größte bretonische Insel, ein Ort der Inspiration, der Ruhe, des Kraftschöpfens und des Erlebens ungebändigter Naturgewalt war. Während die Atlantikküste der Insel zum Eindrucksvollsten zählt, was die Bretagne zu bieten hat, weist die Nordostküste mit ihren stillen Sandstrandbuchten jene Lieblichkeit auf, die von den sanften Küsten des Golfe du Morbihan bekannt ist.

Entstanden ist die Belle-Ile, so heißt es, als die Feen die Bretagne verlassen mußten. Weinend schwebten sie übers Meer und warfen ihre Blumenkronen ins Wasser. Aus den Tränen und Blumen der Feen bildeten sich die Inseln des Golfe du Morbihan: Die schönste davon ist die Belle-Ile – die Träne der Feenkönigin.

Das von sanften Tälern gegliederte Innere der Insel, die den Meeresspiegel bis zu 57 Meter überragt, ist reich an fruchtbarem Weide- und Ackerland. Noch vor wenigen Jahrzehnten waren die Haupterwerbszweige der Bevölkerung Ackerbau, Pferdezucht, Fischerei und Salzschlämmerei sowie der Handel mit Getreide, Vieh und Fischen; heute ist die Haupteinnahmequelle der etwa 5000 Bellilois der Tourismus.

Insel-Rundreise

Da es vergleichsweise teuer ist, mit dem Auto auf die Insel überzusetzen, ist der motorisierte Individualverkehr gering. Die meisten parken ihr Fahrzeug in Quiberon und besuchen die Belle-Ile zu Fuß oder mit dem Fahrrad, hauptsächlich aber im Rundreisebus: Dutzende von Rundreisebussen karren täglich Tausende von Touristen zu den »spektakulären Punkten«, unter anderem auch zu der als Drei-Sterne-Sehenswürdigkeit eingestuften Côte Sauvage. Allerdings verteilen sich die »spektakulären Punkte« auf eine Küstenlinie von immerhin 40 Kilometer, deshalb ist der Bus-Massentourismus auf der Wanderung nur gelegentlich als störend wahrnehmbar – der Rest ist Einsamkeit, Heide und tosende See.

Organisatorisches

Auch wer die Inseltour unabhängig von Pensionen und Hotels mit dem Schlafsack durchführen will, sollte am Hafen von Le Palais zuerst zum Office de Tourisme gehen und sich erkundigen, welche Übernachtungsmöglichkeiten es gibt, welche Cafés und Lebensmittelläden in den Dörfern geöffnet haben: Inhaber von Lebensmittelgeschäften können verstorben sein, Einkehrmöglichkeiten können in der Nebensaison geschlossen haben, sie können aber auch gerade umgebaut werden – und man steht mit knurrendem Magen vor versperrter Tür.

Aus organisatorischen Gründen (keine öffentlichen Verkehrsmittel) führt die Wanderung zunächst entlang der lieblichen Nordostküste, ehe in der Nähe des Dorfs Locmaria die Etappe an der phantastischen Côte Sauvage beginnt. Wer sich ganz auf die Côte

Die kleine Sandstrandbadebucht Porz Gwenn.
Wenige Minuten oberhalb bietet ein idyllisch
gelegener Gîte d'Etape, der einem ökologischen
Bauernhof angeschlossen ist, Unterkunfts-
möglichkeit auf Selbstverpflegungsbasis.

Sauvage konzentrieren will, muß von Le Palais bis Locmaria trampen. Trampen (oder ein Fahrrad mieten) muß auch, wer das Innere der Insel kennenlernen möchte.

Goldene Teller
für den »Sonnenkönig«

Einen herben Akzent setzen an der Küste die Befestigungsanlagen. Die Herzöge von Gondi ließen 1549 auf Anordnung von König Henri II die Festung *Le Palais* (»der Palast«) errichten. Um 1653 wurde die Insel an den Vicomte de Vaux Fouquet, den Finanzminister des »Sonnenkönigs« Louis XIV, verkauft; der Vicomte rückte damit zum Marquis de Belle-Ile auf.

Der Marquis war ein bedeutender Kunstsammler und Mäzen der Dichter Molière und Jean de la Fontaine, er ließ die Belle-Ile neu befestigen, und um seinen prunkvollen Lebensstil bezahlen zu können, zweigte er als Finanzminister einen großen Teil des von der arbeitenden Bevölkerung erwirtschafteten Geldes in die eigene Tasche ab. 1661 überspannte der Marquis de Belle-Ile den Bogen: Er gab seinem »Sonnenkönig« ein Abendessen, das auf 432 goldenen und 6000 silbernen Tellern serviert wurde. Der damals 23jährige König war erbost, denn er hätte das Geld seiner Untertanen lieber in Versailles (Baubeginn: 1661) oder in Spenden für seine fromme Freundin Lavallière (erster Kuß: 1661) sinnvoll verwendet gesehen, und so ließ er den geldverprassenden Marquis de Belle-Ile von Musketieren gefangennehmen und »wegen Veruntreuung öffentlicher Gelder« zu lebenslanger Haft verurteilen. 1683, während der zahlreichen Kriege des »Sonnenkönigs«, errichtete Marschall Vauban die Befestigungen der Belle-Ile in jener martialischen Form, wie sie noch heute zu sehen sind.

Bruckmann Verlag

Der kompetente Verlag.

Antwortkarte

Bruckmann Verlag
Postfach 20 03 53

D-80003 München

Bruckmann
Verlag

Sie haben ein Bruckmann-Buch gewählt und sich damit für Qualität entschieden. Gerne informieren wir Sie über unsere Programmbereiche. Kreuzen Sie bitte das gewünschte Interessensgebiet an.

☐ 1 Landschaft Reise

☐ 2 Wandern Bergsteigen

☐ 4 Graphik, Design Schrift, Druck

☐ 21 Berg- und Reisevideos

☐ 10 Kunst und Kunstwissenschaft

☐ 8 Kunstblätter

Interessieren Sie sich auch für Multi-Media-Produkte zu den von Ihnen angekreuzten Interessensgebieten?

☐ 22 CD-Rom   ☐ 23 CD-I   ☐ 24 Diskette

Name:_____ Straße:_____

PLZ / Ort:_____ Datum:_____

Marx auf der Belle-Ile

Teile der Festung von Le Palais dienten als Gefängnis für »kleine Verbrecher«: Soldaten, die militärischem Kadavergehorsam mit Unverständnis begegneten, kamen für fünf Jahre auf die Belle-Ile. Hier sollen sie, wie es heißt, ein ruhiges Leben geführt haben. Auch ein Deutscher namens Karl Marx, der in Paris für den revolutionären Sozialismus agitiert hatte, soll vorübergehend auf der Belle-Ile eingesessen und über das Proletariat nachgedacht haben, ehe er von der französischen Regierung ausgewiesen wurde und nach Brüssel ging.

Die ersten Kartoffeln

In der Bucht *Port An-Dro*, an der die Wanderung vorüberführt, landeten 1761 während des Siebenjährigen Kriegs die Engländer. Schon 1759 hatten die Briten eine französische Flotte in der Seeschlacht bei der Belle-Ile besiegt. Der Siebenjährige Krieg war eine globale Auseinandersetzung zwischen den Kolonialmächten Frankreich und Großbritannien, er wurde 1763 durch den Frieden von Paris beendet. Die Belle-Ile blieb französisch, doch Frankreich mußte Kanada, Louisiana (benannt nach Louis XIV, heute US-Bundesstaat) und weitere Kolonialgebiete an Großbritannien abtreten.

Eine Folge dieses Kriegs war, daß sich 1766 auf der Belle-Ile 78 frankokanadische Familien niederließen. Sie brachten eine Pflanze mit, die von diesem Zeitpunkt an auf der Belle-Ile angebaut wurde: die Tartuffel, auch Erdapfel oder Kartoffel genannt.

Legende von Locmaria

Zu den schönsten besiedelten Orten auf der Belle-Ile zählt das Dorf *Locmaria*, auch die Wanderung führt an ihm vorüber. Der Name Locmaria bedeutet »heiliger Ort der Maria«. Wie die Sage erzählt, war Locmaria früher ein Versammlungsplatz von Hexen. Auf dem Hexenplatz, neben dem eine Quelle entspringt (heute von Büschen überwuchert), wurde die Kirche erbaut und Notre-Dame geweiht. Bei Sonne und Hitze bietet diese Kirche – ein stimmungsvoller Ort – Schatten, Ruhe und Kühlung während eines Wanderstops. Aus den Lautsprechern, die

Die Kirche in Locmaria (1714). Überall auf der Belle-Ile gibt es Fahrrad-Verleihstationen.

im Inneren angebracht sind, klingt gedämpft sakrale Meditationsmusik.

Einst, so erzählt die Legende, stand vor der Kirche ein schöner Baum. Die Besatzung eines holländischen Schiffs, das im Sturm den Mast verloren hatte, kam ins Dorf und fällte diesen Baum, um ihn als Mast zu verwenden, aber der Baum verbog sich so sehr, daß die Holländer von ihrem Vorhaben absehen mußten. Zum Dank für dieses »Wunder« nannten die Einheimischen die Kirche Notre-Dame-de-Bois-Mort. So heißt die Kirche zwar bis heute, aber es ist wahrscheinlich, daß dieser französische Name eine Verstümmelung des bretonischen Namens Itrion Varia Coat-Meur = Notre-Dame-du-Grand-Bois ist: Unsere liebe Frau vom großen Walde. Bis heute gibt es küstenseitig von Locmaria ausgedehnte Wälder.

Jean und Jeanne

Jean und Jeanne sind die beiden einzigen *Menhire* auf der Belle-Ile. Vor Tausenden von Jahren wurden sie vom Festland aus herübergebracht.

Jean war ein Barde, erzählt die Sage, Jeanne eine Frau aus armer Familie. Die rigiden Gesetze der keltischen Gesellschaft erlaubten den beiden nicht, miteinander zu leben. Als die Druiden erkannten, daß Jean und Jeanne das Verbot der Klassenvermischung übertreten wollten, befahlen sie den Zauberweibern, die beiden in Steine zu verwandeln. Seither stehen Jean und Jeanne versteinert in der Heide der Belle-Ile: Jean aus hellem Granit, Jeanne aus dunkelrotem Schiefer. Dank des Eingreifens einer Fee oder der Jungfrau Maria dürfen sich Jean und Jeanne von Zeit zu Zeit einander nähern und sich lieben. Wer versuchen würde – so warnt die Sage –, die Umarmung von Jean und Jeanne zu beobachten, würde dies nicht überleben und von den beiden zermalmt werden.

Der Wegverlauf

Die Wanderung beginnt mit dem Verlassen des Fährboots im **Hafen** von **Le Palais**. Bei der Einfahrt in das von der Citadelle Vauban überragte Hafenbecken, in dem zahlreiche

Jachten und Fischerboote ankern, bietet sich ein reizvoller Blick auf die Nordostküste der Belle-Ile.

Vom Hafen geht es auf der belebten Rue Jules Simon kurz Richtung Fischmarkt und sofort die erste Gasse links hinauf. Es ist die schmale, steile, autofreie Rue de l'Escalier, die weiter oben in die ruhige Rue des Remparts mündet. Diese gibt die Route vor, bis sich links im Festungswerk der Zitadelle ein tunnelartiger Durchgang zeigt. Jenseits des Durchgangs zieht ein Sträßchen auf eine Anhöhe, überschreitet sie und trifft auf Sitzbänke mit Blick auf das Meer und den Hafen.

Das Sträßchen führt hinab zur Sandstrandbadebucht **Plage de Ramonette**, leitet wieder hinauf und windet sich landeinwärts. Nach der Kurve zweigt links ein Weg ab, der zum ehemaligen Fort (Privatgelände) auf der Pointe de Ramonette verläuft. Vor dem Eingangstor des Privatgeländes beginnt dann – 20 Minuten nach Verlassen des Fährboots – der autofreie Küstenpfad.

Aussichtsreich zieht der Pfad oberhalb der Steilküste entlang und erreicht die kleine Sandstrandbadebucht **Porz Gwenn**. Ein Stück landeinwärts (5 Minuten Gehzeit) liegt in der natürlichen Stille eines bewaldeten Tals der **Gîte d'Etape Porz Gwenn**, ein biologisch bewirtschafteter Hof mit Unterkunftsmöglichkeit auf Selbstversorgungsbasis (Gemüseverkauf, aber weder Café noch Restaurant).

Von der Bucht Porz Gween führt der Küstenpfad hinüber zu dem von malerischen Felsen umgebenen Sandstrand **Plage de Bordardoué**, ein schöner Ort für eine Rast; er wird erreicht (und wieder verlassen) durch ein Tor in der alten Befestigungsmauer.

Nächste markante Station ist der langgestreckte Wassersport- und Badesandstrand **Les Grands Sables** – der größte Sandstrand der Belle-Ile. Festungsanlagen, die ihn im 17. und 18. Jahrhundert vor englischen und holländischen Invasionen schützen sollten, begrenzen ihn auf der Landseite.

Wir wandern den Sandstrand nicht bis zu seinem Ende entlang, sondern wechseln, sobald der Hügel rechts wieder flacher wird, auf die parallel zum Strand verlaufende Straße und folgen ihr aufwärts, bis nach wenigen Minuten vor einer Rechtskurve der

Durch einen alten Torbogen im ehemaligen Festungswerk, das die Insel vor holländischen und englischen Invasionen schützen sollte, wird der schöne Sandstrand von Bordardoué erreicht.

Küstenpfad links abzweigt. Er umgeht das Dorf **Samzun** (hier gibt es eine Crêperie), zieht weiter über der Steilküste und erreicht nach einer 3/4 Stunde ab Samzun die **Pointe de Kerdonis**, die von einem Leuchtturm und alten Befestigungen markierte östlichste Landzunge der Belle-Ile. Im Osten bzw. Nordosten zeigen sich die Inseln Ile d'Hoëdic und Ile d'Houat.

Von der Pointe de Kerdonis leitet der Küstenpfad hinab zur Sandstrandbucht **Port An-Dro**; hier findet sich der städtische Campingplatz von Locmaria. Von Port An-Dro bringt uns der Küstenpfad dann hinüber nach **Port Maria**, einer schmalen, von Felsen umgebenen Bucht, deren Sandstrand bei Ebbe trockenfällt.

Von Port Maria ist der Abstecher (10 Minuten Gehzeit) nach **Locmaria** zu empfehlen. In dem 600-Seelen-Ort gibt es ein Café, einen Supermarkt, öffentliche Toiletten, eine Nichtraucher-Teestube, in der es sich gut frühstücken läßt, einen Fahrradverleih, ein Gîte d'Etape (Unterkunftsmöglichkeit) und Campingplätze.

Zurück nach Port Maria: Der Küstenpfad führt steil aufwärts, an der Pfadverzweigung auf halber Höhe geht es rechts (bergwärts)

steil weiter hinauf, dann leitet der Pfad geruhsam hinüber nach **Port Blanc**, einer kleinen Sandstrandbadebucht. Dort zweigt beim Parkplatz ein Weg ab, der zu einem Haus auf der aussichtsreichen **Pointe d'Arzic** hinaufführt. Hier empfängt uns wieder der Küstenpfad hoch über den Klippen, und die Nähe der Côte Sauvage wird immer deutlicher spürbar.

An der grandiosen **Pointe du Skeul** bzw. im Westbereich dieser Landzunge beginnt die **Côte Sauvage**. In stetem Auf und Ab folgt der Pfad nun 40 Kilometer der wilden Küste, an Naturschönheit und Felsdramatik keinen Wunsch offen lassend. Es würde zu weit führen, alle Punkte dieses Küstenstrichs aufzuzählen: Felstürme im Meer, Grate, Grotten, Pfeiler, alpin aufragende Felswände, phantastische Verwitterungserscheinungen, eine bizarre Formation nach der anderen – dazwischen stille Sandstrandbuchten. Während der Wanderung längs der Côte Sauvage sind gelegentlich Brandungsfischer zu sehen: Viele Punkte, von denen aus sie angeln, sind nur in Kletterei mit Ausrüstung (Gurt, Seil usw.) erreichbar.

Nach Passieren der großartigen **Pointe de Pouldon**, der tief eingeschnittenen Sand-

An der Côte Sauvage der Belle-Ile.

strandbucht **Port de Pouldon**, der von Grotten durchlöcherten **Pointe de Saint-Marc**, des Strands **Plage d'Herlin** und der **Grand Village**-Landzunge (mit der vorgelagerten Ile de Bangor) erreicht der Pfad die von hoch aufragenden Felsflanken eingefaßte Sandstrandbucht **Port Kérel**, den meistbesuchten Strand der Côte Sauvage. Wer hier, 17 Kilometer nach Locmaria, den Wunsch verspürt, einen Kaffee serviert zu bekommen, wandert die 2 Kilometer hinüber nach **Bangor**. Die »Stadt« hat 700 Einwohner, und die katholische Kirche geht auf eine Gründung von Mönchen im 7. Jahrhundert zurück. Wer an einem Sonntagmorgen nach Bangor kommt, erlebt einen farbenprächtigen Markt. Auch an das öffentliche Busnetz ist Bangor angebunden: Jeden Mittwoch um 8.30 Uhr fährt der Linienbus nach Le Palais.

Zurück nach Port Kérel: Der Küstenpfad überschreitet die von einer Signalfunkstation überhöhte **Pointe du Talut** und erreicht die vielbesuchte Bucht **Port de Goulphar** (Hotel, Einkehrmöglichkeit). Da ihr mehrere Inseln schützend vorgelagert sind, ist das Wasser sehr ruhig und oft so klar, daß der Meeresgrund sichtbar wird. Oberhalb der Bucht mündet der Küstenpfad vorübergehend auf die Straße, auf der sich die Rundreisebusse tummeln. Wenige hundert Meter weiter rechts reckt sich der 46 Meter hohe Leuchtturm **Grand Phare**, dessen Besteigung bei guter Sicht lohnt. Die Aussichtsplattform bietet Rundblick über die gesamte Belle-Ile, auf die umliegende Inselwelt, hinüber zur Halbinsel Quiberon und bis zur Küste von Lorient.

Der Küstenpfad folgt der Rundreisebus-Straße und kommt am **Centre de Thalassothérapie** vorbei; bei dieser Therapie wird Meerwasser zu Heilzwecken verabreicht (in der Bretagne gibt es mehrere solcher Einrichtungen). Kurz nach dem Passieren des Meerwassertherapiezentrums zweigt der Küstenpfad von der Hauptstraße ab, und es bieten sich außerordentlich schöne Blicke auf die Felsen und Inseln rund um die Bucht Port de Goulphar.

Wenig später (die Rundreisebus-Straße endet) zeigen sich vor der Steilküste die **Aiguilles de Port Coton**, schwarze, von der Brandung umtoste Felsnadeln im Meer. Nach der wie Watte aussehenden Gischt tragen diese berühmten Felsnadeln und die nahe Bucht **Port Coton** (Watte-Hafen) ihren Namen. Claude Monet hat die Nadeln in zahlreichen Bildern und Skizzen festgehalten.

Nach Überschreiten der **Pointe du Grand Guet** senkt sich der Küstenpfad zu der von Felsen gerahmten Sandstrandbucht **Port de Donnant** hinab. Von hier wäre der Abstecher zu den *Menhiren Jean und Jeanne* möglich: Gehzeit etwa 1 Stunde hin und zurück.

Von der großen Bucht Port de Donnant zieht der Pfad oberhalb der wild zerklüfteten Steilküste entlang und erreicht schließlich einen Parkplatz am Ende einer Stichstraße: Über eine steile Stufenanlage geht es hinab zur **Grotte de l'Apothicairerie**, benannt nach den Vogelnestern, die wie »Apothekertöpfe« unter der Höhlendecke hängen.

Nun durchquert der Küstenpfad das Vogelschutzgebiet an der **Pointe du Vieux Châ-
teau**, wo der römische Feldherr Caesar ein
Lager gehabt haben soll, umgeht die große
Sandstrandbucht **Port de Stêr-Vraz** und hält
auf den nördlichsten Punkt der Insel zu, die
Pointe des Poulains. Im *Fort Sarah Bernhardt*
hoch über den Klippen verbrachte die
Schauspielerin ihre Ferien; im Zweiten
Weltkrieg wurde es zerstört. Vom Parkplatz
am Ende der nunmehr dritten Rundreisebus-
Stichstraße geht es hinab zu einer Landenge,
die bei starker Flut unpassierbar sein kann:
Die vom Leuchtturm überhöhte Pointe des
Poulains ist dann eine auf allen Seiten vom
Meer umgebene Insel.

Von der Pointe des Poulains, auf der sich
ein umfassendes Panorama eröffnet, leitet
der Küstenpfad schließlich in 1 Stunde hinüber in den hübschen Hafenort **Sauzon**.
Hier fährt die Personenfähre (keine Autos)
zurück nach **Quiberon.**

Nützliche Informationen

Ausgangsort: Quiberon bzw. Le Palais
(Morbihan).
Anfahrt/Ausgangspunkt: Die Anfahrt erfolgt
mit der Autofähre Quiberon – Le Palais. Die
Fähren verkehren etwa achtmal täglich, die
Überfahrt dauert 45 Minuten und kostet pro
Person 42 FF (ca. 12 DM, einfache Fahrt). Für
das Abstellen eines Pkw auf einem der
bewachten Parkplätze am Hafen von Quiberon muß man pro Tag 35 FF (ca. 10 DM)
bezahlen. Die Mitnahme eines Autos auf der
Fähre kostet hin und zurück 344 FF (ca.
100 DM). Die von der Reederei empfohlene,
in der Praxis unumgängliche Pkw-Reservie-
rung beläuft sich zusätzlich auf 44 FF (ca.
13 DM) hin und zurück. Ausgangspunkt der
Wanderung ist der Hafen von Le Palais.
Rückfahrt: Die Rückfahrt von der Belle-Ile
erfolgt mit der (autofreien) Fähre Sauzon –
Quiberon. Die Schiffe verkehren zweimal

täglich, um 8.45 Uhr und 17.15 Uhr. Die Überfahrt dauert 30 Minuten und kostet pro Person 42 FF (ca. 12 DM, einfache Fahrt). Faltblätter mit den aktuellen Abfahrtszeiten sind in den Fährbahnhöfen von Quiberon und Le Palais erhältlich.

Übernachtung/Einkehr/Proviant: Die Umrundung der Insel wird in der Regel mit dem Schlafsack unternommen. Hotels, Pensionen und ähnliche Übernachtungsmöglichkeiten findet man in Le Palais und Sauzon. Gîtes d'Etapes (Unterkünfte mit Selbstverpflegung) gibt es wenige Kilometer südlich von Le Palais (siehe Routenbeschreibung Porz Gwenn) sowie beim Campingplatz von Locmaria. Campingplätze stehen unter anderem in Le Palais, beim Strand Les Grands Sables, unweit der Pointe de Kerdonis, bei Locmaria, in und bei Bangor sowie bei Sauzon zur Verfügung. Lebensmittelläden und Cafés gibt es in Le Palais, Locmaria, Bangor und Sauzon. Frei zugängliche Quellen findet man unterwegs keine.

Auskunft: Office de Tourisme de Belle-Ile en Mer, Quai Bonnelle, 56360 Le Palais, Tel. (2) 97 31 81 93.

Karte: ign TOP 25, Blatt 0822 OT Belle-Ile. Da die Markierung des Küstenpfads mangelhaft ist, nimmt man am besten diese Karte (und keine andere!) mit auf die Wanderung.

8 Die wilde Küste von Quiberon

Quiberon – Beg er Goalennec – Pointe du Percho – Kerhostin

Tourencharakter: Bequeme, aussichtsreiche Streckenwanderung durch die Heide über der Steilküste.
Beste Jahreszeit: Ganzjährig.
Weglänge: 13 km.
Reine Gehzeit: 4 Std.

Während die Halbinsel von Quiberon auf ihrer dem Golfe du Morbihan zugewandten Seite sanfte Sandstrände aufweist, haben die Kräfte von Sturm und See die dem Atlantik zugewandte Westküste in ein malerisch verwittertes Ensemble aus Steilwänden, Grotten, Felstürmen und Schluchten zerlegt: Es ist die Côte Sauvage – die wilde Küste. Zwischen den Klippen öffnen sich mehrfach Sandstrände, doch ist das Baden verboten: Zu oft schon haben sich Unvorsichtige in die tosende See gewagt und kamen nicht mehr lebendig zurück. Ein Denkmal erinnert an jene, die bei der Rettung in Not geratener Schwimmer helfen wollten und dabei selbst ihr Leben ließen.

Wanderfrühstück nach einer Nacht unter Sternen und im Rauschen der See auf der Belle-Ile.

Rast auf den sonnigen Felsen vor dem »Château« von Quiberon bei ablaufendem Wasser.

Versunkenes Land

Der Golfe du Morbihan und die Baie de Quiberon existieren in der jetzigen Form noch nicht lang, aber niemand weiß genau, seit wann. Zu Caesars Zeiten (vgl. S. 20–22) hat es den Golfe du Morbihan noch nicht gegeben, sagt ein Teil der Wissenschaft, ein anderer Teil datiert die sanften Strände der Insel bereits in die Megalithzeit.

Die Kromlechs (Steinkreise) an der Küste der Kleinstinsel *Er Lannic* sind je nach Tide ganz oder teilweise überflutet. Da wenig wahrscheinlich ist, daß die Megalithleute auf Er Lannic einen Unterwassertempel bauen wollten, hat die These, daß der Golf von Morbihan erst nach der Errichtung der Megalithbauten entstanden ist, einiges für sich. Entsprechend dieser These wird angenommen, daß das mittlere Hochwasser (MHW) in der Megalithzeit etwa 7 Meter unter dem heutigen MHW lag. Bewiesen ist nichts, sicher ist lediglich, daß das kleine Meer irgendwann nach dem Ende der letzten Eiszeit (vor etwa 10 000 Jahren) entstanden ist.

Während die fränkischen Annalen nichts von der Entstehung des Morbihan berichten, bewahren die Sagen die Erinnerung an diese im wahrsten Sinne des Wortes »untergegangenen« Zeiten. Einstmals, so erzählt eine von ihnen, soll es einen bei Ebbe passierbaren Felsrücken zwischen der »Mönchsinsel« Ile aux Moines und der benachbarten »Bäreninsel« Ile d'Arz gegeben haben. Die reichen Eltern eines Jünglings, der ein armes Mädchen heiraten wollte, sperrten den jungen Mann, um ihn von dieser unstandesgemäßen Liebe fernzuhalten, in das Kloster auf der Insel Arz. Doch jede Nacht wanderte seine Freundin bei Ebbe über den Felsrücken und besuchte ihn in der Zelle. Um dieser Liebe ein Ende zu machen, rief der Abt des Klosters im Einverständnis mit den Eltern des Jünglings den Herrgott an, und dieser half: Als die Nacht gefallen war und die Jungfrau über die Felsen zwischen den Inseln schritt, erhob sich ein Tosen, die Wogen fegten die Liebende in die See, und so gewaltig war die Flut, daß sie auch die Felsen zwischen den Inseln zerschlug. Seither kann auch bei Ebbe niemand mehr zwischen den Inseln gehen, doch bis heute ist immer wieder das Schluchzen der Versunkenen zu hören.

Die Feuer der Birvideaux

Auch westlich der Halbinsel von Quiberon soll einst Festland gewesen sein. Weit draußen ist während der Wanderung das Leuchtfeuer auf dem *Plateau des Birvideaux* zu sehen. Das Plateau des Birvideaux, so behauptet die lokale Überlieferung, ist der Rest der Insel Aïse, und auf dieser Insel lebten die Birvideaux. Im Lauf der Jahrtausende zerschlugen Sturmfluten das Festland westlich der heutigen Halbinsel, bis nur noch die Insel Aïse übrigblieb. Als See und Sturm auch Aïse fraßen, blieben die Birvideaux auf ihrer Insel und versanken mit ihr. Seither leben sie unter Wasser bei den Krabben in Felsgrotten, und zuweilen sind im Sturm ihre Stimmen zu hören.

Einmal im Jahr jedoch kommen sie aus dem Meer, um den Pardon von Sankt Columban zu begehen. Dabei tragen sie rote Mäntel aus reinem Feuer. Am Ende der Wallfahrt zünden die Bewohner der Halbin-

sel ein Feuer an, die Birvideaux treten heran, werfen ihre Mäntel in die Flammen und kehren zurück in die See.

Die Invasion von 1795

Am 27. Juni 1795 landeten vor *Carnac* im Osten der Halbinsel von Quiberon etwa 10 000 Emigranten, Royalisten und andere Gegner der Französischen Revolution. Ihr Ziel war eine bewaffnete Erhebung gemeinsam mit den bretonischen Chouans (vgl. Tour 1) gegen das revolutionäre Terrorregime unter Robespierre in Paris. Die Chouans waren, wie verabredet, auf dem Land zur Stelle, doch die Invasionspläne waren verraten worden, die Truppen des Revolutionsgenerals Hoche standen in Bereitschaft. Vor den Revolutionstruppen flohen die Chouans und Royalisten auf die Halbinsel von Quiberon. Wegen des herrschenden hohen Seegangs konnten sie nicht zu ihren Schiffen gelangen und wurden in *Port-Hali-*

Der Wanderpfad an der Côte Sauvage verläuft stets oben, doch viele Pfade führen hinab in die malerischen Buchten. An den Felsen am Fuß der Quiberon-Steilküste finden sich immer wieder wunderschöne, einsame Rastplätze.

Zahlreiche Sandstrandbuchten öffnen sich am Fuß der Côte Sauvage auf der Halbinsel Quiberon. Allerdings ist die Brandung lebensgefährlich, Baden ist verboten.

guen gefangengenommen. Ein Gnadengesuch wurde abgelehnt, die anschließenden Massenerschießungen fanden in Quiberon, Auray und Vannes statt.

Ein pyramidales Denkmal erinnert in Port-Haliguen an diese Ereignisse. Eine tempelförmige Kapelle auf dem »Feld der Märtyrer« (Champ des Martyrs) in Auray verzeichnet die Namen von 952 Erschossenen.

Ein Chouan als Gerippe

Der berühmteste Chouan der Gegend war *Georges Cadoudal.* Der als »tollkühn« und »von riesenhafter Gestalt« beschriebene Bauernsohn aus Kerléano bei Auray entkam 1795 den Revolutionstruppen und führte den Guerillakrieg weiter. Als sich nach mehreren Niederlagen die Chouan-Führer im Jahr 1800 mit dem Ersten Konsul, Napoléon Bonaparte, arrangierten, blieb Cadoudal als einziger hart, verzichtete auf den ihm von Napoléon angebotenen Generalsrang und ging ins Exil nach London. Als Napoléon 1804 Vorbereitungen traf, sich zum Kaiser zu krönen, kehrte Cadoudal nach Frankreich zurück, in der Absicht, den Ersten Konsul auf einer Landstraße bei Paris zu kidnappen.

In das gescheiterte Höllenmaschinen-Attentat auf Napoléon war Cadoudal nicht verwickelt, doch wurde er im Zuge der Großfahndung nach den Attentätern verhaftet, in einem Kriminalprozeß zum Tod verurteilt und am 10. Juni 1804 guillotiniert.

Cadoudals Leiche wurde der Medizinischen Fakultät zu Studienzwecken überlassen. Nachdem sie von Studenten seziert worden war, ließ der berühmte Chirurg Larrey das Skelett auf Draht aufziehen. Diese Überreste von Georges Cadoudal gelangten zurück nach Kerléano bei Auray und wurden in einem eigens zu diesem Zweck errichteten Mausoleum beigesetzt.

Der Wegverlauf

Am Bahnhof des Seebades, Sardinenfischer- und Hafenstädtchens Quiberon gibt es auch einen Fahrrad- und Mountainbike-Verleih, doch zu Fuß ist die Wanderung entschieden schöner und bequemer als mit einem Rad, das der Wind immer wieder aufzuhalten oder umzuwerfen versucht.

Zunächst geht es durch die belebten Straßen und Gassen des Seebades Quiberon: Aus dem Bahnhof tretend, geradeaus zur Hauptstraße und auf ihr links Richtung »Office de Tourisme/La Poste«. Wer baden will, kann an der Place Hoche links zur Grande Plage von Quiberon spazieren, die Wanderroute jedoch verläuft rechts weiter, folgt autofrei der Strandlinie, bis die Bebauung endet und uns der Küstenpfad erwartet. Anfangs auf einem Weg, später auf Pfaden, geht es nun immer an der Küste entlang.

Im Megalithikum wurde die Küste mit *Menhiren* markiert. Der erste steht vor Port-Pilote, zwei weitere befinden sich an der bald darauf erreichten Landzunge **Beg er Goalennec**. Die Spitze der Landzunge gewährt einen eindrucksvollen Blick auf fast die gesamte Côte Sauvage: ein feiner Ort für eine Rast.

Der Pfad hält weiter nordwärts, immer wieder tun sich großartige Felsszenerien auf, es gibt zahlreiche Rastplätze, unter anderem die Sandstrandbucht von **Port Bara** und den Sandstrand von **Port Blanc** mit dem berühmten Felstor **Arche de Port Blanc**. Kurz hinter

Port Blanc wird die **Pointe du Percho** erreicht: Dieses Kap bietet einen hervorragenden Blick zurück auf die Côte Sauvage, während sich in der Verlängerung die Belle-Ile und im Westnordwesten die Ile de Groix, die »Insel der Hexe«, zeigen.

Von der Pointe du Percho leitet der Küstenpfad weiter zum Kap **Beg en Aud**, von dem aus sich gut die Nordspitze der »Fastinsel« Quiberon mit dem Fort de Penthièvre sowie die Landenge von Penthièvre und nördlich davon – auf dem Festland – die Stadt Penthièvre einsehen lassen: Ursprünglich war die Halbinsel von Quiberon eine Insel, die an den schmalsten Stellen nur wenige Dutzend Meter breite Landenge von Penthièvre besteht aus angeschwemmtem Sand.

Vom Kap Beg en Aud folgen wir dem Küstenpfad, der später zum Weg wird, ostwärts, passieren die **Plage du Fosa** und den Hafen von **Portivy**, wandern zuletzt an Ferienhäusern entlang und biegen dann auf der Küstenstraße rechts zum Bahnhof von **Kerhostin** ab.

Nützliche Informationen

Ausgangsort: Seebad Quiberon.
Anfahrt/Ausgangspunkt: Schnellstraße N165/E60 Vannes – Lorient, Ausfahrt bei Auray in Richtung Carnac/Quiberon. Ausgangspunkt ist der große Komplex Bahnhof/Busbahnhof/Großparkplatz in der Ortsmitte von Quiberon.
Rückfahrt: Rückkehr von Kerhostin mit dem Bus (achtmal täglich, letzter 20 Uhr) oder Zug (zehnmal täglich, letzter 21 Uhr). Die Rückfahrtzeiten sind am Bahnhof in Quiberon angeschlagen.
Einkehr unterwegs: Mehrere Möglichkeiten in Quiberon, Portivy und Kerhostin, zwei Restaurants am Kap Beg er Goalennec.
Auskunft: Office de Tourisme, 7 rue Verdun, 56170 Quiberon, Tel. (2)97 50 07 84, Fax (2)97 30 58 22.
Karte: ign TOP 25, Blatt 0821 OT Presqu'île de Quiberon.

Das Felstor Arche de Port-Blanc ist einer der schönsten Rastorte an der Côte Sauvage.

9 Locmariaquer – die Säule des Nordens

Locmariaquer – Pointe de Kerpen-hir – Pierres Plates – Kerhéré – Kerlud – Le Grand Menhir – Table des Marchands – Locmariaquer

Tourencharakter: Bequeme, aussichts-reiche Wanderung auf Wiesen- und Feldwegen, entlang dem Küstenpfad (Bademöglichkeit!) und durch bebautes Gebiet.
Beste Jahreszeit: April bis September.
Weglänge: 8 km.
Reine Gehzeit: 2 Std.

Der kleine Bade- und Hafenort Locmaria-quer liegt an der Spitze einer weit in den Golfe du Morbihan hineinstoßenden Land-zunge mit prachtvollem Blick auf die Insel-welt dieses Golfs, der eine geradezu medi-terrane Atmosphäre ausstrahlt: Palmen, Son-ne, Sandstrände, Spaziergänge im Watt. All dies verbindet die vorgeschlagene Wande-rung. Zugleich führt sie zu den Megalith-denkmälern, für die Locmariaquer berühmt ist: der größte Menhir der Welt, der Galerie-dolmen les Pierres Plates, und der berühmte Pferdezeichnungs-Dolmen la Table des Mar-chands.

»Griechische Bräuche«

Der Name Loc-maria-quer bedeutet »Dorf am heiligen Ort der Maria«. Im Megalithi-kum wurde an diesem Ort der größte Men-hir der Welt, *Le Grand Menhir*, aufgerichtet. Mit gut 20 Metern erreichte dieser Granitko-loß in etwa die Höhe der ägyptischen Obe-lisken. Anders als die Nadeln der Kleopatra wurde er jedoch nicht erst um 1250 v. Chr. aufgestellt, sondern stand schon 3000 Jahre, ehe ägyptische Pharaonen auf die Idee ver-fielen, Obeliske errichten zu lassen.

Der griechische Geograph Skymnos von Chios erwähnt den Menhir von Locmaria-quer im 1. Jahrhundert v. Chr. und nennt ihn »Säule des Nordens«. Der Gelehrte schrieb die Aufstellung dieses Menhirs griechischem Einfluß zu, denn daß »Barbaren« Kultur hat-ten, konnte er sich nicht vorstellen, und daß es in der Bretagne schon lange vor Griechen und Kelten Kultur gab, paßte ohnehin nicht ins Weltbild: »Die Kelten haben griechische Bräuche«, meint daher Skymnos von Chios, »an der äußersten Grenze ihres Landes be-findet sich eine Säule, Säule des Nordens genannt … Sie erhebt sich am Meer vor den stürmischen Wogen.«

Mehr als 5000 Jahre stand der gigantische Monolith am »heiligen Ort der Maria«. Zwi-schen 1659 und 1727 wurde er zerstört. Niemand weiß, wie. Blitzschlag, lautet die meistverbreitete Theorie. Obwohl er zerbro-chen auf der Erde liegt, erregt Le Grand Menhir, der größte Menhir der Welt, »die Säule des Nordens«, auch heute immer noch Staunen.

La Table des Marchands

Weniger eindrucksvoll als die »Säule des Nordens« ist auf den ersten Blick der Gale-riedolmen *La Table des Marchands.* Früher war La Table des Marchands mit ihren ele-ganten Stützsteinen, auf der die gewaltige Deckplatte geradezu zu schweben schien, und der ältesten Tier-Monumentalfigur Frankreichs einer der bekanntesten Dolmen überhaupt, sozusagen »der« Dolmen schlechthin. In den 80er Jahren wurde unter wissenschaftlicher Anleitung Erde um ihn her gehäuft; seither ist der Dolmen ver-graben.

Der Name La Table des Marchands (»der Tisch der Händler«) ist eine Verballhornung des bretonischen Namens Dol Marc'hhand, der sinngemäß »Tafel des laufenden Pfer-des« bedeutet. In die Unterseite der Deck-platte ist ein pferdeähnliches Wesen einge-ritzt. Eine Felsritzung allein wäre nichts Un-gewöhnliches, aber diese Felsritzung liegt teilweise dem Stützstein auf, das heißt, sie ist nicht mehr ganz sichtbar. Sie kann nicht geschaffen worden sein, nachdem die Platte auf die Stützsteine gelegt worden war, son-dern muß vorher entstanden sein. Jemand ritzte das Pferd in die 36 Tonnen schwere Platte, daraufhin wurde die Platte umgedreht und auf die Stützsteine gelegt.

Über Sinn und Deutung der Ritzungen so-

Auf der Pointe de Kerpenhir, wo sich der Golfe du Morbihan zur See hin öffnet, steht die weithin sichtbare Granitstatue der Notre-Dame-de-Kerdro (Unsere liebe Frau der guten Heimkehr).

wie über die Zusammenhänge zwischen La Table des Marchands und den Funden auf der Insel Gavrinis informieren Hinweistafeln.

Längster Dolmen Frankreichs

Der *Dolmen des Pierres-Plates*, an dem die Wanderung vorüberführt, ist mit 23 Metern der längste in Frankreich. Wer das Innere des Dolmens und die eigenartigen Felsritzungen betrachten möchte, benötigt eine Taschenlampe. Der gekrümmte Galeriedolmen (er hat Winkelform) weist zwei Kammern auf. Er wird zwar als Grab bezeichnet, aber außer einer Kniescheibe wurden keine Knochenfunde gemacht. Der Altertumsforscher Fréminville, der den Dolmen 1814 und 1816 untersuchte und ihn »Pierres-Plates« (»Flache Steine«) nannte, sah in ihm den »Aufenthaltsort eines Erz-Druiden und den Haupttempel von Dariorig«. Errichtet wurde der Dolmen um 3000 v. Chr.

Im 19. Jahrhundert wurde an den Pierres-Plates eine junge Frau, Marie Jacquette, von einer Sturmflut eingeschlossen. Marie klammerte sich an den höchsten Punkt: den Menhir vor dem Dolmen. Sie ertrank. Als das Wasser zurückfloß, nahm es die Tote nicht mit aufs Meer hinaus, da sich ihr langes Haar um den Menhir gewickelt hatte. So wurde Marie gefunden. Ihr Körper wurde vom Menhir abgenommen und am Strand begraben. Noch lange danach bekreuzigten sich die Leute, wenn sie an diesem Ort vorbeikamen.

Der Wegverlauf

Die Wanderung beginnt an der kleinen Durchgangsstraße im Ortszentrum von **Locmariaquer,** am Platz bei Post und Syndicat d'Initiative (Fremdenverkehrsbüro). Die hübsche Hafengegend sparen wir für den Schluß auf, folgen der Durchgangsstraße wenige Dutzend Meter, zweigen rechts Richtung Plage (Strand) ab und bleiben auf dem Sträßchen, bis links die Rue er Hartel abbiegt. Von dieser zweigt gleich darauf vor einem Camping privé ein Feldweg links ab und leitet aussichtsreich durch Wiesen, Felder und Gehölze. Bei einem Campingplatz trifft er auf eine Straße: diese queren, kurz links, sofort rechts in die erste Straße und ihr folgen, bis am Ende der Bebauung halb links ein Weg, später Pfad zum **Strand** hinabzieht. Nun beginnt die aussichtsreiche Strandwanderung auf dem Sentier côtier (Küstenpfad) am Rand des Golfe du Morbihan.

Zu den eindrucksvollsten Punkten der Küstenwanderung zählt die bald erreichte **Pointe de Kerpenhir** mit Blick auf die Inseln des Golfe du Morbihan und auf das offene Meer. Eine Panorama-Orientierungstafel benennt die Inseln und Orte im Blickfeld. Auf der Spitze der Landzunge steht die *Granitstatue* von *Notre-Dame-de-Kerdro* (Unsere liebe Frau der guten Heimkehr). Gegenüber zeigt sich der Leuchtturm von Port-Navalo. Der schmale Wasserstreifen zwischen Pointe de Kerpenhir und Port-Navalo ist die einzige Verbindung zwischen dem Golfe du Morbihan und der offenen See.

Von der Pointe de Kerpenhir leitet der Küstenpfad weiter, trifft bald auf den Badestrand und erreicht den **Dolmen des Pierres-Plates**, vor dem ein 2,50 Meter hoher Menhir wacht. Vom Dolmen bietet sich ein letzter Blick aufs Meer, auf die Landzungen von Port-Navalo und Grand-Mont, auf die Belle-Ile und die Halbinsel von Quiberon, dann verläuft der Küstenpfad buchteinwärts und erreicht die kleine Mole des Dorfs **Kerhéré**.

Hier biegen wir rechts zum Dorf hinauf ab und nehmen die erste links abzweigende Straße. Sie verengt sich zu einem stillen, von

Brandungsfischer an der Felsküste vor Locmariaquer.

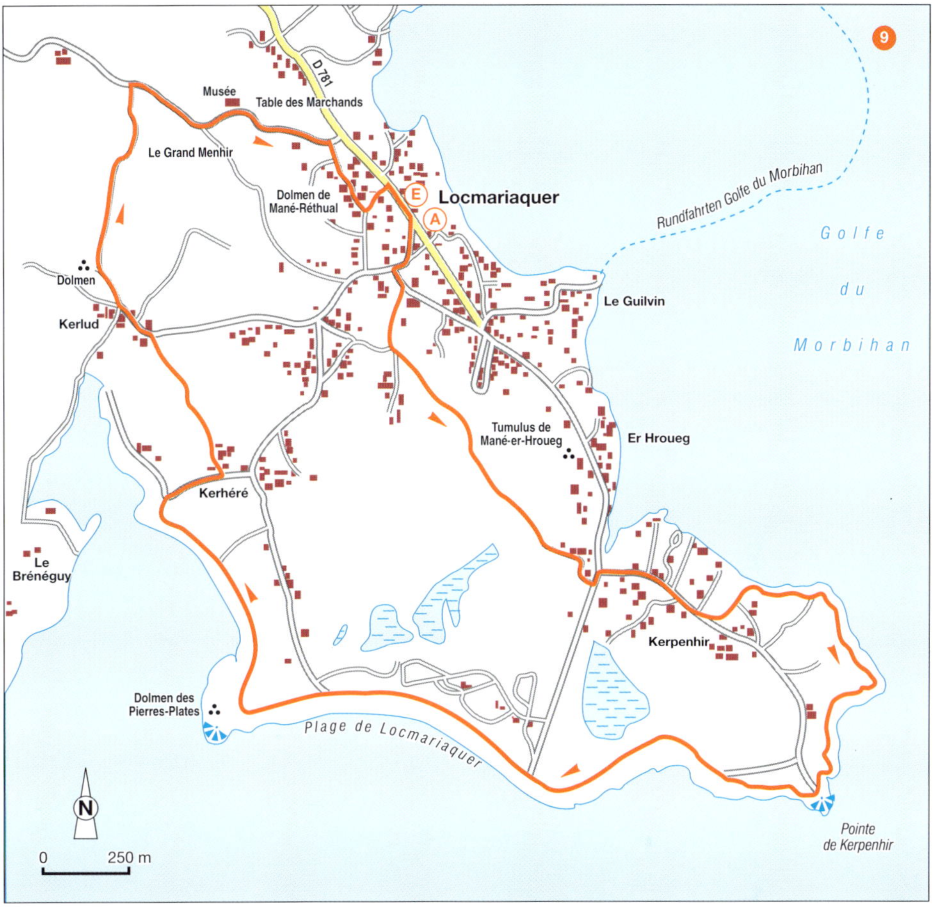

Büschen und Steinlesewällen flankierten Holperweg, der gemächlich in das Dorf **Kerlud** hinüberleitet.

Dort wenden wir uns links, durchschreiten auf der einzigen Straße diesen Weiler mit seinen alten, aus Granit erbauten Häusern und Höfen und treffen am Ende auf den **Dolmen von Kerlud**. Der einfache Dolmen ist von Gestrüpp überwuchert.

Da der Wiesenweg, der beim Dolmen abzweigt, neuerdings gesperrt ist, folgen wir dem kleinen Sträßchen zurück bis zur Landstraße, queren diese und erreichen das Museumsgelände von **Grand Menhir** und **Table des Marchands**. Vom Museumsgelände sind es nur wenige Minuten zurück nach **Locmariaquer**: Kurz geradeaus an der Straße entlang, die erste rechts und dann links ins Ortszentrum.

Nützliche Informationen

Ausgangsort: Locmariaquer (Morbihan).
Anfahrt/Ausgangspunkt: Anfahrt per Schiff: Larmor-Baden – Locmariaquer (verkehrt von April bis September etwa alle 30 Minuten). Auto: Schnellstraße N165/E60 Vannes – Lorient, Ausfahrt in Auray Richtung Crac'h/Locmariaquer. Ausgangspunkt ist der Parkplatz im Zentrum von Locmariaquer vor der Post.
Einkehr unterwegs: In Locmariaquer.
Auskunft: Syndicat d'Initiative, Place de la Mairie, 56740 Locmariaquer, Tel. (2) 97 57 33 05.
Karten: ign TOP 25, Blatt 0921 OT Vannes/Golfe du Morbihan und Blatt 0821 OT Presqu'île de Quiberon/Auray/Carnac.

10 Carnac – Universum der rätselhaften Steine

Tumulus de Saint-Michel – Kermario – Kerlescan – Géant du Manio – Kermario – Le Ménec – Tumulus de Saint-Michel

Tourencharakter: Bequeme Wald- und Megalithenwanderung.
Beste Jahreszeit: Mittsommer (Vorsaison) und Herbst (Nachsaison).
Weglänge: 13 km.
Reine Gehzeit: Gut 3 Std.

Die über 3000 Menhire von Carnac, angeordnet auf etwa 4 Kilometer Länge in leicht schlangenförmigen Linien, bilden neben Stonehenge das bekannteste Megalithdenkmal Europas – mit allen Vor- und Nachteilen, mit denen ein solcher Superlativ verbunden ist (Massentourismus!). Es ist kein Vergnügen, die Alignements auf dem offiziellen Wanderweg abzugehen; viele tun das und empfinden es als enttäuschend. Die vorgeschlagene Wanderung ist so konzipiert, daß sie nach der Panorama-Rundschau vom Tumulus de Saint-Michel auf stillen Wald- und Feldwegen den nordöstlichen Beginn der Steinreihen erreicht, von dort geht es auf der offiziellen Wanderstraße an den Steinen entlang. Der Zugang zu den Alignements ist derzeit nicht möglich, da die Anlagen wegen angeblicher »Renaturisierung« eingezäunt sind, außer man nimmt an einer Führung teil.

Zwerge und Zeltstangen

Über die Bedeutung der *Megalithanlagen von Carnac* gibt es zahlreiche Theorien. Bis ins 18. Jahrhundert war die Ansicht, die

Der Géant du Manio (Riese von Manio) ist ein mehr als 6 Meter hoher Menhir. Anders als die eingegitterten Menhire von Carnac kann man ihn anfassen. Wer ihn öfter besucht, nimmt wahr, daß er bei verschiedenen Sonnenständen unterschiedliche »Gesichtszüge« hat.

Steinreihen seien von Zwergen aufgestellt worden, weit verbreitet. Die Zwerge sollen nur zwei bis drei Ellen hoch, aber außergewöhnlich stark gewesen sein. Ein französischer Ingenieuroffizier namens Sauvagère hat zur Zeit der Aufklärung – vor gut 200 Jahren – die Sage von den starken Zwergen als Unfug bezeichnet und die vielbeachtete These aufgestellt, bei den Steinreihen handle es sich um Reste eines römischen Feldlagers: Caesar habe den Soldaten seiner Invasionsarmee befohlen, lange Steine herbeizuschaffen und sie als Zeltstangen aufzurichten.

Sauvagères Zeltstangen-Theorie ist sicherlich »aufgeklärter« als die symbolische Sage von den starken Zwergen (angesichts Tausender bis zu über 6 Meter hoher Menhire mag sich ein Mensch durchaus klein vorkommen), hat sich aber – wie Dutzende weiterer Theorien – als falsch erwiesen. Dennoch bleibt Sauvagère eine wichtige Quelle für die Geschichte der Steine, denn der gewissenhafte Offizier hat sich die Mühe gemacht, sie zu zählen: Er zählte in »Caesars Feldlager« 4000 Zeltstangen. Heute gibt es noch etwa 3100 Menhire, die übrigen wurden gestohlen, zerstört, zerschlagen und zum Straßen- und Hausbau verwendet.

Legende vom heiligen Cornély

Wer in der Hauptsaison neben dem Megalithen-Informationszentrum von Carnac parkt, sieht sich im Nu von einer Horde minderjähriger Gassenjungen umringt, die Geld heischend die Hand aufhalten, das Auto zu »putzen« beginnen und die Legende vom heiligen Cornély herunterleiern. Die Gassenjungen sind nervend, aber die Legende liefert wichtige Hinweise über das Universum der rätselhaften Steine von Carnac.

Der Patron von Carnac (»Horn«-Ort) ist der heilige Cornély (»Horn«-Mann); Cornély, der Schutzheilige des Hornviehs, ist auch in Deutschland ein bekannter Heiliger, ein Zentrum seiner Verehrung ist Kornelimünster bei Aachen. Als Cornély Papst war, so erzählt die Legende, mußte er vor einem Heer der Heiden aus Rom fliehen; seine Habseligkeiten lagen auf einem Karren, den zwei Rinder (Hornvieh) zogen. Am Ende seiner langen Flucht erreichte Cornély den

»Horn«-Ort Carnac, wandte sich um und er-
blickte die in Schlachtformation aufgestellte
Armee der Heiden. Da sprach Cornély Zauberworte, und augenblicklich wurden die
Heiden in Menhire verwandelt.

Die Kirche von Carnac (17. Jh.) ist dem
heiligen Cornély geweiht, die Statue am Kir-
cheneingang zeigt ihn zwischen Hornvieh,
Menhiren und einem Dolmen. Alljährlich
findet am zweiten Septembersonntag der
Pardon de Saint-Cornély statt, eine malerische Sühne- und Bittprozession.

Horn-Symbolik

Die Horn-Symbolik begegnet uns nicht nur
in Carnac, sondern auch an vielen anderen
Orten der Bretagne. Das Horn als Mondsym-
bol war in der Vorzeit ein Zeichen der
Fruchtbarkeit und des sich erneuernden Lebens. Die älteste Horndarstellung findet sich
in der Grotte von Laussel in der Dordogne:
Dort ritzten in der Zeit um 21000 v. Chr.
Cro-Magnon-Leute die Figuren dreier Frauen
ein, von denen die mittlere in der erhobenen
Rechten ein Mondhorn mit 13 Kerben hält
(der Mondkalender ist der älteste Kalender
der Welt) und ihre Linke auf ihren schwan-
geren Leib legt. Auch die kunstvollen
Höhlenmalereien von Lascaux (um 16000
v. Chr.) zeigen immer wieder das Horn, allerdings als Stierhorn. Während das Mondhorn für weibliche Kraft stand, symbolisierte
das Stierhorn die männliche.

Das Leben auch des kräftigsten Stiers ist
begrenzt. Der Mond (la lune: »die Mondin«)
und seine zyklische Wiederkehr hingegen
sind scheinbar ewig und wurden deshalb als
heilig oder göttlich angesehen. Aufgrund der
Parallelität zwischen dem Mondzyklus und
dem Zyklus der Frauen galten auch diese als
»heilig«. Diese Vorstellung hielt sich ansatz-
weise bis in keltisch-germanische Zeit: Der
römische Schriftsteller Tacitus berichtet, daß
die Germanen glaubten, den Frauen wohne
etwas »Heiliges« und »Seherisches« inne.

Die Hörner, die keltische und germanische
Krieger auf ihren Helmen trugen, waren einerseits Symbol männlicher Kraft, andererseits ein Zeichen der Göttin, in deren Dienst
die Krieger ihre Kraft stellten.

Diese heidnischen »Horn«-Vorstellungen
wurden nach der Christianisierung einer
Umdeutung unterzogen. Theologen faßten
sämtliche heidnischen »Horn«-Göttinnen
und -Götter in einer gehörnten Gestalt namens Teufel zusammen. Zu den berühmtesten Teufelsdarstellungen der Bretagne zählt
die Morgane im Südportal der Kirche von Sizun: Morganes Oberkörper ist nackt (damit
klar ist, daß es sich um eine Frau handelt),
aus der Stirn wachsen ihr die Teufelshörner;
Morganes Gesicht sieht traurig aus, sie blickt

Vom Tumulus de Saint-Michel, einem der größten
vorgeschichtlichen Grabhügel Europas,
schweift der Blick weit hinaus auf die See.

nach unten (zur Hölle). Die einzige Gestalt, der das Christentum das Horn als positives Zeichen beließ, ist Maria: In unzähligen Darstellungen steht sie im Sternenkranz auf dem Mondhorn (auf der Mond-»Sichel«).

Auch auf dem »Horn«-Platz genannten Gipfel des heiligen Bergs von Locronan (Tour 22) wurden, wie die Archäologen herausgefunden haben, gehörnte Gottheiten verehrt. Die »Horn«-Legende und weitere »Horn«-Zufälligkeiten im »Horn«-Ort Carnac – im Tumulus von Saint-Michel wurde 1906 ein vorgeschichtliches Grab entdeckt, in dem ein Rind (Hornvieh) beigesetzt worden war – legten die Vermutung nahe, daß die gewaltigen Megalithanlagen von Carnac eine Kultstätte waren, in der zyklisch

wiederkehrende natürliche Vorgänge, die mit Fruchtbarkeitsriten zu tun haben könnten, auf besondere Weise gefeiert wurden.

Sonnentempel

Die verbreitetste (und heute populärste) Theorie, welcher Art die zyklisch wiederkehrenden Vorgänge, die in Carnac gefeiert wurden, gewesen sein könnten, ist die Sonnenaufgangstheorie. Im 20. Jahrhundert stellten verschiedene Megalithforscher Messungen an bezüglich der Ausrichtung der Steinalleen. Es wurde behauptet, daß sie ausgerichtet seien auf den Sonnenaufgang an wichtigen Daten des Ackerbaujahres, nämlich am 8. November (der Saatzeit für

Februar), am 4. Februar (Beginn des Keimens), am 6. Mai (Beginn der Blüte) und am 8. August (Beginn der Ernte). Da die Messungen keine beweiskräftigen Ergebnisse brachten, hatten andere Megalithforscher die Idee, die Steinreihen seien vielleicht auf die Sonnenwenden und die Tagundnachtgleichen ausgerichtet. Aber auch diese Theorie ist nicht bewiesen. Alle Forscher, die die Sonnenaufgangstheorie verfolgen, gehen davon aus, daß die Steinreihen von Carnac mit einem (indogermanisch inspirierten) »Sonnenkult« in Verbindung zu bringen seien.

Wer in klaren Nächten das Mondhorn im Sternenhimmel über den Steinreihen von Carnac sieht, kann diesen Anblick als sehr schön empfinden. Die Sagen erzählen viel von zauberhaften Dingen, die sich in Nächten an den Steinen zutragen. In der mittwinterlichen »Weihnacht« wandern die Menhire von Carnac zum Strand und baden im Meer.

Der Wegverlauf

Vom Parkplatz in **Carnac** leitet ein Fußweg zur Kapelle auf dem **Tumulus de Saint-Michel,** einem der größten Grabhügel Europas. Eine Panorama-Orientierungstafel auf dem 120 Meter langen, bis zu 12 Meter hohen und an der Basis 60 Meter breiten Tumulus erläutert die Aussicht auf Carnac und seine berühmten Sandstrände sowie auf den Golfe du Morbihan mit den Inseln und auf der anderen Seite weit ins Binnenland hinein. Errichtet wurde der Hügel ab dem 4. Jahrtausend v.Chr., im Jahr 1664 kam eine *Kapelle* hinzu. 1960 schuf Alice Pasco die Ölgemälde in der Kapelle (Eintritt frei, Spenden erbeten).

Im Inneren des Tumulus finden sich zwei Grabkammern und zwei Dutzend Steinkistengräber. Das Innere des Hügels kann im Rahmen einer Führung besichtigt werden; die Funde sind in den Museen von Carnac und Vannes ausgestellt.

Auf dem Tumulus von Saint-Michel wird am Abend des 23. Juni das erste Johannisfeuer entzündet: Sobald es weithin sichtbar aufflammt, werden auch die *Feux de Saint-Jean* in der Umgebung entzündet – alljährlich ein großes Fest.

Aus der Kapelle tretend, gehen wir geradeaus, steigen auf Steinstufen zum Fuß des Hügels hinab, wenden uns unten an der alten Kiefer halb links und folgen den Markierungen roter und gelber Pfeil auf einem Grasweg zur gefaßten **Fontaine Saint-Michel**, von der erzählt wird, daß ihr Wasser hellsichtig macht. Am ersten Weg ab der Quelle zeigt die gelbe Pfeilmarkierung nach rechts und gleich darauf vor dem kleinen Dorf Cloucarnac mit seinen alten Bauernhöfen wieder nach links. Still zieht der Weg neben Steinlesewällen, alten Eichen und verwildernden Gärten, neben Schlehen, Efeu, Wacholder und Brombeergestrüpp dahin und mündet schließlich in **Kermario** auf die Dorfstraße.

Im Ort gehen wir auf der Hauptstraße nach links und biegen kurz vor der Départementstraße (die Megalithen sind in Sicht) rechts ab, spazieren am Campingplatz vorbei, wenden uns am Bauernhof halb links, erreichen ein Reitzentrum, wandern hier wiederum halb links (nicht scharf links), stoßen auf die Départementstraße, folgen ihr rechts und zweigen nach Überqueren eines Teichs sofort links ab. Nun gehen wir am Ufer des Teichs entlang.

Am Ende des Teichs stoßen wir rechts im Waldsaumbereich auf einen Glasscherbenhaufen, und dort geht – halb links – ein schmaler, wunderschöner, völlig stiller Waldpfad ab. Diesem folgen wir. Er kurvt bald in sachtem Bogen rechts, zuletzt wieder rechts, trifft auf einen Weg, und dieser bringt uns – links – zum **Géant du Manio**. Der »Riese von Manio« ist ein 6,45 Meter hoher Menhir, der sich inmitten einer annähernd viereckig angeordneten Steinreihe (»Quadrilatère de Manio«) erhebt. Da er abseits einer Straße steht, ist es hier auch in der Hauptsaison vergleichsweise ruhig – ein sehr schöner Rastplatz.

Am Géant du Manio geht es geradeaus weiter und am nächsten Weg rechts zur Départementstraße: Links beginnen bzw. enden jenseits eines Reitstalls die **Alignements de Kerlescan**. Die Alignement-Wanderung beginnt ganz im Nordosten, an den **Alignements du Petit-Ménec**, bestehend aus etwa 200 Menhiren. Es heißt, das kromlechartig halbrunde Menhir-Ensemble von Petit-

Ménec (39 Menhire) westlich des Flusses Crac'h markiere den Anfang aller Steinreihen von Carnac. Östlich des Alignements du Petit-Ménec liegen die D186 und das Dorf Kerlescan, dann beginnen die Steinreihen des **Alignement de Kerlescan**: In 13 Reihen sind 241 Menhire aufgestellt, am westlichen Ende stehen noch einmal 39 Menhire kromlechartig im Halbkreis.

Wir folgen weiter der Wanderstraße, kommen am bekannten Teich vorbei und erreichen nach wenigen Minuten das **Alignement de Kermario**: Hier stehen 1030 Menhire in zehn Reihen. Anfangs sind die Menhire recht klein (70 cm), doch inmitten dieser »Kleinen« steht ein 3 Meter hoher Riese. Er ist berühmt für die schlangenmusterartigen Ritzungen an seinem Fuß. Je weiter wir nach Westen gelangen – zwischendurch bietet ein Aussichtsturm ein wenig Überblick –, desto höher werden die Menhire, der höchste mißt 6,42 Meter (er liegt am Boden). Früher markierte ein Kromlech das Ende des Alignement de Kermario, heute ist an seine Stelle ein Großparkplatz getreten, auf dem

ambulante Händler Speiseeis und Getränke feilbieten; wer rechts am Zaun entlanggeht, trifft auf ein flachgedecktes Gebäude, in dem Ansichtspostkarten und Bücher verkauft werden.

Weiter geht es neben der Département-straße: Nach etwa 2 Minuten zeigt sich rechts ein kleineres Menhirfeld, dann wird eine Ampelkreuzung überschritten (halb rechts weitergehen), ehe das größte Alignement erreicht ist, das **Alignement du Ménec**. Es besteht aus 1164 Menhiren, angeordnet in elf Steinreihen sowie zwei Kromlechs (jeweils am westlichen und am östlichen Ende). Auch hier stehen die kleinen Menhire (60 cm) im Osten, die großen (bis zu 3,50 m) im Westen. Am westlichen Ende des Alignement du Ménec findet sich beim Großparkplatz ein Informationszentrum.

Wir folgen dem Alignement du Ménec ostwärts zurück zur Ampelkreuzung: Rechts des einzeln stehenden Hauses, das nach Queren der D119 südlich der Alignement-Wanderstraße steht, biegen wir auf einen Weg ein. In wunderschöner Stille leitet er

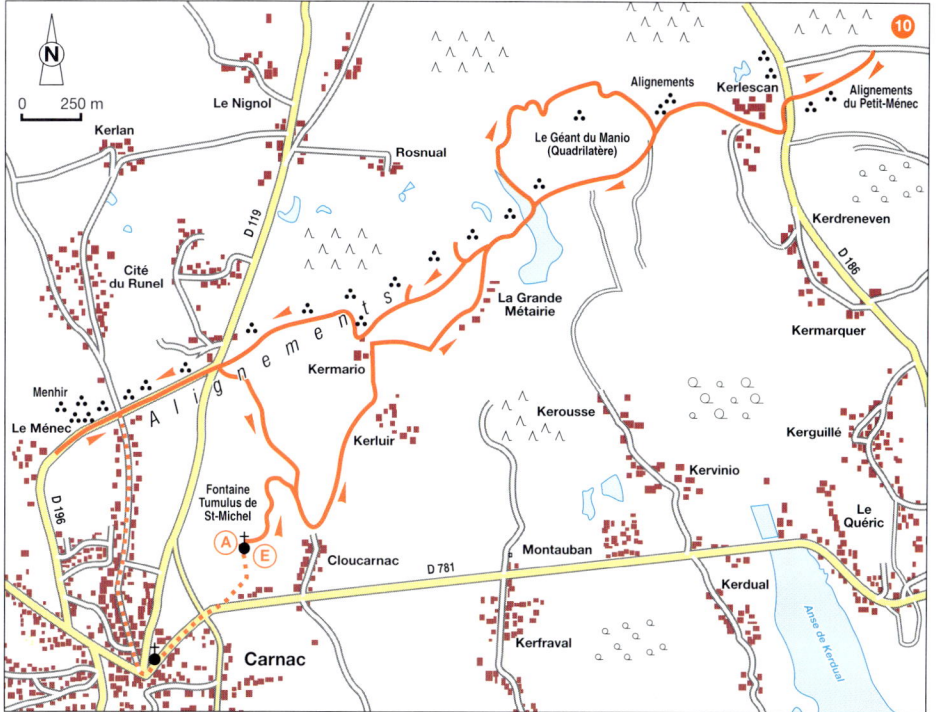

Auf dem 120 Meter langen und 12 Meter hohen Tumulus de Saint-Michel steht eine Kapelle, die dem Erzengel Michael geweiht ist. In geringer Entfernung fließt eine Quelle, die als wundertätig gilt. Nach Aussage der Anwohner kann das Wasser getrunken werden, »sofern es nicht gerade wieder einmal von Touristen verunreinigt worden ist«.

zwischen Laubbäumen durch aufgelassene Felder und Gärten und stößt schließlich wieder auf den bekannten Weg mit der gelben Pfeilmarkierung, der – rechts – zur Fontaine de Saint-Michel und zum Tumulus zurückführt.

Nützliche Informationen

Ausgangsort: Carnac (Mobihan).
Anfahrt/Ausgangspunkt: Carnac ist an der autobahnähnlich ausgebauten Schnellstraße N 165/E 60 Vannes – Lorient ausgeschildert. Ausgangspunkt ist der Parkplatz am ebenfalls ausgeschilderten Tumulus de Saint-Michel in Carnac.

Einkehr unterwegs: Zahlreiche Möglichkeiten in Carnac. Im Verlauf der Wanderung gibt es nur saisonal an den Megalithen ein paar ambulante Speiseeis- und Getränkehändler; ausgeschildert sind auch einige Restaurants, die in Abstechern von wenigen Minuten vom Wanderweg aus zu erreichen sind.
Sehens- und Wissenswertes: Carnac ist einer der bekanntesten Megalith-Fundorte der Welt und zählt zu den meistbesuchten Seebadeorten der Bretagne.
Auskunft: Office de Tourisme, Avenue des Druides, 56340 Carnac, Tel. (2) 97 52 13 52.
Karte: ign TOP 25, Blatt 0821 OT Presqu'île de Quiberon/Auray/Carnac.

11 Aussichtswanderung auf den Mané Gwen

Guénin – Kergroix – Pierre de Sacrifice – Chapelle de Saint-Michel – Chapelle de Notre-Dame-du-Mané Gwen – Troguern – Kerroperh – Guénin

Tourencharakter: Bequeme Wald- und Feldwanderung.
Beste Jahreszeit: Ganzjährig.
Weglänge: 11 km.
Anstiege: Knapp 300 Hm.
Reine Gehzeit: Gut 3 Std.

Der Mané Gwen mit der Gipfelkapelle des Erzengels Michael und der alten Quellenkapelle im Hang erhebt sich steil in einer Schleife des Flusses Evel und gewährt eine wunderschöne Rundschau über das weite, hügelige Land an Evel und Blavet am Rand der Landes de Lanvaux.

Der Name Mané Gwen bedeutet »weißer Berg« und »heiliger Berg«. Die beiden Kapellen sowie zahlreiche auffällige Steine, von denen ein großer Schalenstein als »historisches Monument« und »Opferstein« ausgeschildert ist, zeugen davon, daß dieser Berg in alter Zeit als etwas Besonderes angesehen wurde. An der Stelle des alten Quellheiligtums trat die Kapelle von Notre Dame. In gallorömischer Zeit soll auf dem Gipfel ein Tempel des Lichtgottes Belenus, des »keltischen Apoll«, gestanden haben; an der Stelle dieses Tempels wurde die Michaelskapelle errichtet.

Wallfahrtsort Baud

Ausgangsort der Wanderung ist der kleine Wallfahrtsort *Baud* in einem Seitental des Blavet. Hier werden die Muttergottesstatue *Notre-Dame-de-la-Clarté* und die gleichnamiger Quelle als wundertätig verehrt. Vor allem bei Augenleiden und Störungen des Sehvermögens soll die Quelle schon vielen geholfen haben.

Man begibt sich zunächst in die Kirche von Baud, gelangt durch das Kirchenschiff in die kleine Wallfahrtskapelle (1627) und tritt vor die Statue von Notre-Dame-de-la-Clarté (Unsere liebe Frau der Klarheit). Danach geht es weiter in die Unterstadt zur Heilquelle Fontaine de Notre-Dame-de-la-Clarté: Bitte vorbringen, die Augen mit dem Wasser benetzen, Danksagen. Am ersten Julisonntag findet eine entsprechende Prozession (»Pardon«) statt.

Venus von Quinipily

Im *Park von Schloß Quinipily* bei Baud steht eine der berühmtesten und seltsamsten Statuen der Bretagne. Archäologen des 19. Jahrhunderts haben sie »*Venus von Quinipily*« genannt und sie als Göttin von den Kykladen, als Isis, Kybele oder gallorömische Göttin gedeutet, doch bis heute ist ihre Herkunft nicht geklärt. Auf Geheiß der Kirche, die in ihr den Teufel dargestellt sah, wurde sie in den Blavet geworfen, aber das Volk fischte sie wieder aus dem Fluß.

Ursprünglich stand die Statue wenige Dutzend Kilometer weiter nördlich auf dem Gipfel der *Colline de Castennec*, eines Hügels, der in keltischer Zeit mit einem Ringwall umgeben worden war. Im 17. Jahrhundert hieß sie nicht Venus von Quinipily, sondern »Eisenfrau«, »Jungfrau von Gwarda« oder »Hexe von Gwarda« (Gwarda = Castennec). Die Leute der Umgebung sollen ihr einen regen, aber nicht näher bezeichneten Kult gewidmet haben, der den Bischof von Vannes so sehr erregte, daß er die Beseitigung der Statue befahl.

1661 ließ der Seigneur von Quinipily die Eisenfrau auf Geheiß der Kirche in den Blavet werfen, doch bereits drei Jahre später hatte das Volk sie wieder aus dem Fluß geholt und an ihren angestammten Platz auf der Colline de Castennec gestellt. Der Bischof gab nicht auf: Wieder befahl er, die Statue im Blavet zu versenken, und diesmal sollte sie sicherheitshalber vorher zerschlagen werden. Einige Männer wurden mit diesem Akt der Kulturvernichtung beauftragt, doch nachdem sie der Granitstatue einen Teil von Arm und Brust abgeschlagen hatten, bekamen sie Angst vor der Macht der Eisenfrau, beendeten das Zerstörungswerk und warfen die Statue in den Blavet.

Die von Archäologen des 19. Jahrhunderts »Venus von Quinipily« getaufte Granitstatue im Park des gleichnamigen Schlosses bei Baud hieß früher »die Eisenfrau« (La femme de fer). Die Bauern glaubten, daß sie mehr Macht habe als der Bischof von Vannes. Bis auf das Stirnband und die bis zu den Oberschenkeln herabfallende Stola ist sie unbekleidet. Die Eisenfrau ist die rätselhafteste Statue der Bretagne. Es ist nicht bekannt, woher sie kommt.

1696 – der alte Bischof war inzwischen verstorben – ließ der neue Seigneur von Quinipily die Statue aus dem Fluß holen, restaurierte Arm und Brust und stellte sie über einer Quelle in seinem Schloßpark auf. Das eigenmächtige Vorgehen des Schloßherrn trieb die Bauern der Umgebung von Castennec auf die Barrikaden: Sie wollten »ihre« Eisenfrau wiederhaben und bezichtigten den Seigneur des Diebstahls. Um den Unruhen ein Ende zu bereiten, ließ der Herr der Bauern von Castennec, der Herzog von Ronan, 1698 Anklage gegen den Schloßherrn von Quinipily erheben. Nach einem drei Jahre dauernden Prozeß sprach das Ge-

richt den Besitz der Statue dem Schloßherrn von Quinipily zu. Seither hat die seltsame Statue diesen Park nicht mehr verlassen. Dort, wo sie ursprünglich stand, befindet sich eine kleine christliche Kapelle mit dem Bild des »Ewigen Vaters im Himmel«.

Der Wegverlauf

Aus der Kirche des Dorfs **Guénin** tretend, geht es wenige Meter links hinab, an der Kreuzung auf einem Sträßchen links aufwärts Richtung Saint-Guen, oben beim alten Ziehbrunnen rechts und gleich halb links auf einem Feldweg mit schönem Blick über das Evel-Tal hinweg. Wenn sich der Feld- und Wiesenweg ins Tal hinabgesenkt hat, überschreitet die kleine Départementstraße den Fluß, dahinter biegt links ein sacht ansteigender Weg ab, und von diesem zweigt gleich darauf rechts beim Schild »Pierre de Sacrifice« ein Pfad ab.

Ziemlich steil hält der Pfad aufwärts, zunächst im Wald, dann aussichtsreich in Heide und zwischen Ginsterbüschen, ehe die **Pierre de Sacrifice**, ein Schalenstein, erreicht ist – ein feiner Rastort mit hervorragender Aussicht. Neben einem kreisrunden Schälchen weist die Oberfläche dieses Felsens eine sagenumwobene, angeblich »menschenförmige« Schale auf, die 125 Zentimeter lang ist.

Vom Opferstein verläuft der Pfad weiter, zahlreiche Felsblöcke liegen in der verginsterten Heide, der Pfad überschreitet den Nebengipfel und erreicht die **Chapelle Saint-Michel** auf dem Panoramagipfel des **Mané Gwen**. Obwohl die Kapelle oft von Kirchenschändern verwüstet wird, steht sie jederzeit offen – aber sie ist leer.

Von der Kapelle führt der Pfad hinab zur umfriedeten **Chapelle de Notre-Dame-du-Mané Gwen.** (16. Jh.). Rechts oben neben der Eingangstür räkelt sich eine kleine Steinfigur, die einen weiblichen Oberkörper hat: Mit beiden Händen faßt sie ihre Brüste und präsentiert sie den frommen Kirchgängern. Weiter rechts ist dasselbe Motiv auf einem Fries ein zweites Mal dargestellt – zwei Männerköpfe flankieren die Büste –, allerdings stark verwittert. Der Brunnen bei der Kapelle trägt in französischer Sprache die

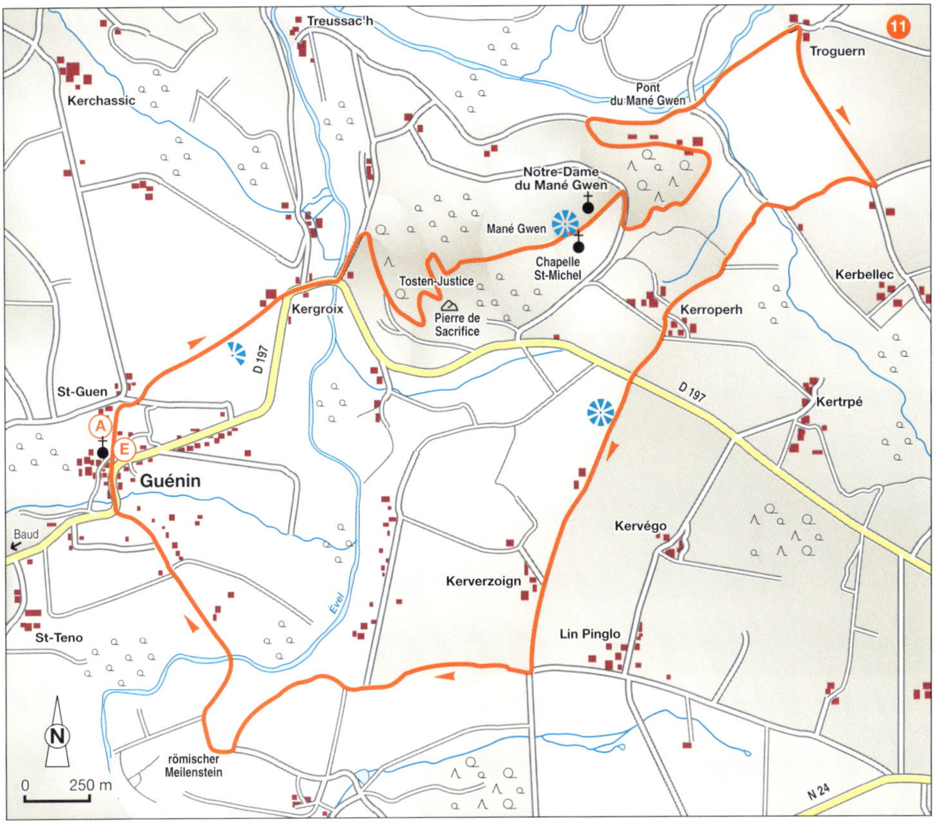

Die als historisches Monument ausgeschilderte Pierre de Sacrifice (Opferstein) auf dem Mané Gwen ist ein Schalenfelsen. Die Hündin treibt sich immer hier in der Gegend herum; sie gehört zum Hof bei der Quellkapelle und ist eine leidenschaftliche Wanderin. Generell sind in der Bretagne oft freilaufende Hunde anzutreffen. Sie suchen alle das gleiche: eine Begleitung beim Wandern.

Die umfriedete Quellkapelle am Mané Gwen ist ein sehr schöner Ort für eine Rast. Eigenartige figürliche Motive schmücken den Eingang. Rechts hinten befindet sich der 80 Fuß tiefe Brunnen.

rätselhafte Inschrift: »80 Fuß tief – betet zu Gott für unsere Väter!«

Beim Brunnen weist ein Schild auf der Fahrstraße abwärts zur **Fontaine de Mané Gwen**. Wir folgen dem Sträßchen kurz hinab und zweigen beim Schild, das auf die Waldbrandgefahr aufmerksam macht, links auf einen Pfad ab, der bald darauf in einen Kastanien-Mischwald taucht; im Herbst kann man hier rucksackweise Edelkastanien sammeln. Leider berührt der Pfad nicht die ausgeschilderte Quelle (sie ist weiter oben näher bei der Kapelle), doch ist dieser Waldspaziergang sehr schön.

Schließlich mündet der Waldpfad auf eine Straße. Ab hier folgt die Wanderroute kleinen Straßen und Fahrwegen in Feld- und Wiesenflur: Rechts hinab, unten am Haus geradeaus und am alten Kreuz vorbei (Richtung Traguern), vor den ersten Häusern rechts auf einen Feldweg und auf diesem immer geradeaus, am Ende rechts, bis kurz hinter einem **römischen Meilenstein** die Markierung »sp« (sentier pédestre) auftaucht

und zum Evel hinableitet. Nach Überqueren des Flusses steht rechter Hand ein altes Steinkreuz, gleich darauf sind wir wieder in **Guénin**.

Nützliche Informationen

Ausgangsort: Baud (Morbihan).
Anfahrt/Ausgangspunkt: Guénin ist an der D 768 Baud – Pontivy bzw. an der Schnellstraße Lorient – Rennes ausgeschildert. Ausgangspunkt sind die Parkplätze vor der Kirche in der Ortsmitte von Guénin nordöstlich von Baud.
Einkehr unterwegs: In Guénin, Bar in Kergroix.
Sehens- und Wissenswertes: Am 1. Julisonntag findet in Baud der Pardon (Bittprozession) zu Notre-Dame-de-la-Clarté statt.
Auskunft: Pays d'acceuil touristique de la vallée du Blavet, BP 43, 56150 Baud, Tel. (2) 97 51 09 37.
Karte: ign série bleue 1:25 000, Blatt 0819 est Pluméliau.

12 Zur Blaubart-Burg über dem Lac de Guerlédan

Barrage de Guerlédan – Castel Finans – Anse de Sordan – Barrage de Guerlédan

Tourencharakter: Strecken- und Waldwanderung auf Pfaden.
Beste Jahreszeit: Ganzjährig, außer bei Schneelage.
Weglänge: 11 km.
Anstiege: 200 Hm.
Reine Gehzeit: Knapp 4 Std.

Der im Blavet aufgestaute Lac de Guerlédan mit seinen malerischen Buchten und bewaldeten Steilhängen, seinen Sandstränden und Wassersportmöglichkeiten ist das meistbesuchte Freizeitgebiet im Herzen des Argoat. Da der Stausee zu groß ist, um ihn an einem Tag zu umwandern, und da andererseits die Ausflugsboote zu unregelmäßig verkehren, als daß sich eine kombinierte Boot-Fuß-Wanderung durchführen ließe, sei die feine, stille Waldwanderung am Südufer empfohlen. Sie führt von der Staumauer zum Castel Finans, der einstigen Burg des berüchtigten bretonischen Mörderbräutigams Blaubart mit der Kapelle der heiligen Tréphine, und zur Sandstrand- und Yachthafenbucht Anse de Sordan. In der Hauptsaison kann die Strecke in eine Boot-Fuß-Wanderung eingebunden werden: Man setzt mit dem Schiff vom Beau Rivage zur Anse de Sordan über, wandert via Castel Finans zur Staumauer und fährt von dort mit dem Schnellboot zurück.

Blaubarts fünfte Frau

An der *Castel Finans* genannten Ringwallstätte, an der die Wanderung vorüberführt, hat einst jene Burg gestanden, in der Comorre, der Mörder mit dem blauen Bart (Barbe-Bleu), sein Ende fand. Dies zumindest berichtet die Legende. Der blaubärtige Comorre war ein gefürchteter Häuptling mit mehreren Burgen; die Ruinen einer weiteren

Blaubart-Burg stehen am Ufer des Flusses Laïta unterhalb von Quimperlé (Tour 14). Comorre tötete seine Frauen, sobald sie schwanger wurden. Warum ihm eine Schwangerschaft so unangenehm war, ist unklar. Die Legendenvariante, er habe verhindern wollen, daß ihm ein Sohn geboren werde – ihm sei prophezeit worden, er werde durch die Hand des Sohnes sein Ende finden –, ist neueren Datums.

Als er sich zum vierten Mal zum Witwer gemacht hatte, forderte er König Gerek von Vannes auf, ihm seine Tochter Tréphine zu geben, andernfalls werde er sie sich mit Gewalt holen. Der heilige Gildas fungierte als Heiratsvermittler und nahm Blaubart das Versprechen ab, Tréphine nicht zu töten, wenn sie schwanger oder er ihrer überdrüssig würde. Doch als sichtbar wurde, daß Tréphine ein Kind bekam, wollte Comorre sie töten wie ihre Vorgängerinnen. Die Hochschwangere floh und gebar auf den einsamen Waldhöhen über der Blavet-Schlucht einen Knaben namens Trémeur. Comorre jagte Tréphine nach, holte sie ein und hieb ihr mit dem Schwert den Kopf ab; das Kind ließ er neben der Leiche der Mutter liegen, der Säugling verhungerte im Wald.

Auf wunderbare Weise erhielt König Gerek Kunde von dieser Bluttat und benachrichtigte den heiligen Gildas. Gerek und Gildas eilten zur Mordstatt, Gildas sprach Zauberworte und erweckte die heilige Tréphine und den heiligen Trémeur wieder zum Leben. Nun schritten sie zur Burg von Comorre, Tréphine hatte ihren Kopf in der Hand, Gildas hielt den Säugling im Arm, doch Blaubart lachte nur, als er die Gruppe kommen sah. Da hob Tréphine eine Handvoll Erde auf und schleuderte sie ganz fest auf Blaubarts Burg: Die Burg fiel in Trümmer und zermalmte Comorre und alle, die ihm dienten. Gildas der Weise aber setzte der heiligen Tréphine den Kopf auf die Schultern und taufte den Säugling auf den Namen Trémeur.

Tréphine und Trémeur sind populäre Heilige der Bretagne. In der Kapelle im Castel Finans werden sie als Märtyrer dargestellt. Die Quelle, die beim Castel Finans entspringt, heißt Fontaine Saint-Trémeur. Tréphine und Trémeur sind die Schutzheiligen

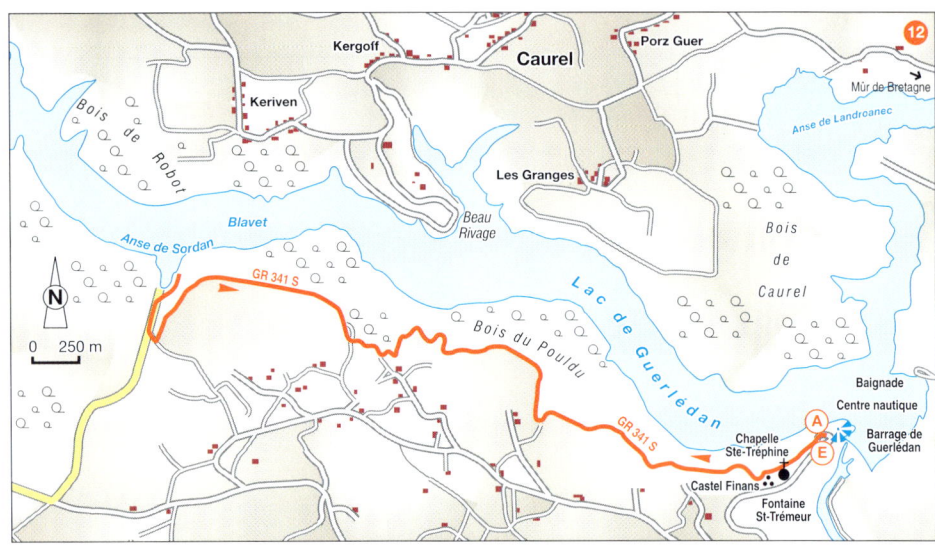

der Stadt Carhaix-Plouguer, deren Stadtkirche dem Trémeur geweiht ist; das Dorf Sainte-Tréphine nordnordwestlich des Lac de Guerlédan trägt ebenfalls den Namen der Heiligen, die oft in einem blumengeschmückten Kleid dargestellt ist und bei Kinderkrankheiten angerufen wird.

Der Wegverlauf

Die Wanderung beginnt am Ende der Stichstraße oberhalb der **Staumauer** des **Lac de Guerlédan**. Wer zur Mauer hinabgeht, findet ein Panorama-Hinweisschild: Von einer Plattform lassen sich die 45 Meter hohe Mauer sowie die Elektrizitätsanlagen in der Schlucht des Blavet überschauen – technisch Interessierte sind bei diesem Anblick entzückt. Im 6. Jahrhundert gab es dieses »Panorama« noch nicht, damals war fast alles Wildnis, fast: Über der Schlucht hatte Comorre, der blaubärtige Herrscher von Poher (heutige Stadt Carhaix-Plouguer), eine Burg. Ihre Trümmer sind das erste Etappenziel der Wanderung.

Die rot-weiße Markierung leitet auf einem Pfad unter Kiefern bergan, und wir erreichen bald den von einem Steinwall umgrenzten Ort **Castel Finans** mit der *Chapelle de Sainte-Tréphine.* Die Wissenschaft deutet Castel Finans als Rest eines keltischen Oppidums (befestigter Platz), die Legende berichtet,

daß hier der blaubärtige Comorre sein Ende gefunden habe.

Von Castel Finans, wo sich der Mord, das Schleudern der Erde, das Wiederaufsetzen des Kopfes und all die anderen Ereignisse zugetragen haben sollen und wo heute eine Kapelle inmitten der Ringumwallung steht, zieht der rot-weiß markierte Wanderweg weiter durch die bewaldeten Steilhänge über der einstigen Blavet-Schlucht, in der sich seit 1930 die Wasser des Lac de Guerlédan stauen. Schließlich erreicht der einsame Gras- und Wurzelpfad die belebte Bucht **Anse de Sordan**. Hier legen Rundfahrtschiffe an, im Wasser schaukeln Yachten, ein Restaurant lädt zur Rast, am kleinen Sandstrand bauen Kinder Burgen.

Nach der Rast in der Anse de Sordan geht es auf demselben Waldpfad zurück zur Kapelle von Sainte-Tréphine und zum Ausgangspunkt oberhalb der Staumauer **Barrage de Guerlédan**.

Nützliche Informationen

Ausgangsort: Mûr-de-Bretagne (Côtes d'Armor).

Unweit des Lac de Guerlédan
steht die berühmte Kirche (16. Jh.)
von Kergrist-Moëlou.

Anfahrt/Ausgangspunkt: In Mûr-de-Bretagne der D 35 Richtung Cléguérec in südwestlicher Richtung folgen und nach der zweiten Brücke rechts Richtung Barrage abzweigen. Ausgangspunkt ist der Parkplatz oberhalb der Staumauer Barrage de Guerlédan.
Einkehr unterwegs: Restaurant in der Anse de Sordan.
Auskunft: Syndicat d'Initiative, Place de l'Eglise, 22530 Mûr-de-Bretagne, Tel. (2) 96 28 51 41; Comité départemental du Tourisme, 29 Rue des Promenades, 22011 Saint-Brieuc Cedex, Tel. (2) 96 62 72 00.
Karten: ign série bleue 1:25 000, Blatt 0818 est Pontivy und Blatt 0818 ouest Guémené-sur-Scorff.

13 Wildwasser unter den Teufelsfelsen

Roches du Diable – Ellé –
Roches du Diable

> **Tourencharakter:** Kurze Streckenwanderung auf felsigen Pfaden; Schilder weisen darauf hin, daß die Trasse wegen ihrer angeblichen Ausgesetztheit gefährlich sein kann. Verlängerte Variante auf Wald- und Feldwegen.
> **Beste Jahreszeit:** Ganzjährig, außer bei Schneelage.
> **Weglänge:** 2 km; längere Variante: 8 km.
> **Anstiege:** 100 Hm; längere Variante: 200 Hm.
> **Reine Gehzeit:** ½ Std.; längere Variante 2 Std.

Die Ellé-Klamm unter den Roches du Diable (Teufelsfelsen) zählt zu den bekanntesten Wildwasserstrecken der Bretagne, die Teufelsfelsen selbst sind ein derart eindrucksvolles Naturdenkmal, daß die gesamte Region mit dem Slogan »Land der Teufelsfelsen« (Pays des Roches du Diable) wirbt. Wer versucht, die Teufelsfelsen auf einem der Rundwanderwege anzugehen, wird allerdings enttäuscht: Die markierten Wege führen fast ausnahmslos über Straßen und bieten lediglich an den Teufelsfelsen das Erlebnis ungezähmter Natur; die Wander-Idealroute hingegen – der Gang durch die faszinierende Ellé-Klamm – fehlt. So beschränkt sich der Tourenvorschlag auf das, was wirklich spannend und schön ist in diesem »Land der Teufelsfelsen«: die Teufelsfelsen selbst sowie der Spaziergang am wilden Ellé, dem »Styx der Bretagne«.

Gwenolé und der Teufel

Der erste namentlich bekannte Wanderer, den es zu den *Teufelsfelsen* zog, war der heilige Gwenolé. Schon damals, im 6. Jahrhundert, wiesen die Felsen jene seltsamen Formen auf, für die sie noch heute berühmt sind: Der eine gleicht einer Kanzel, die lotrecht zum tosenden Fluß abstürzt, der Gipfel eines anderen scheint ein natürliches Tanzpodium hoch über dem Fluß darzustellen, in andere sind tiefe Schalen, Kessel, Rinnen und Becken gehöhlt. Dem heiligen Gwenolé gefiel, was er sah, und er ließ sich an den Teufelsfelsen nieder, um in der Einsamkeit am brausenden Fluß ein gottgeweihtes Leben zu führen und viele Heiden zu taufen. Da kam der Teufel und behauptete, die Felsen seien sein Reich. Es kam zum Kampf zwischen Gwenolé und dem Teufel, letzterer unterlag und verschwand im Fluß, doch seine Schätze ließ er zurück: Es sind die Teufelsfelsen.

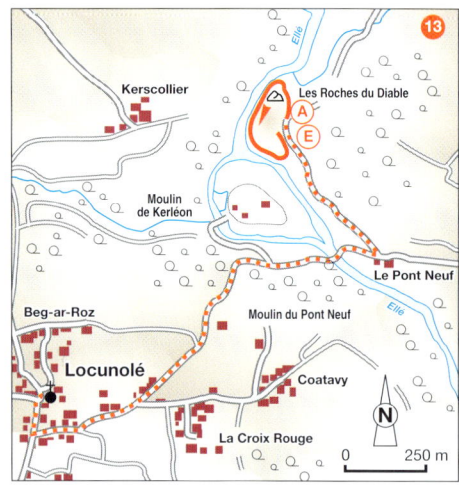

Der Wegverlauf

Wer sich nicht auf die Kurzwanderung beschränken will, startet an der Kirche in dem Dorf **Locunolé.** Dort beginnt ein mit der Markierung roter Strich gekennzeichneter Weg zu den Roches du Diable. Auf kleinen Straßen sowie auf Wald- und Feldwegen leitet er zum Fluß hinab, überschreitet ihn auf einer alten, schmalen Steinbrücke und folgt dann der Straße im Wald hinauf zu den Parkplätzen an den Roches du Diable.

Vom unteren **Parkplatz an den Roches du Diable** führt neben der Informationstafel ein getreppter, mit Holzbalustraden gesicherter Weg hinab zum **Ellé**, an dessen Felsufern Bänke und Tische zur Rast laden. Schon hier kann man stundenlang sitzen und schauen. Es sind nicht nur die eigenartigen Felsen, die Staunen hervorrufen, Kurzweil bietet vor allem der Anblick der zahlreichen Kanuten, die unermüdlich gegen die Tücken des wilden Flusses ankämpfen. Ehe der heilige Gwenolé den Teufel verjagte, galt die Ellé-Klamm als Eingang zur Unterwelt, der Ellé war (ebenso wie das Quellmoor des Ellez) der Styx von Armorika. Hinweisschilder bescheinigen dieser Kurzwanderung »gefährliche Passagen« und raten Eltern, gut auf ihre Kinder aufzupassen.

Der felsige Pfad führt unter alten Buchen am Ufer flußabwärts, nach einer Weile endet der Klammbereich, es wird ruhiger, immer mehr Stechpalmen tauchen auf, und immer wieder finden sich schöne Stellen für eine Rast. Hier ist es auch möglich, im Fluß zu baden, während dies im Wildwasserbereich gefährlich sein kann. Weiter hinten teilt sich der Fluß und umspült eine Insel, auf der einsame Häuser zwischen Feldern stehen.

Schließlich schwingt der Pfad links hinauf und erreicht nach kurzem, steilem Spurt den oberen Parkplatz. Dort führt ein getreppter Pfad links aufwärts zu einem schmalen Felsriff, das einen vorzüglichen Tiefblick in die Ellé-Klamm bietet. Von diesem Riff geht es zurück zum oberen Parkplatz und nun halb links auf einem unscheinbaren Pfad hinauf zum eigentümlichsten der **Teufelsfelsen**, einem gigantischen Pfeiler, der lotrecht aus der Klamm aufsteigt. Die Oberfläche des Gipfels weist zahllose Näpfchen, Hörner,

An der mit Stäben markierten Wildwasserroute am Ellé, dem »Styx der Bretagne«.

Rinnen, Schalen usw. auf. Die Ersteigung des Gipfels muß umsichtig geschehen, da die geringste Nachlässigkeit zum Sturz führen kann – zum Sturz in den Ellé, den Fluß ohne Wiederkehr.

Auf dem gleichen Weg, den wir hergekommen sind, spazieren wir anschließend wieder zum **Parkplatz** zurück.

Nützliche Informationen

Ausgangsort: Quimperlé (Finistère).
Anfahrt/Ausgangspunkt: Von der D 790 Quimperlé – Le Faouët abbiegen Richtung Locunolé; ab hier sind die Roches du Diable ausgeschildert. Ausgangspunkt ist der Parkplatz an den Roches du Diable.
Einkehr unterwegs: Keine.
Sehens- und Wissenswertes: Die Stadt Quimperlé (Finistère) liegt am Zusammenfluß (bretonisch: kemper) von Ellé und Isole und hat eine sehenswerte Altstadt; zur Kirche Sainte-Croix vgl. Tour 14.
Auskunft: Office de Tourisme, Le Bourgneuf, 29300 Quimperlé, Tel. (2) 98 96 04 32, Fax (2) 98 96 16 12; Comité départemental du Tourisme, 11 Rue Théodore-Le-Hars, 29104 Quimper Cedex, Tel. (2) 98 53 09 00.
Karte: ign série bleue 1:25 000, Blatt 0719 ouest Le Faouet.

Finistère – »Ende der Welt«

Finistère ist das Land am »Ende der Welt«. Der Name kommt vom lateinischen »finis terrae«, und dieser wiederum ist eine Übersetzung des bretonischen Penn ar Bed: Ende der Welt. Nirgendwo anders stößt der Landblock des Amorikanischen Gebirges so weit westwärts in die See hinaus: An den vom Meer umtosten Felsflanken der Pointe du Raz (Tour 26) erreicht er seinen westlichsten Punkt. Die »Toteninsel« Ile de Sein und die anderen Felsinsel vor der Küste gehören einer anderen Welt an.

Finistère kann als das urtümlichste und vielfältigste Gebiet der Bretagne empfunden werden. Hier erheben sich mit dem Ménez-Hom (Tour 21), den Montagnes Noires (Tour 17) und den Monts d'Arrée (Tour 19) die höchsten Berge der Bretagne, hier empfangen den Wanderer ausgedehnte Wälder wie an der Laïta bei Quimperlé (Tour 14), am Odet bei Quimper (Tour 23) oder am Silberfluß von Huelgoat mit seinen gigantischen Blockmeeren (Tour 18), hier haben vom Aussterben bedrohte Vögel Rückzugsgebiete gefunden (Tour 25), neben phantastischen Felsküsten wie der Pointe de Penhir, dem Château de Dinan, der Steilküste von Morgat und am Cap de la Chèvre (Touren 26 bis 30) locken Sandstrände und Dünen wie an der Pointe de la Torche (Tour 24) sowie die Aber-Küsten des Nordens (Tour 32). Zugleich ist Le Finistère das Land der Kalvarien und umfriedeten Kirchhöfe, das Land malerischer Pardons (Tour 23) und versunkener Klöster am Meer (Tour 31). Paul Gauguin fand in diesem Land am »Ende der Welt« einen Stil, der ihn zu den bedeutendsten Malern Europas machte (Tour 15).

Finistère, das »Ende der Welt«, ist das Reich des knochigen Sensenmanns Ankou (der Tod). Er ist an jedem Beinhaus dieser an Kirchen und Kalvarien reichen Landschaft dargestellt. Im Bild der Ankou vom Ossuaire der Wallfahrtskirche in Brasparts am Rand der Monts d'Arrée.

14 Durch die Laïta-Wälder bei Quimperlé

Auberge de Toulfoën – Rocher
Royal – Chaire de l'Evêque – Pont
de Pierre – Ligne de Guerniqui –
Auberge de Toulfoën

Tourencharakter: Bequeme Waldwanderung auf Pfaden und Wegen.
Beste Jahreszeit: Ganzjährig.
Weglänge: 11 km.
Anstiege: 100 Hm.
Reine Gehzeit: 3–4 Std.

Daß vor einem Jahrzehnt verheerende Stürme dem Wald von Toulfoën schwere Schäden zugefügt haben, ist heute kaum noch zu merken: Die gras- und krautreichen, gestuften Buchenwälder rechts des Flusses Laïta unterhalb von Quimperlé sind zwar nicht alt, zählen jedoch zu den atmosphärisch schönsten Wäldern der Bretagne. Durch diese Wälder über dem Fluß mit ihren Tausenden von Stechpalmenhorsten, Eichen, Tannen und bemoosten Buchen führt diese Wanderung. Wer abkürzende Varianten sucht, findet sie auf der Übersichtstafel am Ausgangspunkt, die unterschiedlich lange Rundwanderwege verzeichnet.

Quimperlé – die runde Kirche

Die Stadt *Quimperlé* (bretonisch: Kemperle) liegt am Zusammenfluß von Ellé und Isole, die sich hier zur Laïta vereinigen. Der bretonische Name Kemperle ist aus »Kemper Ell« entstanden und bedeutet Zusammenfluß/Mündung des Ellé.

Genau im Mündungsdreieck der beiden Flüsse gründete der heilige Guntiern, ein gallischer Prinz, das Kloster *La Sainte-Croix*. Erhalten ist unter anderem die Krypta (11. Jh.) der ehemaligen Abteikirche, eines der bemerkenswertesten Denkmäler romanischer Kunst in der Bretagne. Auch der Bauplan ist hierzulande für eine Kirche einmalig: Sainte-Croix wurde auf einem Rund errichtet, jeweils an den vier Kardinalpunkten

wurde eine Kapelle hinzugefügt (drei Apsidialkapellen und Vorbau); diese Kapellen erweitern den kreisförmigen Grundriß zu einem Kreuz. Um 1860 stürzte der aus dem 12. Jahrhundert stammende Kirchturm ein und wurde als Campanile neu errichtet.

Erhalten ist ferner die dreischiffige romanische Krypta mit ihren kreis- und strichmusterverzierten Kapitellen. Die Krypta befindet sich unterhalb des Altars und enthält das Grab des heiligen Urlou. Urlou war der erste Abt von Sainte-Croix; er starb im Jahr 1057. Auch der Rest einer Kette ist in der Krypta zu sehen. Vor 200 Jahren sollen hier viele Ketten gehangen haben, mit denen ein eigenartiger Brauch verknüpft war: Die Gläubigen rissen sich in der Krypta mit Gewalt eine Haarsträhne aus und flochten sie in den Ring einer der Ketten. Warum sie das taten, ist nicht überliefert.

Der Wegverlauf

Vom Parkplatz vor der **Auberge de Toulfoën** an die Wegeübersichtstafel tretend, geht es auf einem nicht markierten Weg geradeaus (während die gelben Rundwegmarkierungen nach rechts weisen) und sofort in den Wald hinein. An den Verzweigungen gibt jeweils der breitere Hauptweg die Route vor, und dieser stößt schließlich auf einen schnurge-

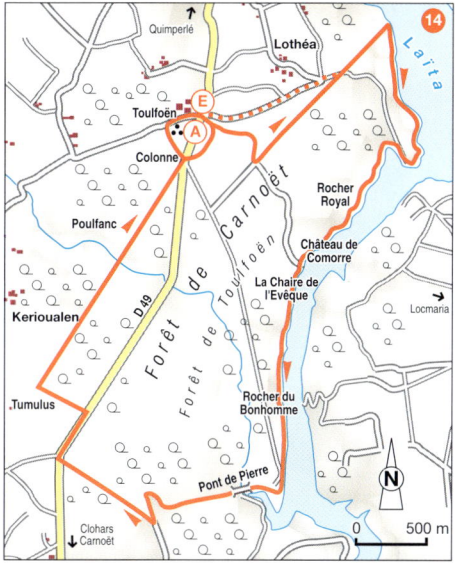

Der Menhir von Toulfoën. Von Gras überwuchert ist der Steinkreis um den Menhir.

raden Forstweg, dem wir links folgen. Nach Queren eines befestigten Wegs empfangen uns die Markierungen rot-weiß und gelber Strich, wir halten geradeaus auf einem Pfad zum Fluß **Laïta** und folgen nun in sachtem Auf und Ab dem Ufer seewärts. Die Laïta hat sich zwischen Steilufern ein breites Bett gegraben, doch beansprucht der Fluß selbst nur einen kleinen Teil davon, während der weitaus größere von Verlandungszonen, Bruch- und Auenwäldern eingenommen wird.

Der erste markante Punkt während der Wanderung flußabwärts ist die **Rocher Royal** (Königsfelsen) genannte Felsbastion, die lotrecht zur Laïta abstürzt. Bald darauf erreicht der Flußuferweg ein privates Gebäude mit gefängnisartig vergitterten Fenstern. Wer dem Zufahrtsweg wenige Schritte rechts hinauf folgt, gelangt an die Ruinen des **Château de Comorre**; hier soll der berüchtigte Blaubart Comorre (Barbe-Bleu) im 6. Jahrhundert eine seiner Burgen gehabt haben (vgl. Tour 12). Eine Hinweistafel fügt hinzu, Blanche

An der Roche Royale im Wald über der Laïta.

de Navarre habe die Burg im Jahr 1254 dem Inquisitionsorden der Dominikaner von Quimperlé überlassen.

Kurz nach Passieren der Ruinen steht links am Weg die **Chaire de l'Evêque** (Bischofskanzel), ein Felsen, der lotrecht zum Fluß abstürzt. Auf dieser Felskanzel soll der Bischof von Cornouaille den Heiden des Bistums Vannes gepredigt haben; die Heiden sollen am anderen Ufer gestanden haben. Bis heute ist die Laïta ein Grenzfluß, sie trennt die Départements Morbihan (links des Flusses) und Finistère.

Der Weg folgt weiter dem Steilufer, in dem immer wieder gigantische Eichen auffallen, passiert den Felsen **Rocher du Bonhomme** und erreicht in einer kleinen Bucht die Brücke **Pont de Pierre**. Hier verläßt die gelbe Markierung den Flußbereich, zieht in sachtem Anstieg in einem Bachtal aufwärts, folgt einer Forststraße, dann kurz der Départementstraße (rechts), zweigt bei einem Parkplatz (in Sturmverwüstungsgelände) links ab und bei einem **Tumulus** (Grabhügel) wiederum rechts: Schnurgerade zieht der Weg zur **Colonne**, einer Säule an einer Wegespinne. Hier geht man am besten halb links und an der kleinen Straße (Park- und

Rastplatz) wieder rechts. Gleich darauf zeigt sich – gegenüber vom Forsthaus kurz vor dem Ausgangspunkt – rechts ein sehenswerter **Menhir**. Er ist weiträumig umgeben von einem Steinkranz.

Nützliche Informationen

Ausgangsort: Quimperlé (Finistère).
Anfahrt/Ausgangspunkt: Von der autobahnähnlich ausgebauten N 165 Lorient – Quimper in Quimperlé abbiegen auf die D 16 Richtung Moëlan-sur-Mer/Le Pouldu; auf der D 16 bleiben, bis kurz nach der Moëlan-Abzweigung ein Schild links in die Forêt de Carnoët weist; dieser kleinen Straße bis zur Auberge de Toulfoën, dem Ausgangspunkt, folgen.
Einkehr unterwegs: In der Auberge de Toulfoën.
Auskunft: Office de Tourisme, Le Bourgneuf, 29300 Quimperlé, Tel. (2) 98 96 04 32, Fax (2) 98 96 16 12; Comité départemental du Tourisme, 11 Rue Théodore-Le-Hars, 29104 Quimper Cedex, Tel. (2) 98 53 09 00.
Karte: ign TOP 25, Blatt 0620 ET Quimperlé/Pont-Aven.

15 Mit Paul Gauguin in Pont-Aven

Pont-Aven – Bois d'Amour –
Chapelle de Trémalo – Nizon –
Château de Rustéphan – Pont-Aven

Tourencharakter: Wanderung teils auf Pfaden im Wald, teils auf kleinen Fahrwegen in aussichtsreicher Feld- und Wiesenflur.
Beste Jahreszeit: Ganzjährig.
Weglänge: 8 km.
Anstiege: 200 Hm.
Reine Gehzeit: 2–3 Std.

Die hier vorgeschlagene Wanderung erkundet die Umgebung von Pont-Aven mit dem berühmten »Liebeswald« und der Kapelle von Trégor. Wer heutzutage durch Pont-Aven promeniert, findet sich in einer Kleinstadt mit alten Häusern und viel Flair – Straßencafés, verwinkelte Gäßchen und selbstverständlich die Gauguin-Attraktionen, darunter die Künstlerpension Le Gloannec und das Haus der Belle Angèle, beide an der

Am Fuß des steilen »Liebeswald«-Hügels fließt der Aven.

Place de la Mairie. Zwar hängen die meisten Gemälde der sogenannten Schule von Pont-Aven in international renommierten Galerien außerhalb der Bretagne, doch auch das Museum von Pont-Aven hat einige hübsche Bilder vorzuweisen, darunter »Johannisfeuer« von Maurice Denis und Emile Jourdans »Kapelle von Trémalo«.

Die Schule von Pont-Aven

Das Städtchen Pont-Aven und seine Umgebung sind bekannt als Wirkungsstätten von *Paul Gauguin*, Emile Bernard und Paul Sérusier sowie zahlreicher weiterer Maler, Bildhauer und Grafiker. Sie alle werden der Schule von Pont-Aven zugerechnet, deren stärkste Persönlichkeit und treibende Kraft Gauguin war. »Ich liebe die Bretagne, ich finde hier Wildheit und Ursprünglichkeit …«, schrieb Gauguin seinem Freund Emile Schuffenecker 1888 aus Pont-Aven, und diese wenigen Worte enthalten das ideelle Programm der Schule von Pont-Aven.

In Pont-Aven sammelten sich um Gauguin, Bernard und Sérusier in der zweiten Hälfte der 1880er Jahre Künstler, die in der ländlichen Umgebung und bei den »primitiven« bretonischen Menschen, ihrer »abergläubischen Einfalt« und ihrer Volkskunst einen neuen, keineswegs einheitlichen Stil fanden: den dekorativ-symbolistischen »Synthetismus«. Die Kritik bezeichnete diesen Stil damals (1889 anläßlich der Volpini-Ausstellung) als »Symbolismus« und nannte Gauguin »das Oberhaupt der Symbolisten«.

Während der Impressionismus das flüchtige Äußere augenblicklicher Wahrnehmungen wiedergibt, vereinigt Gauguins in der Bretagne gefundener Synthetismus mystische Inspiration und die »solide« Qualität »reiner« Malerei. Auf eine realistische Wiedergabe des Figürlichen wird verzichtet, eine auch in den dunklen Partien leuchtende Palette mit oft übersteigerten Farben herrscht vor, und ein kontrastreicher Bildaufbau ist Kennzeichen fast aller Gemälde. Diese Bilder »gleichen Träumen oder Alpträumen«, urteilte Vincent van Gogh in einem Brief an seinen Bruder Theo, der mehrere von Gauguins in der Bretagne entstandenen Werken verkaufte. Den Traum von der Einheit zwischen Mythos, Natur und Mensch träumte Gauguin schließlich auf Tahiti weiter, doch das letzte Bild, das er in der Südsee malte, führte ihn zurück in das Land, wo er diese Vision zu träumen begonnen hatte: in die Bretagne.

Die vorgeschlagene Wanderung erkundet die engste Umgebung von Pont-Aven mit dem berühmten »Liebeswald« und der Kapelle von Trégor.

Jeanne d'Arc im Liebeswald

Auch der Name *Bois d'Amour* (Liebeswald) hängt mit den Malern von Pont-Aven zusammen: Die romantischen Wälder in der Talflanke rechts des Aven waren ein bevorzugtes Pleinair-Gebiet für Leinwand-Aktivitäten und amouröse Begegnungen. Weltbekannt ist das Gemälde »Madeleine im Bois d'Amour« (1888) von Emile Bernard. Es zeigt Bernards Schwester Madeleine als zeitgenössische Jeanne d'Arc liegend im Liebeswald, den Blick sinnend in die Kronen der Bäume gerichtet und den »Stimmen« lauschend, die die tatsächliche Jeanne d'Arc im Quellhain von Domrémy (Lothringen) vernommen hatte.

Aus der Wanderperspektive ist dieses Gemälde (es hängt im Musée d'Orsay in Paris) auch vom Waldbild her interessant: Dargestellt sind ausschließlich relativ junge Bäume, die in Reihen gepflanzt zu sein scheinen, ein reiner Forst also, kein »Zauberwald«. Im Vergleich dazu ist der heutige Bois d'Amour romantischer, auch wenn die Orkane des Jahres 1987 so manche alte Buche entwurzelt haben.

Der von seiner dänischen Frau getrennt lebende, 40jährige Gauguin machte der 17jährigen Madeleine den Hof, doch diese gab dem 26jährigen, unverheirateten Charles Laval den Vorzug. Auch bei der Wirtin Marie Henry in Le Pouldu hatte Gauguin kein Glück: Sie bekam ein Kind von dem verwachsenen Holländer Jacob Meyer de Haan, der Gauguin finanziell unterstützte. Eine der eindrucksvollsten Schnitzmalereien Gauguins aus dieser Zeit ist das symbolistische Holzrelief »Soyez amoureuses vous serez heureuses« – Seid verliebt, ihr werdet glücklich sein.

Auf diese Weise liebten und lebten Gauguin und die anderen in Pont-Aven, wanderten durch die Umgebung und wurden um ihres freundschaftlichen gemeinsamen Künstlerlebens beneidet von van Gogh, der unter glühender Sonne in der Einsamkeit von Arles malte.

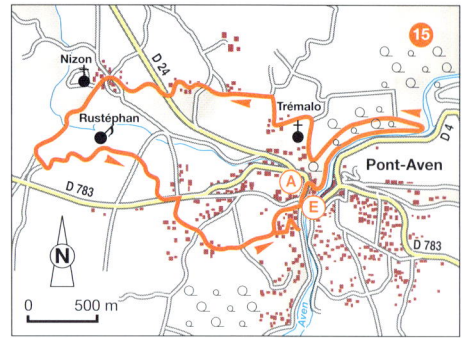

»Überall betrunkene Maler«

Über die Atmosphäre, die zu Zeiten Gauguins in Pont-Aven herrschte, gibt es unterschiedliche Aussagen. Der Maler Paul Signac äußerte sich abfällig: »Gestern war ich in Pont-Aven. Es ist ein lächerlicher Fleck mit kleinen Winkeln und Wasserfällen, wie geschaffen für Aquarelle malende Engländerinnen. Welch seltsame Wiege für den bildnerischen Symbolismus … Überall Maler in Samtjacken, betrunken und unflätig. Der Tabakhändler hat ein Aushängeschild in Form einer Palette mit der Aufschrift ›Artist's Material‹, die Kellnerinnen tragen kokette Bänder an ihren Hauben und sind wahrscheinlich syphilitisch.« Auch Emile Bernard hatte ein zwiespältiges Verhältnis zu Pont-Aven: »Dies ist das Land gräßlicher Träume, scheußlicher Alpdrücke, von Wänden, bedeckt mit Gespenstern und Seeigeln, Eulen und Vampiren – zum Sterben.«

Der spätere Literaturnobelpreisträger André Gide erlebte die ihm damals namentlich nicht bekannten Gauguin, Sérusier und einen dritten im Speisesaal der Pension von Marie Henry: »Es waren drei, die bald mit ihren Malkästen und Staffeleien erschienen … Alle drei waren barfuß, mit überlegener Nachlässigkeit gekleidet und sprachen mit lauten Stimmen.«

Die Kapelle von Nizon

Eines der berühmtesten Gemälde Gauguins aus Pont-Aven ist die »Vision nach der Predigt – Jakobs Kampf mit dem Engel« (1888). Jakob und der Engel ringen auf blutroter Wiese unter einem Apfelbaum, unter dem auch eine kleine Kuh steht, während bretonische Frauen in malerischen Hauben dem Kampf zusehen. »Ich glaube«, erklärte Gauguin van Gogh, »in diesen Gestalten eine große bäuerliche, abergläubische Einfach-

heit erreicht zu haben … Für mich entsprechen auf diesem Bild die Landschaft und der Kampf allein der Vorstellungskraft des betenden Volkes…«

Gauguin beschloß, das Gemälde der kleinen Kirche von Nizon, einem Dorf wenige Kilometer nordwestlich von Pont-Aven, zu stiften. Paul Laval und Emile Bernard halfen ihm, das Bild nach Nizon zu schaffen, doch der Pfarrer, der fürchtete, Opfer eines Künstlerstreichs zu werden, verweigerte die Annahme mit der Begründung, die Gemeinde würde das Bild nicht verstehen. Frustriert wanderten Gauguin, Laval und Bernard mit der Leinwand nach Pont-Aven zurück. Später schickte Gauguin das Gemälde an Theo van Gogh; heute hängt es in der National Gallery of Scotland in Edinburgh.

»Seid geheimnisvoll!«

Gauguin verdiente gut Geld als Bankangestellter in Paris – bis er die Malerei entdeckte und sich ab 1883 ganz diesem »Hobby« widmete. In aller Konsequenz: Seine Ehe ging in die Brüche, er mußte auf Pump leben. So kam er 1886 erstmals nach Pont-Aven, nicht nur aus künstlerischen Aspekten – in Pont-Aven hielten sich schon damals seit langem Künstler aus Frankreich, Skandinavien, England, Italien und Amerika auf –, sondern auch aus ganz praktischen Gründen: Hier in der Bretagne war das Leben im Vergleich zu Paris sehr billig, für Zimmer und Verpflegung zahlte er in der Pension Gloannec nur 65 Francs monatlich. Zuweilen war er so arm, daß er sich weder Leinwand noch Farben kaufen konnte.

Er malte »Tanzende bretonische Mäd-

Der »gelbe Christus« in der Chapelle de Trémalo regte Gauguin zum gleichnamigen Gemälde an.

chen« (1888) und die »Gänseliesel« (1888), schuf das »Symbolistische Selbstbildnis mit Heiligenschein« (1889), schnitzte und bemalte die »Büste Meyer de Haan« (1889/90), und sogar im fernen Arles während des dramatischen Besuchs bei Vincent van Gogh (der sich ein Ohr abschnitt und es in ein Bordell trug) dachte er an die Bretagne und malte den »Weingarten bei Arles mit bretonischen Frauen« (1888). In all diesen Werken wollte er die farbenfrohe, »abergläubische Einfalt« einfangen, die er in der Bretagne erlebte. Immer dominanter wurden dabei symbolhaft-mystische Züge, und eines der bedeutendsten Holzreliefs trägt den programmatischen Titel »Soyez mystérieuses«: Seid geheimnisvoll!

Diesem Symbolhaft-Mystischen blieb Gauguin auch treu, als er Pont-Aven verließ. »Der Verlust der Jungfräulichkeit« (1890/91, Paris), eines seiner berühmtesten Gemälde, zeigt eine junge Frau, die nackt in einer weiten bretonischen Landschaft liegt, während sich aus der Ferne auf einem Pfad vom Meer her ein bretonischer Wallfahrtszug nähert; auf der Schulter der jungen Frau sitzt ein Rotfuchs und streichelt ihre Brust.

Der Wegverlauf

Der mit Holzschildern und der Markierung gelber Strich gekennzeichnete Rundwander-

weg überschreitet in **Pont-Aven** kurz oberhalb des Restaurants »Tahiti« den Aven, hält flußaufwärts (die Fabriken am gegenüberliegenden Ufer und der Fischgeruch, der hin und wieder von ihnen herüberweht, können als störend empfunden werden), erklimmt vor der Biegung des Flusses den Steilhang und zieht auf der Höhe des Hangs durch den **Bois d'Amour**, wobei sich zwischen den Bäumen immer wieder Ausblicke über Pont-Aven und talabwärts öffnen. Pont-Aven war früher so sehr als »Mühlenstadt« bekannt, daß es darüber einen volkstümlichen Merkvers gibt: »Pont-Aven, ville de renom, quatorze moulins, quinze maisons« (Pont-Aven, berühmte Stadt, 14 Mühlen, 15 Häuser). Von den 14 Mühlen ist nur noch eine einzige in Betrieb.

Wenn die gelbe Strich-Markierung auf einen kleinen Fahrweg trifft, weist ein Schild rechts hinauf – alleeartig von Bäumen flankiert –, oben geht es links zur schön gelegenen **Chapelle de Trémalo** (16. Jh.). Uralte Bäume stehen vor dem Eingang. Die Kapelle ist eine Sehenswürdigkeit nicht nur wegen des hölzernen Kruzifixus (17. Jh.), der Gauguin zu dem Gemälde »Der gelbe Christus« inspiriert hat, auch Drachenköpfe, Fratzen, eigenwillig interpretierte Heiligengestalten und viele andere Grotesken, alles Werke der Schule von Pont-Aven, zählen zu den Ausstattungsstücken.

Von der Kapelle geht es nordwärts (bergwärts) und oben links in aussichtsreicher Feld- und Wiesenflur hinüber in das Dorf **Nizon**. Der *Calvaire* vor der Kirche (15./16. Jh.), die dem heiligen Nizon geweiht ist, soll Gauguin zu seinem Gemälde »Der grüne Christus« (1888) inspiriert haben; die Kunstwissenschaft ist sich allerdings nicht sicher, ob tatsächlich »die drei Marien« des Calvaire von Nizon oder aber die drei Marien des Calvaire von Brasparts für dieses Bild Modell gestanden haben.

Von der Kirche leitet die Markierung kurz an der kleinen Départementstraße (D 77) südwestwärts, zweigt vor dem nächsten Weiler links ab und zieht hinüber zu den Ruinen des **Château Rustéphan**. Das alte Gemäuer steht im Ruf, ein Spukort zu sein: Zuweilen, so heißt es, zeigt sich der Kopf eines längst verstorbenen Priesters, ein Kopf mit Feueraugen; auch ein Katafalk, umgeben von vier brennenden Kerzen, wurde gesehen. Nachts, im Mondlicht, geht Geneviève de Rustéphan, angetan mit einem Satinkleid, durch die Ruinen, singt traurige Weisen und weint. Geneviève starb an jenem Tag, als ein junger Priester seine erste Messe in der Kirche von Nizon las. Die beiden liebten sich, doch ihre Familien wollten es anders. Ein Liebeslied berichtet, wie der Priester immer wieder zum Grab von Geneviève ging und weinte.

Vom Burghügel leitet die Markierung abwärts, schwingt an der Départementstraße links, zweigt sofort rechts ab und leitet aussichtsreich zurück nach **Pont-Aven**.

Nützliche Informationen

Ausgangsort: Pont-Aven (Finistère).
Anfahrt/Ausgangspunkt: Pont-Aven ist auf der autobahnähnlich ausgebauten N 165 Lorient – Quimper ausgeschildert. In Pont-Aven dem Piktogramm »Wanderweg Bois d'Amour« folgen; Ausgangspunkt ist der Parkplatz bei der Fabrik.
Einkehr unterwegs: In Pont-Aven.
Auskunft: Office de Tourisme, Place Hôtel de Ville, 29930 Pont-Aven,
Tel. (2) 98 06 04 70, Fax (2) 98 06 17 25.
Karte: ign TOP 25, Blatt 0620 ET Quimperlé/Pont-Aven.

16 Strandwanderung vor der Ile Raguénez

Plage de Raguénez – Plage de Dourveille – Kercanic – Kerstalen – Plage de Raguénez

> **Tourencharakter:** Wanderung auf Pfaden, kleinen Fahr- und Feldwegen; Bademöglichkeit.
> **Beste Jahreszeit:** Außerhalb der Sommerferien.
> **Weglänge:** 6 km.
> **Anstiege:** 100 Hm.
> **Reine Gehzeit:** 2 Std.

Diese kleine Wanderung, markiert und namentlich ausgeschildert als »Circuit de Kercanic«, führt von der Sandstrandbadebucht von Raguénez durch winzige Dörfer mit malerischen Reetdachhäusern sowie durch aussichtsreiche Feld- und Wiesenflur. Bei Ebbe kann auch die Felsinsel Ile Raguénez »mitgenommen« werden; sie ist dem Badestrand schützend vorgelagert.

Concarneau und die Glénan-Inseln

Ausgangsort für die Anreise zur Plage de Raguénez ist die Fischereistadt *Concarneau* an der Baie de la Forêt mit dem berühmten Seebad Les Sables Blancs. Die von einer Mauer (14.–17. Jh.) umgebene Altstadt (»Ville close«) liegt auf einer Insel an der Mündung des Moros.

Vom Hafen von Concarneau sind per Schiff bzw. per Schnellboot die *Glénan-Inseln* in 1 bzw. ½ Stunde zu erreichen: eine Gruppe von neun malerischen Felsinseln, die ihrerseits von zahllosen Felsriffs umgeben sind. Die Schiffe legen auf der *Ile Saint-Nicolas* an.

Die berühmteste der Glénan-Inseln ist die *Ile du Loc'h*. Heute befindet sie sich in Privatbesitz, und wer von der Ile de Saint-Nicolas zu ihr hinüberblickt, erkennt sie am Schornstein: dem Rest einer Fabrik, die dort einst Algen verarbeitete. Das Besondere dieser Insel ist ein großer natürlicher Süßwassersee. In alten Zeiten, als das Eiland noch

Der Wackelstein von Trégunc.

nicht in privaten Händen war und es auch die Algenfabrikruine noch nicht gab, war die Insel weithin berühmt wegen ihrer unermeßlichen Schätze. Allerdings konnte sich niemand dieser Schätze bemächtigen, denn am See auf der Insel hauste eine junge Schöne namens Gwrac'h (»Hexe«). Die Männer, die hierher kamen, um die Schätze zu suchen, verwandelte Gwrac'h in Fische und ließ sie im See schwimmen, ehe sie sie verspeiste. Mit Hilfe dreier geheiligter Gegenstände wurde Gwrac'h schließlich überwunden, erzählt die Legende: Diese Gegenstände waren das Messer des heiligen Corentin (es besaß die Fähigkeit, Zauberwerk zu zerschneiden), der Stock des heiligen Vouga (er konnte sich in ein Flugzeug verwandeln) und die Gong-Glocke des heiligen Koledog (sie konnte über weite Entfernungen hin Nachrichten senden).

Eines Tages kam ein frommer Jüngling namens Houarn auf die Insel Loc'h und wurde von Gwrac'h in einen Frosch verwandelt. Sogleich läutete die Glocke des heiligen Koledog und sandte Houarns frommer Verlobter Bellah die Nachricht, daß Houarn in Gefahr war. Bellah, die im fernen Léon lebte, schwang sich auf den Stock des heiligen

Vouga und sauste auf diesem besenstielartigen Fluggerät im Nu von der nördlichen in die Südbretagne. Nach diesem Walkürenritt bereitete Bellah Gwrac'h den Garaus: Mit dem Messer des heiligen Corentin zerschnitt sie Gwrac'hs Zauber und gab nicht nur ihrem froschgestaltigen Verlobten, sondern auch den anderen Verwandelten ihre menschliche Gestalt zurück, ehe sie von Gwrac'h verspeist werden konnten. Was Gwrac'h betrifft, so wurde sie in eine Pilzkönigin verwandelt und war ihrer Zauberkraft beraubt.

Die Steine von Trégunc

Von Concarneau führt die D 783 nach Trégunc, und von dort geht es auf kleinen Sträßchen weiter zum Ausgangspunkt der Wanderung. In der Umgebung von *Trégunc* und *Névez* finden sich Tausende auffälliger Steine, kaum einer ist namentlich gekennzeichnet. Es handelt sich in den seltensten Fällen um Menhire und Dolmen, sondern meist um Schalen- und Rinnensteine.

Einer der wenigen namentlich bezeichneten Steine ist der Wackelstein *La Men Dogan* (»der Stein des gehörnten Ehemanns«).

Er liegt neben der Départementstraße bei Kerouel kurz vor Trégunc. Der Name soll auf einen dummen Brauch zurückzuführen sein: Ehemänner, die sich von der Treue ihrer Frauen überzeugen wollten, mußten den Stein zum Wackeln bringen; wenn der Stein nicht wackelte, wußte der Mann, daß er ein »gehörnter Ehemann« war. (Die Chance, einen Wackelstein zum Wackeln zu bringen, ist ebenso groß wie die Chance, einen Volltreffer im Lotto zu landen.)

Ein sehenswerter Stein ist die *Table des Sacrifices* (»Opferstein«) beim Hôtel des Grandes Roches in Trégunc. Dieser gigantische Felsblock, der tiefe Rinnen aufweist, sieht aus wie ein Wackelstein. Am kleinen Fahrweg nördlich dieses Steins liegen zahl- reiche weitere Felsblöcke mit Schalen und Rinnen. Interessant ist ferner der christianisierte *Menhir von Kernalec.* Eine Seltenheit ist der christianisierte *Beckenfelsen von Célan.* In der taufbeckengroßen Schale, die teilweise mit Erde verfüllt ist, steht ein Steinkreuz. Am sonnenuntergangsseitigen Fuß des Schalenfelsens ist aus dem Gestein eine wulstartig hervortretende Bank herausmodelliert; sie ähnelt den Meditationsbänken an anderen heidnischen Kultstätten.

Der Wegverlauf

Unterhalb des Parkplatzes am Ostrand des **Plage de Raguénez** zieht der weiß-rot markierte Weitwanderweg als aussichtsreicher

Blick über die Plage de Raguénez.

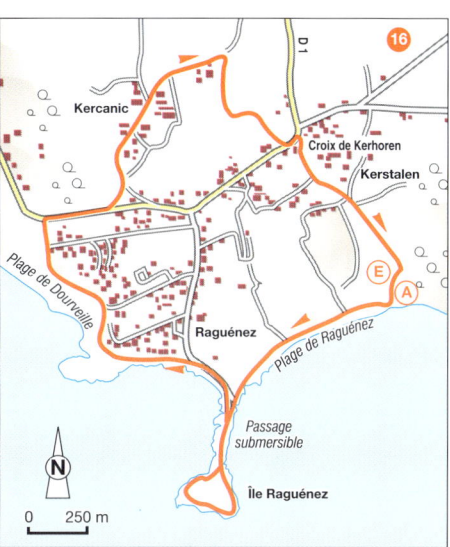

Ostsüdosten die Ile de Groix und rechts dahinter die Belle-Ile zu erkennen sind.

Auf der Ile de Loc'h im Glénan-Archipel soll einst eine Zauberin namens Gwrac'h (»Hexe«) gehaust haben, auch der Name Ile de Groix wird auf Gwrac'h zurückgeführt: die Insel der Hexe. Dieser Namensdeutung wird von anderer Seite heftig widersprochen: Der französisierte Name Ile de Groix soll nicht vom Bretonischen »Grwac'h« kommen, sondern vom Französischen »Croix«: die Insel des Kreuzes.

Nachdem die rot-weiße Markierung einen Parkplatz passiert hat, zweigt sie wieder auf den autofreien, aussichtsreichen Küstenpfad ab und zieht hinüber zur winzigen Sandstrandbucht **Plage de Dourveille**. Hier weist ein Schild rechts Richtung »Croix de Kerhoren«, die Route folgt kurz der Département-straße, biegt in die erste kleine Straße links ab und hält gleich wieder links. Wenn das Holzschild rechts auf einen stark überwucherten Grasweg weist, ignorieren wir dies, halten geradeaus, anschließend gleich rechts und durchwandern das Dörflein **Kercanic** mit seinen reetgedeckten Häusern und dem Ziehbrunnen.

Am Ende des Dorfs taucht wieder das

Pfad zwischen Wiesen und Strand westwärts. Direkt vor der Küste liegt die bei Ebbe zu Fuß erreichbare Felsinsel **Ile Raguénez**, während sich weiter im Westen die weit in die See hinausspringende Pointe de Trévignon zeigt. Sitzbänke laden zur Rast, um das Panorama zu bewundern und den bunten Segeln auf den Wellen vor dem Strand zuzuschauen.

Dort, wo der bei Ebbe passierbare Übergang zur Insel ist, wird das Gelände steiler und felsig. Bei guten Sichtverhältnissen und ablaufender Flut sind der Gang zur **Ile Raguénez** und die Umrundung der Felsinsel zu empfehlen, denn die Sicht dort ist einmalig weit: Draußen in der See zeigt sich im Südwesten der Glénan-Archipel, während im

Holzschild auf, weist bald nach rechts in aussichtsreiche Feld- und Wiesenflur und leitet hinüber zum **Croix de Kerhoren**, einem hohen Steinkreuz, das allerdings wenig stimmungsvoll inmitten eines Straßendreiecks steht. Von dort verweisen uns die Holzschilder zurück zum **Plage de Raguénez**.

Nützliche Informationen

Ausgangsort: Die nächsten größeren Städte sind Concarneau und Quimperlé.
Anfahrt/Ausgangspunkt: Von der autobahnähnlich ausgebauten N 165 Vannes – Quimper abbiegen nach Pont-Aven; von dort über Névez nach Raguénez. Ausgangspunkt ist der Parkplatz am Ostrand des Plage de Raguénez.
Einkehr unterwegs: In Raguénez und Kerstalen.
Auskunft: Office de Tourisme, Quai d'Aiguillon, 29900 Concarneau, Tel. (2) 98 97 01 44, Fax (2) 98 50 88 81; Office de Tourisme, 16 rue de Pont-Aven, 29910 Trégunc, Tel. (2) 98 50 22 05, Fax (2) 98 97 77 60.
Karte: ign TOP 25, Blatt 0620 ET Quimperlé/Pont-Aven.

17 Auf die höchsten Felsen der Schwarzen Berge

Roc'h ar Werc'hez – Bochequelen – Roc'h Toullaëron – Roc'h ar Werc'hez

Tourencharakter: Wanderung auf Pfaden überwiegend im Wald; bei Nässe können einige Feldwege matschig sein.
Beste Jahreszeit: Ganzjährig.
Weglänge: 14 km.
Anstiege: 200 Hm.
Reine Gehzeit: 4 Std.

Diese prächtige Kammwanderung führt zur aussichtsreichen Felsorgel von Toullaëron, dem höchsten Felsen der Montagnes Noires (Schwarze Berge). Die Schwarzen Berge

streichen parallel zu den Monts d'Arrées von Südwest nach Nordost und bilden zusammen mit ihnen den gebirgigen Dachfirst der inneren Bretagne.

Der Wegverlauf

Die rot-weiße Weitwanderwegmarkierung leitet vom bei »Nützliche Hinweise« näher definierten **Waldweg-Ausgangspunkt** zwischen bemoosten, efeuumrankten Eichen auf holpriger Trasse aufwärts, bis die Markierung gelber Strich rechts zur **Roc'h ar Werc'hez**, dem »Fels der Jungfrau«, abzweigt. Auf diesem aussichtsreichen Felsgipfel steht zwischen Ginsterbüschen und Brombeergerank die Statue der *Notre-Dame-des-Montagnes-Noires* (Unsere liebe Frau der Schwarzen Berge): Sie blickt in Richtung Sonnenaufgang zur Felsorgel von Toullaëron, dem höchsten Felsen der Schwarzen Berge und Ziel unserer Wanderung.

Vom Felsen geht es zurück zum Weitwanderweg, der bald den Wald verläßt und in Feld- und Wiesenflur links zu einem Sträßchen hinabführt. An diesem halten wir kurz links, bis in der ersten Kurve die rot-weiße Markierung rechts abzweigt, auf einem Pfad in eine sumpfige Senke absteigt und dann den Kamm der Schwarzen Berge erklimmt. Hier geht es ostwärts weiter, bald im sonnigen Südhang, schließlich auf einer kleinen Straße. Kurz nach dem Queren der Départementstraße zeigt die rot-weiße Markierung am Ende einer Wiese nach links hinauf, berührt (leider) noch einmal die Départementstraße und führt uns dann auf einem anmutigen Waldpfad zur **Roc'h de Toullaëron**, dem höchsten Gipfel der Schwarzen Berge (318 m laut topographischer Karte).

Diese Felsbastion mit ihren orgelpfeifenartig aufragenden, spitz zulaufenden Schieferformationen bietet einen hervorragenden Rundblick: Im Westen öffnet sich das fruchtbare Becken von Châteaulin am Lachsfluß Aulne, im Norden stehen die Monts d'Arrées, im Süden weitet sich das vom Ellé durchflossene Hügelland.

Vom Felsgipfel absteigend, hält die rot-weiße Markierung an der Verzweigung geradeaus, zieht durch die Wälder zum Hof

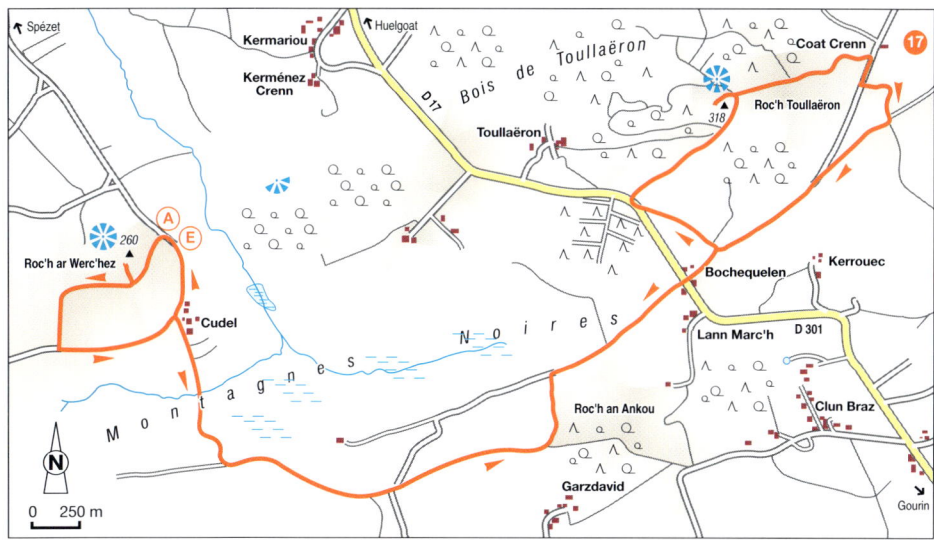

Coat Crenn, knickt hier auf dem Sträßchen rechts, zweigt gleich darauf beim Pylon links ab und mündet auf einen Matschweg. Hier wenden wir uns rechts, treffen bald auf einen staubigen Fahrweg, erreichen wieder die bekannte Route und lassen uns von der rot-weißen Markierung zum Ausgangspunkt zurückleiten.

Nützliche Informationen

Ausgangsort: Gourin (Finistère).
Anfahrt/Ausgangspunkt: Von Gourin auf der D 15 Richtung Quimper fahren; nach knapp 8 km rechts abbiegen Richtung Spézet; kurz nachdem das Sträßchen den Kamm der Schwarzen Berge überschritten hat, rechts abzweigen auf eine noch schmalere Straße; nach einer Linkskurve beim Schild »Pierres et Paysages« links in einen Waldweg einbiegen und parken. Hier ist der Ausgangspunkt der Wanderung.
Einkehr unterwegs: Keine.
Sehens- und Wissenswertes: Der Ausgangsort Gourin am Südfuß der höchsten Erhebung der Montagnes Noires ist ein großes Pferde-, Geflügel- und Rinderzuchtzentrum.
Auskunft: Comité départemental du Tourisme, 11 Rue Théodore-Le-Hars, 29104 Quimper Cedex, Tel. (2) 98 53 09 00.
Karte: ign série bleue 1:25 000, Blatt 0618 est Gourin.

18 Tristan und Isolde am Silberfluß von Huelgoat

Huelgoat – Grotte du Diable – Roche Tremblante – Grotte d'Artus – Camp d'Artus – Promenade du Fer à Cheval – Gouffre – La Mine – Promenade du Canal – Huelgoat

Tourencharakter: Wald- und Felsenwanderung; griffige Schuhsohlen sind empfehlenswert.
Beste Jahreszeit: Außerhalb der Ferienhauptsaison.
Weglänge: 8 km.
Anstiege: Gut 100 Hm.
Reine Gehzeit: 3 Std.

Der Streifzug durch die Felsenmeere von Huelgoat zählt zu den eindrucksvollsten Wanderungen im Inneren der Bretagne. Allerdings herrscht in der Ferienzeit ein derartiges Gedränge, daß die Wanderung dann kein Genuß mehr ist. Mehrere Felspassagen sind so schmal, daß ein Rucksack nicht hindurchpaßt, ohne anzuecken; wenn dann noch Hunderte von Spaziergängern durch die Passagen wollen, gibt es Staus. Es sei daher empfohlen, dieses schöne Gebiet außerhalb der Hauptsaison und möglichst nicht an Wochenenden aufzusuchen. Seinen Zauber entfaltet es nicht nur bei Schönwetter.

Tristan und Isolde in Huelgoat

Als König Marke von Cornwall seine Frau, die blonde Königin Isolde, und ihren Geliebten, den Helden, Zauberer und Drachentöter »Tantris« Tristan, vom Hof verbannte, unternahmen die beiden die berühmte Wanderung zur Minnegrotte (Liebesgrotte), wo sie sich ungestört liebten. Die Minnegrotte soll im Zauberwald von Huelgoat liegen.

Die Geschichte von *Isolde und Tristan* zählt zu den bedeutendsten Stoffen der Matière-de-Bretagne-Literatur. Sie existiert in verschiedenen Sagenvarianten und literarischen Bearbeitungen. Die genialste Fassung schuf vor 1208 der oberrheinische Dichter Gotfrit von Strasburg, der das Werk nicht vollenden wollte oder konnte und 1208, im Jahr der Straßburger Ketzerverbrennungen, spurlos verschwand.

Prinzessin Isolde segelt aus Irland ihrem künftigen Eheherrn entgegen, dem König Marke von Cornwall, den sie nicht kennt. Mit an Bord sind König Markes Brautwerber Tristan, ein Prinz aus Léon, sowie Isoldes Vertraute Brangäne. Isoldes Mutter, Königin Isolde Morgenrot, wollte, daß ihre Tochter ein glückliches Leben führt, und da die Ehen in der höfischen Gesellschaft nichts mit Liebe zu tun hatten, hatte sie Brangäne einen Minnetrank (Liebestrank) mitgegeben; diesen Trank sollte Brangäne Prinzessin Isolde und König Marke geben. Während der Überfahrt reicht eine Hofdame das Gefäß mit dem Minnetrank versehentlich Isolde und Tristan. Im Glauben, es sei Wein, trinken ihn die beiden und werden auf magische Weise für immer in Liebe verbunden.

Das Schiff erreicht Cornwall, Isolde wird mit König Marke vermählt. Als die Hochzeitsnacht anbricht, bitten Isolde und Tristan die treue Brangäne, als erste bei König Marke zu liegen. Als König Marke mit Brangäne, die er in der Dunkelheit für Isolde hält, »fertig« ist, läßt er sich Wein bringen, Brangäne zieht sich zurück, und nun »legte sich Isolde, die junge Königin, mit Seelenqual und stillem Kummer zu ihrem Herrn, dem König,

nieder; der wiederholte seine Freude und zwang sie nahe an seinen Leib. Ihm dünkte Frau gleich Frau, und auch diese fand er ganz manierlich, ihm war die eine wie die andere« (Gotfrit von Strasburg).

Königin Isolde ist ihrem Eheherrn zu Diensten, doch so sehr Isolde und Tristan ihre Liebe zu verbergen versuchen, König Marke schöpft Verdacht, läßt ein Konzil einberufen und Isolde einem Gottesurteil unterwerfen. Im härenen Hemd betritt die junge Königin das Münster von Carliûne; Ritter und Barone sind anwesend, König Marke, viel Volk, Bischöfe, Geistliche, die die Messe lesen und das Inquisitionsgericht segnen. Das Eisen, das Isolde zum Beweis ihrer Schuld oder Unschuld tragen muß, wird ins Feuer gelegt. Isolde fleht zu Gott, faßt das glühende Eisen an, und das glühende Eisen verbrennt sie nicht – Gott zeigt, daß Isolde unschuldig ist. Bei dieser Gottesurteilsszene handelt es sich um eine der typischen Zweideutigkeiten der Matière-de-Bretagne-Literatur. Königin Isolde betet nicht zu jenem Herrgott, der ein Teil des manipulierten mittelalterlichen Herrschaftssystems ist, sondern zur wahren Gottheit, und von dieser wird sie gerettet.

Auch nach dem Gottesurteil verstummen die Gerüchte über ein unstatthaftes Verhältnis zwischen Königin Isolde und Tristan nicht. Sie treffen sich heimlich, lieben sich heimlich, doch schließlich verbannt König Marke die beiden, und sie wandern in die Wildnis. Zwei Tage lang »trekken« sie durch den Wald und über die Heide, bis sie an einen wilden Berg gelangen, in dem eine Höhle ist: die Minnegrotte. Diese Höhle war in alten Zeiten bei einer Quelle und drei Linden in den Berg geschlagen worden und der Göttin Minne geweiht.

Die Wanderung zur Minnegrotte war ein schwieriges Unternehmen, der Weg war »weit, mühselig und schwer«. Es gab keinen Zugang, keinen Weg, keinen Steg. Einsam lag die Grotte in der »wüsten Wilde«, Berge standen um sie her, Felsen türmten sich, »und wer einen falschen Schritt tut, kehrt nie mehr glücklich zurück«.

Diese Grotte soll, wie gesagt, im Zauberwald von Huelgoat gelegen haben. Mal schauen, ob wir sie finden.

Oberhalb der Mare aux Fées (Feenteich) springt der Silberfluß in Kaskaden über das Blockwerk.

Der Wegverlauf

Aus der Kirche am Marktplatz von **Huelgoat** tretend, geht es rechts die Rue des Cendres hinab; unten bietet sich ein hübscher Ausblick auf den Tretboot-See, vor dessen Ausfluß rechts ein schmaler Pfad abzweigt. Hier beginnt mit dem **Chaos du Moulin** (chaos = Felsenmeer) die Felsenwelt am **Silberfluß** (Rivière d'Argent); der Fluß trägt den Namen nach dem hohen Silbergehalt der umliegenden Bleiminen, die schon den römischen Besatzern bekannt gewesen sein sollen. Bei den Felsenmeeren handelt es sich nicht um mehr oder weniger kleinblockiges Geschiebe und Geröll, sondern die rundgeschliffenen Felsen erreichen gigantische Ausmaße. »Danger de mort«, warnt ein Schild: »Wer einen falschen Schritt tut, kehrt nie mehr glücklich zurück.«

Wenn der mit gelbem Strich markierte Pfad enge Durchlässe zwischen riesigen Felsblöcken passiert hat, zeigt ein Schild links hinab zur **Grotte du Diable** (Teufels-grotte). In den Fels gehauene Stufen sowie eine schmale Eisenleiter führen hinunter in die feuchte Grotte dicht über dem Fluß, der unter den Felsen dahinrast.

Nach dem Aufstieg aus der Grotte quert die gelbe Strich-Markierung auf Felsblöcken den Fluß. Hier bietet sich ein malerischer Blick auf das ungeheuerliche Felsenchaos, das von uralten, bemoosten Buchen in exzentrischen Formen überdacht wird. **Théâtre de verdure** lautet die Bezeichnung für dieses »Theater im Grünen«.

Nun geht es – mit einigen Abstechern – immer flußabwärts, ein sehr schönes, romantisches Wegstück. Bald ist rechts **Le Ménage de la Vierge** ausgeschildert: Wer sich in die enge, kluftartige Grotte unten am Fluß zwängt, sieht in den Felsen Rinnen und Höhlungen; sie werden vom Volksmund und der Legende als Kochtöpfe, Rührlöffel und andere Werkzeuge im »Haushalt der Jungfrau Maria« interpretiert; wer das glaubt, muß sich die Jungfrau Maria als Riesin vorstellen.

Gleich bei der Grotte zweigt links ein Weg zum Salon de Thé (Einkehrmöglichkeit) ab. Oberhalb des Holzhäuschens steht im Waldhang ein gigantischer **Wackelstein** (Roche tremblante); sein Gewicht wird offiziell mit 100 Tonnen angegeben. Wackelsteine sind derart positioniert, daß sie ungeachtet ihres Gewichts durch ein leichtes Drücken an der richtigen Stelle ins Schaukeln gebracht werden können. Heute kennen »die richtige Stelle« angeblich einige Dorfjungen, die in der Hauptsaison Neugierige durch Wackeln des Steins zum Staunen bringen und sich damit ein kleines Taschengeld verdienen.

Unterhalb der Grotte und der Wackelstein-Abzweigung ist links der »Sentier des Amoureux« (Pfad der Liebenden = Tristan und Isolde) ausgeschildert. Allerdings verdient er diesen Namen nicht mehr, seit Ende der 80er Jahre Orkane den **Huelgoat** (Hochwald), den Stolz und Schmuck des gleichnamigen Dorfs, nahezu völlig abrasiert haben. Es ist daher schöner, dem Fluß auf der **Allée**

Violette weiter abwärts zu folgen. Hier stehen die alten Bäume noch, das Wasser verläßt die Blockwerkzone und plätschert munter dahin.

Unten an der Straße geht es kurz links und am ersten Weg (rot-weiß markiert) wiederum links. Der Weg folgt einem bewaldeten Bachtal aufwärts (an der Verzweigung unten geradeaus) und erreicht die **Grotte d'Artus**. Über zwei Felsblöcken im Steilhang liegt ein plattiger Deckstein. Bei Regen- und Schneeschauern bietet die Grotte Unterschlupf – ein friedlicher Ort im Rauschen der Wälder. Vor dem Eingang der »natürlichen Höhle« befindet sich ein Granitblock, in dessen Oberfläche Näpfchen und Schalen eingetieft sind, einige als Doppel- und Dreierschalen: Hier hat sich »König Artus« offenbar seine Mahlzeiten zubereitet.

Der Weg hält weiter talaufwärts, kommt an **La Mare aux Sangliers** (Wildschwein-Suhle) vorbei, einer teichartigen Ausbuchtung im kristallklaren Bach mit teilweise bizarr geformtem Blockwerk. Dann geht es

Märzschnee überzuckert die von alten Buchen geschirmten, bemoosten Granitgiganten des Felsenmeers von Huelgoat, unter dem unsichtbar der Silberfluß dahinrauscht.

hinauf zum **Camp d'Artus**; in diesem umwallten Bezirk, der als gallorömisches Oppidum (befestigter Platz) gedeutet wird, soll sich das »Lager des Artus« befunden haben. Von hier leitet die rot-weiße Markierung in entwaldetem Hochland zur Straße zurück.

Nach Queren der Straße führt uns die **Promenade du Fer à Cheval** (Hufeisen-Promenade) auf einem Waldweg hoch über dem Silberfluß dahin. Wenn der Weg wieder auf die Straße mündet, läuft man kurz an dieser entlang (rechts), ehe Stufen hinab zum **Le Gouffre** (Schlund/Abgrund) führen. Hier bildet der Silberfluß eine eindrucksvolle Kaskade, die in einem »Schlund« verschwindet. Wer auf den kleinen, geländergesicherten Absatz über dem Fluß hinabgeht, vernimmt ein eigentümliches Gurgeln. Die Sage erzählt, daß dieser Abgrund der Schlund von Dahud ist (vgl. Tour 28); in diesen Schlund riß die Prinzessin von Ys ihre Liebhaber hin-

ein. Ein Hinweisschild zeigt am gegenüberliegenden Ufer zum Fels-Belvédère, auf dem Dahud gewohnt haben soll.

Vom Gouffre folgt der schmale Weg dem unsichtbar unter Blockwerk dahinfließenden Silberfluß abwärts, bald darauf gischtet er in malerischen Kaskaden hervor und beruhigt sich dann: Hier ist **La Mare aux Fées**, der Feenteich, ein schöner Ort für eine Rast. Am Ufer steht ein alter Mühlstein.

Nach und nach entfernt sich der Weg vom Fluß, schließlich wandert man rechts hinüber nach **La Mine**, einem stillgelegten Blei- und Silberbergwerk, kurz darauf wird ein kleines Wasserkraftwerk passiert, dann beginnt die **Promenade du Canal**. Längs eines im 19. Jahrhundert angelegten Wassergrabens – das Wasser diente dem Auswaschen des silberhaltigen Bleis – leitet uns die gelbe Strich-Markierung nach **Huelgoat** zurück.

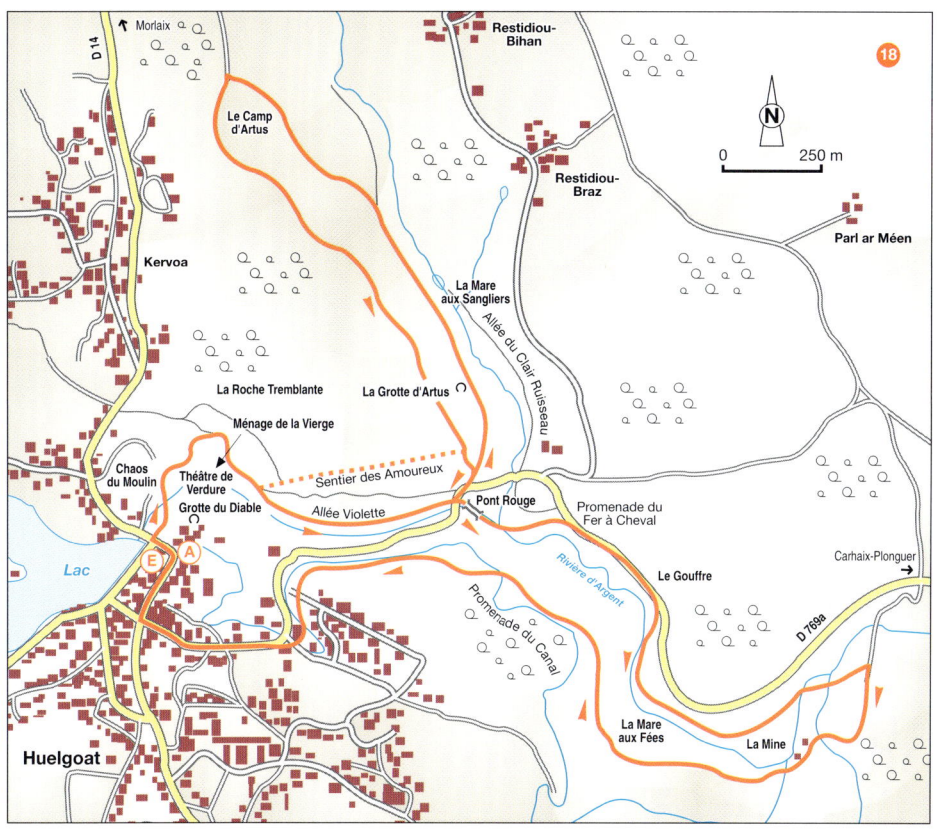

Nützliche Informationen

Ausgangsort: Huelgoat (Finistère).
Anfahrt/Ausgangspunkt: Auf Département-
straßen ab Carhaix-Plouguer (im Südosten),
Morlaix (im Norden), Quimper (im Südwe-
sten) oder Châteaulin (im Westsüdwesten).
Ausgangspunkt ist der Parkplatz auf dem
Marktplatz von Huelgoat vor der Kirche.
Einkehr unterwegs: Zahlreiche Möglichkei-
ten in Huelgoat, saisonal hat ein Salon de
Thé in der Maison de la Forêt beim Wackel-
stein geöffnet.
Auskunft: Office de Tourisme, Place
Alphonse Penwen, 29690 Huelgoat,
Tel. (2) 98 99 72 32.
Karte: ign série bleue, Blatt 0617 est
Huelgoat.

19 Kammwanderung in den Monts d'Arrée

Loqueffret – La Gare – La Noce
de Pierres – Ménez-Mikel –
Roc'h Galtz – Loqueffret

> **Tourencharakter:** Überwiegend aus-
> sichtsreiche Heide- und Waldwande-
> rung meist auf einsamen Pfaden; feste
> Stiefel sind empfehlenswert, da der
> Höhenpfad matschig sein kann.
> **Beste Jahreszeit:** Ganzjährig; auch als
> Skiwanderung geeignet.
> **Weglänge:** 20 km.
> **Anstiege:** 200 Hm.
> **Reine Gehzeit:** Gut 5 Std.

Diese Höhenwanderung im Naturpark von
Armorika führt durch die karge, aussichtsreiche, oft nebelverhangene und zuweilen ans
norwegische Fjell erinnernde Berglandschaft
der Monts d'Arrée. Diese gipfeln in 383 Metern Höhe, wobei die geschieferte Felsbastion Roc'h Trévézel und der gerundete Ménez-Kador darum wetteifern, wer von beiden die höchste Erhebung der Bretagne
markiert. Der zerklüftete Roc'h Trévézel
kann von der D785 aus (Richtung Morlaix)
in 1/4 Stunde erstiegen werden und bietet –

ebenso wie der Ménez-Kador bei Brasparts –
eine einmalige Rundschau. Ziel unserer
Wanderung ist die mächtige Kuppel des von
einer Michaelskapelle überhöhten Ménez-
Mikel: Er ist 2 Meter niedriger als Roc'h
Trévézel und Ménez-Kador, doch wie diese
beiden ein Aussichtspunkt ersten Ranges.

Höllenmoor Yeun Ellez

Die Landschaft, durch die die Wanderung
führt, ist von einer traumhaften, fast surrea-
len Schönheit. In einem weiten, nur durch
den Ausfluß des Ellez durchbrochenen Oval
umstehen die von gezackten Felsen durchbrochenen Bergrücken eine ausgedehnte
Senke, die früher von einem gefürchteten
Sumpf eingenommen wurde. In dieses *Yeun
Ellez* genannte »Höllenmoor« verlegen die
Sagen den Eingang zur Unterwelt und das
Reich der Todesgöttin Morgane-Vouivre. In
der *Dorfkirche von Brennilis* (östlich der
Senke) ist sie dargestellt: Barbrüstig liegt die
moorschwarze Morgane-Vouivre zu Füßen
der als hellhäutig dargestellten Maria und
gibt ihren Schlangenschwanz unter den
Schutzmantel der Madonna.

Die französische Atomindustrie hat die
Sage vom »Höllenmoor« auf ihre Weise
wörtlich genommen und das Moor in eine
Kernkraft-Hölle verwandelt: In der Senke
wurde ein See aufgestaut, das alte Moor ge-
flutet, am Ufer des Stausees ein Reaktor errichtet. Dieser ist schon lange wieder abge-
schaltet; die Entsorgung der atomaren Ruine
erfolgte preiswert durch Flutung; bei niedri-
gem Wasserstand taucht die Reaktorkuppel
aus dem Stausee auf. An die Stelle des Kern-
reaktors trat ein großes Wärmekraftwerk,
dessen Drähte als das harmonische und
schöne Landschaftsbild äußerst störend
empfunden werden können.

Der Wegverlauf

Vom Parkplatz vor der Kirche in **Loqueffret**
geht es am Brunnen vorbei zur Straße hinauf, nach deren Querung geradeaus in eine
kurze Gasse hinein, an der Gabelung rechts
und dann 20 Minuten auf einem meist von
Bäumen flankierten Feldweg bis zu einem
Haus namens **La Gare**.

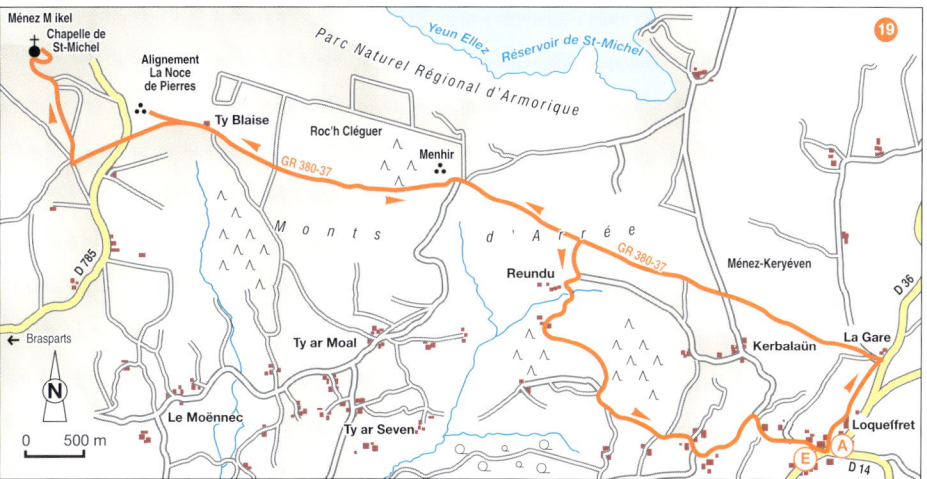

Von der Steinallee La Noce de Pierres (die Hochzeit der Steine) fällt der Blick hinauf zur aussichtsreichen Kuppe des Ménez-Mikel. Auf dem Gipfel steht eine Kapelle.

Blick auf das einstige »Höllenmoor« Yeun Ellez, wo heute eine Talsperre das Wasser staut.

Dort zweigt links der rot-weiß markierte Weitwanderweg zum Ménez-Mikel ab. Er folgt kurz einer winzigen Fahrstraße und wechselt in der ersten Kurve auf einen Pfad, der in völliger Einsamkeit durch Ginsterbestände, Heide und Gehölze pirscht. Rechts fällt das Gelände in die weite, von erhabenen Bergkuppeln, Kämmen und Felsbastionen malerisch umkränzte Höllenmoorsenke ab. Einmal läuft der Wanderpfad unter einem Drahtwirrwarr des Kraftwerks hindurch, wenig später quert er bei einem **Menhir** eine kleine Straße, zieht dann weiter durch das einsame Hochland, rechts schiebt sich die mächtige Felsbastion des Roc'h Cléguer vor die Höllenmoor-Senke, danach kommt eine Verzweigung.

Während die rot-weiße Markierung geradeaus/halb links weiterzieht, lohnt der kleine Abstecher auf dem halb rechts abzweigenden Pfad: Er führt zum schlangenförmig gewundenen Alignement **La Noce de Pierres** (die Hochzeit der Steine). Die etwa 50 niedrigen Quarzblöcke und Menhire waren früher einmal eine frevelhafte Hochzeitsgesellschaft, erzählt die Legende. Dieser trat hier oben in der einsamen Heide ein Priester mit einer geweihten Hostie entgegen, und als die Frevler nicht vor dem Priester beiseite gingen, wurden sie auf ewig in Steine verwandelt.

La Noce de Pierres ist ein angenehmer Platz für eine Rast, ehe die rot-weiße Markierung zum Schlußspurt auf den **Ménez-Mikel** ansetzt – ein wunderbarer Ort mit einmaligem Panorama. Die steinerne *Kapelle* auf dem Gipfel ist dem heiligen Michael geweiht, sie hat keinen Altar und steht leer.

Für den Rückweg ist dieselbe Route wie beim Hinweg empfehlenswert. Ängstliche Gemüter sollten die Rückwanderung rechtzeitig antreten, sonst geraten sie in die Dämmerung, und zwischen Abend- und Morgendämmerung treiben sich vielerlei Wesen aus dem Höllenmoor in der Heide herum, heißt es: Die »nächtlichen Wäscherinnen« (sie sind hager, knochig und groß und sehr stark), der »Schwarze Mann mit dem Hund«

sowie die »Weißen Männer«, die einen Sack armer Seelen über der Schulter hängen haben. Wer sich vor diesen Gestalten ängstigt (die »nächtlichen Wäscherinnen« sind als Genickbrecherinnen berüchtigt), muß dort, wo die Markierung gelber Strich nach rechts abzweigt, ebenfalls abbiegen: Der gelbe Strich verläßt die Heide, bringt uns durch einen schönen Wald und folgt dann bequemen Klein- und Kleinststraßen zum Ausgangspunkt in **Loqueffret** zurück.

Nützliche Informationen

Ausgangsort: Loqueffret; einen größeren Ort in der Nähe gibt es nicht.
Anfahrt/Ausgangspunkt: Loqueffret liegt an der Départementstraße Helgoat – Quimper. Ausgangspunkt ist der Parkplatz beim Brunnen vor der Kirche.
Einkehr unterwegs: Außer in Loqueffret keine.
Auskunft: Parc Naturel Régional d'Armorique, Ménez Meur, 29460 Hanvec, Tel. (2) 98 21 90 69.
Karte: ign série bleue, Blatt 0617 ouest Plonévez-du-Faou.

20 Am Lachsfluß Aulne

Chapelle Saint-Exuper – Aulne – Chapelle Saint-Exuper

> **Tourencharakter:** Gemütliche, touristisch kaum frequentierte, aber markierte Wald-, Feld- und Wiesenwanderung im Aulne-Tal.
> **Beste Jahreszeit:** Ganzjährig.
> **Weglänge:** 8 km.
> **Anstiege:** 100 Hm.
> **Reine Gehzeit:** 2 Std.

Die Wanderung verläuft am Fluß Aulne, der für seinen Lachsreichtum berühmt ist. Flußabwärts liegt zwischen Palmen an der Aulne-Mündung der 300-Seelen-Ort Landévennec mit dem modernen Benediktinerkloster Saint-Guénolé und einem hochinteressanten Museum auf dem Ruinen-

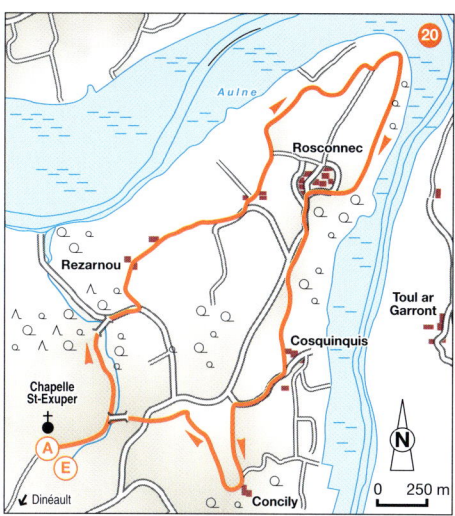

gelände der im 6. Jahrhundert vom heiligen Gwénolé gegründeten Abtei. In der alten Abtei wird das Grab des Königs Gradlon von Cornouaille gezeigt, jenes König, der in Ys herrschte, ehe die Stadt im Meer versank.

Dreimal wöchentlich Lachs

In gewaltigen Mäandern wälzt sich die *Aulne* durch das Bergland, wobei das Flußbett ab der Mündung der Douffine eine Breite von bis zu über 500 Metern erreicht. Die Einflüsse von Ebbe und Flut machen sich bis hinauf nach Port-Launay bemerkbar, wo sich ein kleiner Yachthafen befindet. Der Unterlauf der Aulne ist ein schlauchförmiges Ästuar, in dem sich Süß- und Salzwasser vermischen und in dem sich tidebedingt die Fließrichtung ändert. Wenn die Lachse im März und April zu den Laichplätzen springen, ist Angelhochsaison an der Aulne.

In früheren Jahrhunderten war der Fluß derart lachsreich, daß sich die Arbeiter von Châteaulin durch einen besonderen Passus in ihren Verträgen vor dieser Delikatesse schützen mußten: Nur dreimal wöchentlich durften die Arbeitgeber ihnen Lachs zu essen geben.

Der Wegverlauf

Die Wanderung beginnt in einer Wiesentalmulde an der einsam gelegenen **Chapelle**

Saint-Dispar = Chapelle Saint-Exuper (etwa 17. Jh.). Zu besichtigen ist die Kapelle nicht (verschlossen), doch das Äußere mit dem Glockenturm, dem Calvaire und den detailreich gestalteten Wänden von Schiff und Chor ist sehenswert. Unterhalb der Kapelle entspringt eine Quelle.

Vom Parkplatz an der Kapelle geht es auf einem grasigen Weg abwärts, vorbei an der gefaßten Quelle. Der Weg tritt in den Wald ein und hält weiter abwärts, begleitet vom Rauschen eines der Aulne zufließenden Bachs. Die Route weist stets die Markierung gelber Strich auf, während das gelbe X bedeutet, daß man auf der falschen Fährte ist. Bald verengt sich der Weg zum Pfad und pirscht durch verwilderten Wald aus Eichen, Edelkastanien, Tannen, Haselsträuchern, Birken, efeuumrankten Buchen und Stechpalmen.

Wenn das Gackern von Hühnern anzeigt,

Romantische Laubwaldpfade ziehen von der Chapelle Saint-Exuper hinab zum Lachsfluß Aulne.

daß die **Mühle von Rezarnou** nicht mehr fern ist, quert der Pfad den Bach auf einem Steg und trifft gleich darauf auf den Mühlen-Zufahrtsweg. Hier geht es aufwärts, oben an der kleinen Landwirtschaftsstraße links hinab zwischen Maisfeldern, bald mit Blick auf das breite Flußbett der Aulne, vorbei an zwei Bauernhöfen, ehe am dritten Bauernhof die Markierung gelber Strich links (!) abzweigt und durch Felder hinunter zum Ufer der Aulne führt.

Oberhalb der Uferwälder wandert man flußaufwärts, am Weiler **Rosconnec** vorbei, dann durch Gehölze und zwischen Feldern hinüber zum Hof **Cosquinquis** und weiter – stets beachten, daß die gelbe X-Markierung die falsche Route anzeigt! – zum Hof **Concily**. Dort geht es auf einem Wald- und später Feldweg sacht aufwärts, ehe nach Queren einer kleinen Straße die gelbe Strich-Markierung wieder dem einsamen Bachtal zustrebt. Nach Überschreiten einer morschen Holzbrücke links ist wenige Minuten später wieder die **Chapelle de Saint-Dispar** erreicht.

Nützliche Informationen

Ausgangsort: Châteaulin (Finistère).
Anfahrt/Ausgangspunkt: Von Châteaulin Richtung Crozon fahren, abbiegen auf die D 60 nach Dinéault, in Dinéault der Beschilderung »Picknickkorb Saint-Dispar« folgen (einen Picknickplatz gibt es dort allerdings nicht). Ausgangspunkt ist der winzige Parkplatz vor der Kapelle Saint-Dispar.
Einkehr unterwegs: Keine.
Sehens- und Wissenswertes: Châteaulin ist eine traditionelle Lachsfischerstadt mit hübschen Häusern entlang der Aulne-Kais. Die auf einer Felshöhe errichtete Chapelle Notre-Dame (13.–18. Jh.) mit umfriedetem Pfarrbezirk gewährt einen schönen Blick auf die Stadt und das Aulne-Tal.
Auskunft: Parc Naturel Régional d'Armorique (auch Information über Flußfahrten usw.), Ménez Meur, 29460 Hanvec, Tel. (2) 98 21 90 69; Accueil Rural Finistère (mit Unterkunfts-Information), 5, Allée de Sully, 29322 Quimper Cedex, Tel. (2) 98 52 48 00.
Karte: ign TOP 25, Blatt 0518 OT Châteaulin/Douarnenez.

21 Ménez-Hom – Olymp der Bretagne

Sainte-Marie du Ménez-Hom –
Hielc'h – Ménez-Hom – Sainte-
Marie du Ménez-Hom

Tourencharakter: Kleine, überaus
aussichtsreiche »Bergwanderung«.
Beste Jahreszeit: Bei klarer Sicht prinzi-
piell ganzjährig; im Winter kann Schnee
liegen.
Weglänge: 8 km.
Anstiege: 200 Hm.
Reine Gehzeit: Gut 2 Std.

Der Ménez-Hom, mit 330 Metern über NN
eine der höchsten Erhebungen der Bretagne,
ist ein Aussichtsberg vom Feinsten. In wuch-
tig-eleganter Rundung erhebt er sich sanft
zwischen der Halbinsel Crozon, der Rade
von Brest, dem Aulne-Tal und der Bucht von
Douarnenez und gewährt ein einzigartiges
Panorama.

Der Berg der Brigitte

Wie so viele steile, kuppelförmig gerundete
Berge, von denen aus sich die Schönheit, Er-
habenheit und Fruchtbarkeit einer Landschaft überblicken läßt, galt der *Ménez-
Hom* in alter Zeit als heiliger Berg. Zu Beginn des 20. Jahrhunderts wurde ein
Bronze-Köpfchen der Gottheit, die auf dem
Ménez-Hom in gallorömischer Zeit verehrt
wurde, entdeckt: Die »Göttin von Kerguilly«
hat ein jugendliches Gesicht mit übergroßen
Augen, trägt eine Kurzhaarfrisur mit Ohr-
löckchen, auf ihrem Kopf sitzt ein Helm mit
Eulenaugen, oben auf dem Helm reckt sich
ein Schwan. Archäologen haben in ihr eine
keltische Variante der römischen Minerva
erkannt, haben sie »Brigitte« genannt und
den Brigitte-Kopf im Musée de Bretagne in
Rennes ausgestellt.
  Die Brigitte (die »Erhabene«, die »Ho-
heit«) wurde in der gesamten keltischen
Welt – von Irland bis Ungarn, von Portugal
bis in die Schweiz – als Dreifaltigkeit verehrt. Die Drei bedeutete »alles«. Brigitte
sorgte dafür, daß das Land fruchtbar blieb,

sie half bei der Geburt, sie schützte die Kinder, sie war die Sonne (eines ihrer Symbole
ist das Sonnenkreuz), sie war das Wasser
(heilig sind ihr die Quellen und Flüsse), und
sie war das Feuer. Seit der Christianisierung
wird sie als »Bauernpatronin« verehrt, ihr
Fest ist der 1. Februar (keltisch Imbolc =
Frühlingsbeginn, katholisch »Lichtmeß«);
aber es gab noch viele andere Feste, die mit
ihr in Zusammenhang standen, und in Heili-
gendichtungen wird sie auch »Himmels-
königin« und »Mutter Jesu« genannt. Mariä
Himmelfahrt heißt das große Fest, das heutzutage auf dem Gipfel des Ménez-Hom alljährlich am 15. August gefeiert wird.

Der Wegverlauf

Die Wanderung beginnt an der Kapelle
Sainte-Marie-du-Ménez-Hom. Die *Kapelle*
steht in einem umfriedeten Pfarrbezirk
(1739), den dreisockligen *Calvaire* gestaltete
Jean Alonder (1544). Eine früher als wundertätig angesehene Quelle liegt wenige Minuten weiter nördlich (an der D 47), ist aber
von Gestrüpp überwuchert. Von ihrer Heil-
und Wunderkraft wissen Sagen und Legenden zu berichten.
  Den Pfarrbezirk verlassend, gehen wir
kurz an der kleinen Straße (D 47) entlang
Richtung Dinéault und zweigen nach der ersten Rechtskurve links auf einen Pfad ab, der

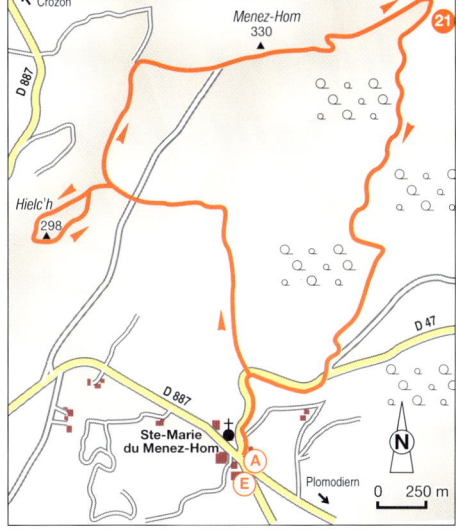

Der Gipfel des Ménez-Hom ist ein vielbesuchtes Gleitschirmparadies. Rechts unten schimmert der Lachsfluß Aulne, links hinten ist die Rade von Brest zu erkennen.

im weitgehend entwaldeten Südhang des Ménez-Hom aufwärts hält und als steil empfunden werden kann, da er der Fallinie folgt. Links rundet sich der Hielc'h, der südwestliche Vorberg des Ménez-Hom.

Nach einer knappen ½ Stunde – etwa auf der Höhe der sanften Einsattelung zwischen Hielc'h und Ménez-Hom – zweigt links ein Pfad ab, der aussichtsreich den Hang quert und auf die Ménez-Hom-Zufahrtsstraße stößt; dank des baumfreien Heidegeländes ist alles gut sichtbar. Nach Queren der Straße führt ein steiniger Weg auf die Kuppe des **Hielc'h** – ein phänomenaler Aussichtsberg, der sich ausgezeichnet für eine Rast eignet.

Unten erstrecken sich die Sandstrände im Inneren der Bucht von Douarnenez, in deren Südwestbereich die Ile Tristan vor der Stadt Douarnenez zu erkennen ist, während sich im Hinterland das fruchtbare Cornouaille weitet. Den Norden der Bucht begrenzt die Halbinsel von Crozon, die weit in den Atlantik hinausgreift und nach Süden eine zweite Halbinsel schickt, die im Cap de la Chèvre endet. Im Nordwesten zeigen sich jenseits der Rade von Brest die Hochhäuser des gleichnamigen Hafens, während im Osten die Berge und Rücken der Montagnes Noires (halb rechts) und der Monts d'Arrée stehen. Der Hielc'h ist fast ganz von Heidevegetation bedeckt, durch die Heide zieht sich im Gipfelbereich ein Steinkreis. Wie es heißt, sind diejenigen, die unversehens in diesen Kreis geraten, bis zur Dämmerung darin gebannt.

Nach Umrunden der Hielc'h-Kuppe leitet der Weg zurück in den Sattel zwischen Hielc'h und Ménez-Hom. Hier geht ein Pfad ab, der in etwa nördlicher Richtung aufwärts hält und bald auf den Weitwanderweg GR 34/GR 37 trifft: Er leitet, rot-weiß markiert, zum Gipfel des **Ménez-Hom**. Eine Panorama-Orientierungstafel benennt die Punkte im Blickfeld.

Wie auf dem Hielc'h läßt sich auch auf dem Ménez-Hom stundenlang Pause machen und schauen; obwohl eine Straße bis dicht unter den Gipfel führt, findet sich immer irgendwo ein Plätzchen, an dem man seine Ruhe hat. In den westnordwestlichen Ausläufern des Ménez-Hom soll das Grab König Markes liegen, des Königs von Cornwall = Cornouaille. Eigentlich wollte der Herrgott den König wegen dessen sündigem Lebenswandel zu ewiger Verdammnis verurteilen, aber da Marke stets die Jungfrau Maria verehrt hatte, bat diese den Herrgott, das Urteil zu mildern. Und so sperrte er den König Marke in das Grab und sagte: »Sobald Marke von seinem Grab aus den Kirchturm von Sainte-Marie sieht, wird er ins Himmelreich eingehen«.

Nach der Rast folgen wir der rot-weißen Markierung mit schönem Aulne-Tal-Blick ostwärts, vorbei an Bunkern aus der Zeit des Zweiten Weltkriegs, biegen dann mit dem Weitwanderweg rechts ab und kehren zurück nach **Sainte-Marie-du-Menez-Hom**.

Nützliche Informationen

Ausgangsort: Quimper (Finistère).
Anfahrt und Ausgangspunkt: Das Dorf Ménez-Hom liegt nördlich von Plomodiern, nordnordwestlich von Quimper, westlich von Châteaulin und nordöstlich von Douarnenez und ist von den genannten Städten jeweils auf Départementstraßen zu erreichen. Ausgangspunkt ist die Kirche Sainte-Marie-du-Ménez-Hom.

Einkehren unterwegs: Zwei Restaurants bei der Kirche von Sainte-Marie-du-Ménez-Hom , in der Hauptsaison bieten fliegende Händler am Gipfel des Ménez-Hom Erfrischungsgetränke feil.
Sehens- und Wissenswertes: Die Hafenstadt Quimper ist Verwaltungssitz des Département Finistère; den Mittelpunkt der sehr schönen, in ihrer Ursprünglichkeit erhaltenen Altstadt bildet die gotische Kathedrale Saint-Corentin. An Mariä Himmelfahrt (15. August) findet auf dem Ménez-Hom ein großes Gipfelfest statt.
Auskunft: Office de Tourisme, Place de la Résistance, 29000 Quimper, Tel. (2) 98 53 31 33.
Karte: ign TOP 25, Blatt 0518 OT Châteaulin/Douarnenez.

Die umfriedete Kirche Notre-Dame-du-Ménez-Hom mit ihrem Calvaire von 1544 bildet den Ausgangspunkt für die Panoramawanderung auf den Ménez-Hom.

22 Locronan – der Heilige und die Hexe

Locronan – Plas-ar-C'horn –
Chapelle Saint-Thélau – Croaz
Keben – Kazeg Ven – Locronan

Tourencharakter: Wanderung auf
Wegen und kleinen Sträßchen.
Beste Jahreszeit: Prinzipiell ganzjährig,
am interessantesten von Mittsommer bis
zum dritten Julisonntag.
Weglänge: 8 km.
Anstiege: Unter 200 Hm.
Reine Gehzeit: 3 Std.

Von dem Städtchen Locronan mit seinem
beeindruckenden Renaissance-Altstadtkern
führt diese Wanderung auf den Gipfel der
Montagne de Locronan, der ein atemberau-
bendes Panorama auf Cornouaille, die
Bucht von Douarnenez, hinüber zum Ménez-Hom und bis nach Quimper gewährt.

Ein wandernder Heiliger

Locronan bedeutet »heiliger Ort des Ronan«. Der *heilige Ronan* kam im 6. Jahrhundert in einem Steintrog – den wir während
der Wanderung sehen werden – von Irland
übers Meer geschwommen und ließ sich in
Locronan als Einsiedler nieder, um die Hexe
Keben zu bekämpfen. Keben (»Schlampe«)
hauste auf dem aussichtsreichen Berg, über
den unsere Wanderung führt. Mit einer Mes-
singglocke läutete Ronan zum Gebet und
bekehrte viele Menschen, sogar die Tiere
des Waldes kamen zu seiner Einsiedelei und
wurden fromm. Täglich unternahm Ronan
eine 5 Kilometer lange Wanderung (»kleine
Troménie«), jeden sechsten Tag eine 12 Kilometer lange Wanderung (»große Troménie«). Dabei wählte Ronan Routen, die ihn
zu den Stätten führten, an denen Keben ihr
Unwesen trieb.

Auf den Spuren von Ronan und Keben findet alle sechs Jahre (2001, 2007 usw.) die
berühmteste Wallfahrt der an Wallfahrten
reichen Bretagne statt. Sie heißt »*große
Troménie*«, ist 12 Kilometer lang, auf den ersten 9 Kilometern müssen die Wallfahrer
schweigend und barfuß gehen und dürfen
sich nicht umdrehen. Jeder Mensch, so heißt
es, muß die Troménie machen, um ins Paradies zu gelangen. Wer die Wallfahrt nicht
bei Lebzeiten unternimmt, ist dazu verflucht, sie als Toter zu machen, aber dann
dauert sie ziemlich lang: Der Sarg rückt täglich nur eine Sarglänge weiter.

Kampf mit Keben

Die »Schlampe« Keben wollte ihren Berg
nicht kampflos dem Ronan überlassen. Die
Legende berichtet ausführlich von den Aus-
einandersetzungen, die der Heilige und die
Hexe austrugen.

Um Ronan zu schaden, ließ Keben das
Gerücht verbreiten, Ronan sei ein Werwolf.
Um ihren Worten Nachdruck zu verleihen,
versteckte sie ihre Tochter in einem Sarg
und behauptete, der heilige Ronan habe sie
aufgefressen. Als dieses Gerücht König
Gradlon zu Ohren kam, ließ er Ronan ins
Gefängnis werfen. Doch ein Traumgesicht
offenbarte Ronan, wo sich die Tochter seiner
Feindin befand, der König schickte Boten
aus, um die Worte des Heiligen zu überprü-
fen: Tot lag Kebens Tochter im Sarg, aber
nicht aufgefressen, sondern erstickt.

Ronan erweckte Kebens Tochter wieder
zum Leben, bat den König um Gnade für Keben, zog wieder in seine Einsiedelei am Fuß
des heiligen Bergs und läutete mit der
Glocke zum Gebet. Aber Keben vertrieb ihn
ein zweites Mal. Ronan floh in die Gegend
von Saint-Brieuc, und dort starb er.

König Gradlon lud den Sarg mit dem
Leichnam Ronans auf einen Karren und
spannte zwei wilde Ochsen (oder Stiere, je-
denfalls Hornvieh), die zufällig herbeigelau-
fen kamen, davor. Eine Meile vor der Einsiedelei in Locronan blieben die klugen Ochsen stehen und wollten erst weiter, nachdem
der König das Gebiet von Locronan einschließlich des Berges feierlich der Kirche
geschenkt hatte.

Als die Ochsen schließlich an einem Freitag den heiligen Berg erreichten, stellte sich
ihnen in der Nähe des Stutensteins Keben in
den Weg. Keben wusch Wäsche. Absicht-

lich hatte sie ihren Waschtag auf den Freitag gelegt, denn: »Wer am Freitag Wäsche wäscht, versündigt sich am Blut des Herrn.« Als Keben den Leichenwagen kommen sah, hieb sie mit dem Waschbrett auf das Horn eines der Ochsen ein. Sogleich öffnete sich die Erde, spie Flammen und verschlang die Keben. Die Ochsen aber – der eine mit hängendem Horn – zogen den Leichenwagen auf den Plas-ar-C'horn (Hornplatz) genannten Gipfel des heiligen Bergs. Dort verlor der von Keben geschlagene Ochse sein hängendes Horn; wo es auf die Erde fiel, wurde Ronan beerdigt. Archäologische Funde aus gallorömischer Zeit belegen, daß auf dem Gipfelplateau gehörnte Gottheiten verehrt wurden (zur Hornsymbolik vgl. S. 80).

Der Wegverlauf

Die Wanderung beginnt auf dem großen Platz im Zentrum von **Locronan** vor der Ronan-Kirche und der Penity-Kapelle. Der kopfsteingepflasterte Platz mit seinen spätmittelalterlichen und Renaissance-Gebäuden bildet ein architektonisch einmaliges Ensemble. Die *Eglise de Saint-Ronan* (15. Jh.) und die *Chapelle du Penity* (16. Jh.) sind miteinander verbunden; in der Kapelle befinden sich das Grab des heiligen Ronan und die aus Messing gefertigte Gong-Glocke.

In der Nacht auf den 1. Mai wird auf dem Platz vor der Kirche alljährlich eine Buche gepflanzt. An Sankt Johannis (24. Juni bzw. Sonnabend danach) wird sie umgehauen und mit ihren Ästen das Sonnenwend- bzw. Johannisfeuer entzündet.

Aus der Kirche Saint-Ronan tretend, wenden wir uns links und sofort wieder links, spazieren über den Friedhof – schöner Blick auf den Chor der Kirche –, verlassen ihn, gehen analog verschiedener Markierungen rechts hinauf auf einem Weg und biegen an der Verzweigung oben am Waldrand halb links aufwärts auf einen Waldweg ab. Still zieht er durch den Wald, nimmt bald den rechts durch einen Hohlweg heraufführenden rot-weiß markierten Weitwanderweg auf, an der nächsten Verzweigung (beim Campingplatz) geht es links, bald überaus aussichtsreich in Wiesen. Dann ist bei einem Steinkreuz die kleine Fahrstraße (die sogenannte Römerstraße) erreicht, die mit sehr schönen Ausblicken zum Gipfel der **Montagne de Locronan** führt. In den Wiesen vor der *Gipfelkapelle* (geöffnet nur bei der Troménie) bietet sich eine wunderbare Sicht.

Wir folgen dem Stichsträßchen noch wenige Meter und biegen danach entsprechend der gelben Markierung rechts ab. Im bewaldeten Südhang leitet die Markierung hinab zur **Chapelle Saint-Thélau** (11. Station); Thélau wird als Heiliger der Hirsche verehrt. Nun geht es auf der kleinen Fahrstraße in aussichtsreicher Feld- und Wiesenflur ab-

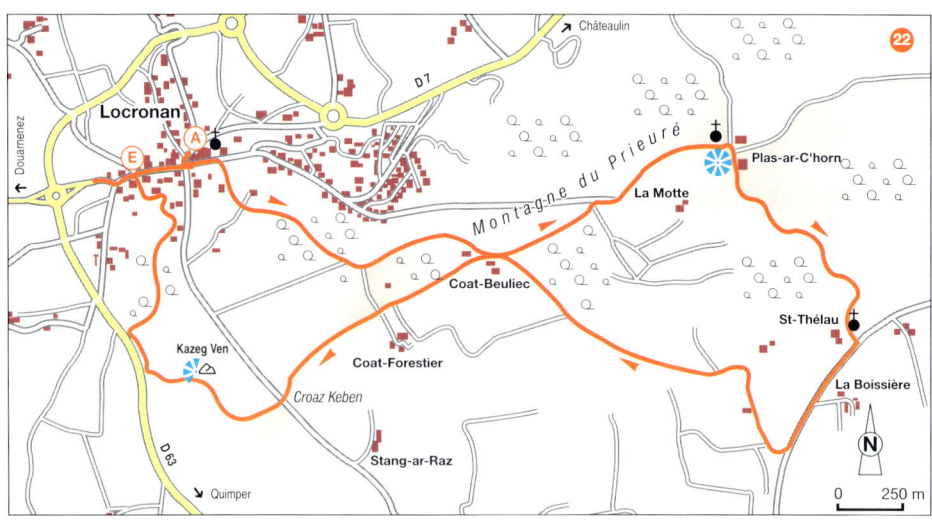

wärts, an der ersten Verzweigung rechts hinauf, auf halber Hanghöhe mit der blauen Strich-Markierung links weiter aufwärts zur bekannten römischen Gipfelstraße. Ihr folgen wir abwärts, ohne uns um Markierungen zu kümmern, und erreichen **Croaz Keben** (12. Station), das Kreuz von Keben. Hier soll Keben von der Erde verschlungen worden sein. Es ist das einzige Kreuz auf der Welt, vor dem ein Bretone nicht seine Kopfbedeckung abnehmen muß.

Gegenüber dem Kreuz öffnet sich in der Buschhecke eine Lücke. Wenn die Troménie stattfindet, ist es kein Problem, hier weiterzugehen, zu anderen Jahreszeiten kann der Weiterweg ab hier gesperrt sein (dann geht es rechts zurück nach Locronan). Im Winter schlüpft man durch die Lücke, wandert halb rechts über ein Stoppelfeld und

hält auf eine weitere Lücke in der Buschhecke am jenseitigen Ende des Feldes zu. Dort beginnt ein schmaler Graspfad. Er erreicht nach wenigen Minuten den Felsblock **Kazeg Ven**, den sogenannten Stutenstein.

Der Felsen wird auch *Kador sant Ronan* genannt: Stuhl des heiligen Ronan. Ein sehr schöner, harmonischer Ort am Waldrand mit weiter Aussicht auf die Bucht von Douarnenez. Bei dem Felsblock handelt es sich um jenes Steintrog-Schiff, in dem der heilige Ronan von Irland aus übers Meer geschwommen ist. In Locronan verwandelte sich das Schiff in den Schalenfelsen, wie er bis heute zu erleben ist. Vom Stutenstein zieht der Pfad hinab zur Départementstraße; an ihr geht es kurz rechts, dann biegt ein Waldpfad ab, der nach Locronan zurückführt.

Auch bei tiefhängenden Wolken bietet sich auf dem Rücken des Bergs von Locronan ein schöner Blick auf die Bucht von Douarnenez.

Nützliche Informationen

Ausgangsort: Locronan (Finistère).
Anfahrt/Ausgangspunkt: Ab Quimper der Ausschilderung nach Locronan über Départementstraßen nach Nordwesten folgen. Ausgangspunkt ist der Großparkplatz am westlichen Ortseingang von Locronan.
Einkehr unterwegs: Nur in Locronan.
Sehens- und Wissenswertes: Lacronan ist der wohl berühmteste Wallfahrtsort der Bretagne. Am zweiten Julisonntag findet die kleine Troménie, eine berühmte Wallfahrt, statt; alle sechs Jahre (2001, 2007 usw.) kann man die große Troménie miterleben. Am dritten Julisonntag wird die kleine Troménie ebenfalls durchgeführt, aber weniger feierlich. Zwischen diesen beiden Sonntagen machen viele Pilger die Troménie individuell, auch nachts (barfuß und schweigend).
Auskunft: Comité départemental du Tourisme, 11 Rue Théodore-Le-Hars, 29104 Quimper Cedex, Tel. (2) 98 53 09 00.
Karte: ign TOP 25, Blatt 0518 OT Châteaulin/Douarnenez.

23 Zum Stangala über dem Odet-Tal

Odet – Stangala – Odet

> **Tourencharakter:** Streckenwanderung auf Pfaden überwiegend im Wald.
> **Beste Jahreszeit:** Ganzjährig, außer bei Schneelage.
> **Weglänge:** 8 km.
> **Anstiege:** 200 Hm.
> **Reine Gehzeit:** 3 Std.

Der sonnige Stangala-Felssporn, 70 lotrechte Höhenmeter über dem Tal des Odet oberhalb von Quimper, bietet eine bestechende Aussicht. Eine faszinierende Wanderung durch die Laubwälder im Steilhang über dem Tal sowie längs des Flusses führt auf diesen sagenumwobenen Felsen. Der Name Stangala bedeutet »Teich von Eloi« (bretonisch: Stang Alar). Eloi war ein Heiliger, der von diesem Felsen aus über den Fluß sprang. Als der athletische Heilige zu diesem gewaltigen Sprung ansetzte und sich

Der von einer Kapelle überhöhte, aussichtsreiche Gipfel des Wallfahrtsbergs von Locronan heißt Plas-ar-C'horn: Horn-Platz. Archäologische Grabungen haben hier Kultstatuen gehörnter Gottheiten aus gallorömischer Zeit zutage gefördert.

Der Stangala-Felssporn hoch über dem Odet-Tal. Am Horizont rundet sich der Berg von Locronan.

vom Felsen abstieß, tat er dies mit solcher Kraft, daß sich der Abdruck seines Fußes ins Gestein eintiefte. In dieser Felsschale, in der mit viel Phantasie ein Fußabdruck zu erkennen ist, sammelt sich Wasser – das ist der »Teich von Eloi«.

Der Wegverlauf

Der Ausgangspunkt beim Sägewerk in **Odet** ist wenig einladend, aber das ändert sich so-

fort. Links der sehr schmalen Kurve zweigt bei Wanderschildern, die das Mountainbiking auf dem Pfad verbieten und »Gefahr« signalisieren, der rot-weiß und mit gelbem Strich markierte Pfad ab; dieser steigt unverzüglich in den Steilhang über dem Tal des Odet ein. Nach kurzem, recht steilem Anstieg zieht der Pfad geruhsam auf der Höhe der bewaldeten Talflanke dahin, verläuft schließlich zum Fluß hinunter und folgt seinem Ufer.

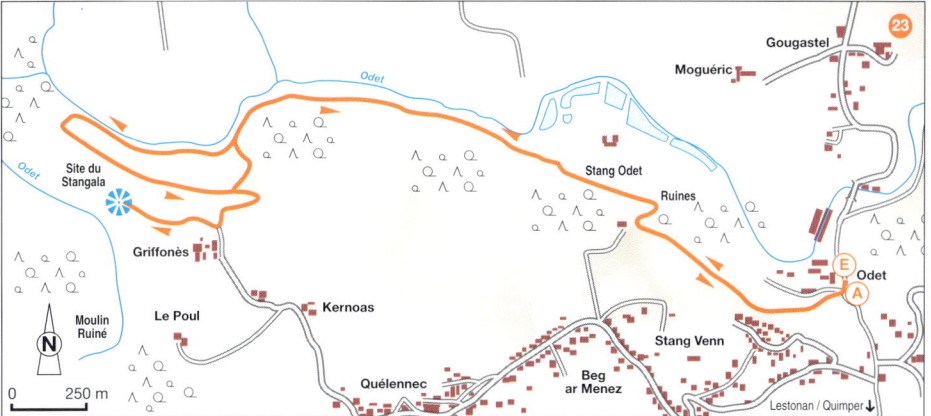

Wenig später biegt die gelbe Strich-Markierung links ab, und man erklimmt in schweißtreibendem Anstieg den **Stangala**-Felssporn, der als Naturdenkmal unter Schutz steht. Der Fußabdruck des heiligen Eloi findet sich hinten am Ende des Gehgeländes. Man kan dort schön auf den sonnigen Felsen sitzen und rasten und dem Rauschen des Flusses im Tal lauschen. Der Ausblick ist harmonisch, bewaldete Hügel verdecken die Sicht auf die Outskirts von Quimper, im Nordwesten schweift der Blick bis zum Berg von Locronan (Tour 22). Was Eloi veranlaßt hat, über den Fluß zu springen, ist nicht bekannt; vielleicht wollte er nicht hinter jener athletischen Jungfrau zurückstehen, die unterhalb von Quimper über den Odet gesprungen war; der Fels, von dem aus sie sprang, heißt Saut de la Pucelle (Jungfernsprung).

Vom Stangala kehren wir mit der gelben Strich-Markierung zurück, bleiben jedoch beim Abstieg auf dem breiten Waldweg (an der Verzweigung links), bis die rot-weiße Markierung kreuzt und (rechts) nach **Odet** zurückleitet.

Nützliche Informationen

Ausgangsort: Quimper (Finistère).
Anfahrt/Ausgangspunkt: Von Quimper auf der D 15 Richtung Ergué-Gabéric fahren; nach wenigen Kilometern links abbiegen Richtung Lestonan-Odet. In Lestonan-Ortsmitte rechts weiter nach Odet bis zum großen Sägewerk, dort ist eine ganz schmale Kurve. Parken auf dem Großparkplatz vor dem Sägewerk; hier Ausgangspunkt.
Einkehr unterwegs: Keine.
Sehens- und Wissenswertes: Die Hafenstadt Quimper ist Verwaltungssitz des Département Finistère. Mittelpunkt der sehr schönen, in ihrer Ursprünglichkeit erhaltenen Altstadt ist die gotische Kathedrale Saint-Corentin.
Auskunft: Comité départemental du Tourisme, 11 Rue Théodore-Le-Hars, 29104 Quimper Cedex, Tel. (2) 98 53 09 00.
Karte: ign série bleue 1:25000, Blatt 0618 ouest Châteauneuf-du-Faou; besser zusätzlich Karte ign TOP 25 Blatt 0519 ET Quimper.

24 Pointe de la Torche – Dünen, Quellen, Kalvarien

Nordroute: Pointe de la Torche – Plage de Tronoan – Notre-Dame de Tronoan – Chapelle de Beuzec – Pointe de la Torche;
Südroute: Pointe de la Torche – Chapelle de la Madeleine – Marais de Lescors – Plage de Porz Carn – Pointe de la Torche

Tourencharakter: Strandwanderung am Spülsaum sowie Binnenlandwanderung auf Feldwegen und kleinen Fahrwegen.
Beste Jahreszeit: Außerhalb der Sommerferien.
Weglänge: 20 km; die Wanderung ist teilbar in eine Nord- und eine Südroute.
Anstiege: 100 Hm.
Reine Gehzeit: 5 Std.

Die Pointe de la Torche ist eine aussichtsreich in gefährliche See hinausstoßende Felszunge zwischen den Dünenparadiesen an der Küste der Baie d'Audierne und der Halbinsel von Penmarc'h. Der Gipfel dieser von der See umtosten, oval-rundlichen Felsbastion trägt seit dem Megalithikum einen Dolmen in phantastischer Aussichtslage: Sonnenaufgangs- und Sonnenuntergangsblick, drinnen im Land die Türme der alten, legendenumwobenen Kirchen und Kapellen, zu denen die Wanderung führt, rechts und links an der Küste die unter Naturschutz stehenden Dünengebirge, zu deren Füßen die Tour beginnt und endet.

Seit der Weltmeisterschaft von 1983 ist die Pointe de la Torche international bekannt als Fun-Board-Revier. Wer die weißen Strände und Dünen sieht, könnte versucht sein zu baden, doch dies ist wegen der gefährlichen Grundsee und Unterströmungen verboten.

Schwarze Segel für Tristan

Auf der aussichtsreichen *Pointe de Penmarc'h* südlich der Pointe de la Torche sol-

len Tristan und die blonde Isolde gestorben sein. Tristan hatte Cornwall und König Markes Hof wegen seiner Liebesbeziehung zu Königin Isolde verlassen müssen und machte in der Bretagne die Bekanntschaft von Isolde Weißhand. Im Doppelspiel der Namen lernte er Isolde Weißhand lieben und dachte doch immer nur an die »echte« Isolde, Isolde Sonne, die blonde Königin. Tristan und Isolde Weißhand heirateten.

Als Tristan bei einem Kampf durch einen Giftspeer schwer verwundet wurde, ließ er die blonde Isolde durch einen Boten wissen, daß er im Sterben läge, und bat sie zu kommen. Königin Isolde stach unverzüglich in See und setzte weiße Segel als Zeichen, daß sie an Bord war. Unterdessen ließ sich Tristan auf die Pointe de Penmarc'h bringen; während Isolde Weißhand die Ankunft der Schiffe beobachtete, lag Tristan im Fieber. »Schwarze Segel«, berichtete Iseult aux mains blanches, als sie die weißen Segel

gesehen hatte, wohl wissend um die Bedeutung der Farben. Im Glauben, es seien
tatsächlich schwarze Segel und Königin Isolde sei nicht an Bord, verließ den vom Giftspeer Gezeichneten der Lebensmut. Tristan,
der Held, der Zauberer, der Drachentöter,
der Liebesmagier, starb. Als die blonde Königin bei Isolde Weißhand eintraf, warf sie
sich über Tristans Leichnam und folgte
ihrem Geliebten in den Tod.

Die Legenden bezeichnen nicht genau die
Stelle, an der sich die blonde Isolde und Tri-
stan im Tod vereinten, aber es soll in der
Nähe des 1897 errichteten Leuchtturms
Phare d'Eckmühl gewesen sein, dort, wo die
Kapelle steht und wo sich draußen in der
See die Menhir-Insel zeigt.

Die Messe
der Menhire

Das Felsinselgewirr südöstlich der Pointe de
Penmarc'h bietet nicht nur einen malerischen Anblick, es ist auch berühmt wegen
der versunkenen Menhire. Sie sollen bei Ebbe in einer Tiefe von 4 bis 7 Metern unter
dem Meeresspiegel sichtbar sein. Bis in die
1830er Jahre soll alljährlich eine Barken-

wallfahrt zu diesen *Unterwassermenhiren*
stattgefunden haben: Der Priester und die
Gläubigen ruderten zu den versunkenen
Menhiren, dort wurde in den Barken die heilige Messe gelesen, und der Priester segnete
die Steine.

Bulldozer
und Megalithen

Während der Wanderung sind einige wenige *Menhire* zu sehen, die meisten Megalithdenkmäler der Region allerdings sind verschwunden, nicht in sagenhafter alter Zeit,
sondern heutigentags auf ganz banale Weise: Mit Bulldozern werden die Steine zusam-
mengeschoben und in Gräben versenkt,
weil sie die Bauern beim Wirtschaften
stören. Besonders zahlreich waren Menhire
in der Umgebung der an zwei Quellen errichteten *Chapelle de la Madeleine*, zu der
die Südroute der Wanderung führt – fast alle
sind verschwunden.

Wissenschaftler haben sich die Mühe gemacht, einige der zerstörten Megalithdenkmäler wieder aus den Gräben zu ziehen, haben sie nach Saint-Guénolé transportiert
und Kromlechs, Dolmen und Alignements

*Mit aufgelösten Haaren liegt die Gottesmutter im Kindbett, am Fußende steht – schon recht groß – das
neugeborene Jesuskind, rechts nähert sich einer der Heiligen Drei Könige und überbringt seine Gabe.
Relief am Calvaire der Wallfahrtskirche Notre-Dame-de-Tronoan.*

rekonstruiert: Am Eingang des Ortes *Saint-Guénolé* wurde das sehenswerte *Musée préhistorique finistérien* (Museum der Vorgeschichte im Finistère) eingerichtet. Megalithen, gallorömische Stelen, eine *Allée couverte*, einige Eichelspitzen-Menhirlein (sie sind ziemlich klein und werden als phalloide Fruchtbarkeitsfetische gedeutet) sowie zahlreiche archäologische Funde können dort betrachtet werden.

Der Wegverlauf

Nordroute
Nach Umrunden der Felszunge **Pointe de la Torche** (bretonisch: Beg an Dorchen = Landzunge des Hügels) – hier bietet sich ein hervorragender Rundblick – gibt der Spülsaum an der **Plage de Tronoan** am Fuß der Dünen die Route vor. Es ist ein wunderschönes Wegstück im Tosen der See. Kurz vor einem düsteren Hitlerbunker, der das schöne Strandbild stört, öffnet sich rechts ein Durchlaß zwischen den unter Naturschutz stehenden Dünen, auf denen der Strandhafer weht. Hier geht es hinauf und auf der kleinen Zufahrtsstraße in offener Wiesenflur hinüber zur weithin sichtbaren Kirche von **Tronoan**. Kurz vor Erreichen der Kirche ist rechts des Wegs die zu jeder bretonischen Kirche oder Kapelle gehörige Quelle sichtbar: Das Wasser tritt ungefaßt zutage und bildet einen kreisförmigen Quellsumpf.

Kirche und Calvaire von *Notre-Dame de Tronoan* erheben sich isoliert in einem von wenigen Einzelhöfen geprägten Niemandsland, das außerhalb der Wassersportsaison als karg und einsam empfunden werden kann. Ausgerechnet hier steht der älteste (1450–1460) Kalvarienberg der Bretagne und einer der berühmtesten. Die bekannteste Gestalt des figurenreichen Calvaire ist Notre Dame: Sie liegt mit aufgelösten langen Haaren im Kindbett, einem Lager aus Weidengeflecht; während ihr Oberkörper nackt ist, ist der Unterkörper verhüllt. Rechts steht neben den Heiligen Drei Königen das Jesuskind, das schon ziemlich groß ist, links lehnt sich der Nährvater Joseph in müder Geste auf einen Stock. Das Relief befindet sich auf der Nordseite, die im christlichen Mittelalter als die »böse« Seite galt.

Von der Kirche geht es auf der kleinen Straße abwärts, dann links mit der gelben Strich-Markierung – bald zeigt sich rechts in den Feldern ein hoher Menhir – zur **Chapelle de Beuzec**. Die dem heiligen Budoc (vgl. Tour 32) geweihte, umfriedete Kapelle mit kleinem Calvaire ist ein schöner Ort für eine Rast im Gras unter alten Bäumen. Die Kapelle stammt aus dem 12. Jahrhundert; vom alten Bau ist allerdings nur der Chor erhalten, das Schiff stürzte im 19. Jahrhundert ein (erneuert). Östlich der Kapelle steht eine christianisierte *keltische Stele*.

Von der Kapelle geht es rechts weiter (Richtung »Atelier Morgane«); erst rechts, dann leiten Feldwege zurück zur **Pointe de la Torche**.

Südroute
Auf der Zufahrt zur **Pointe de la Torche** geht es kurz landeinwärts, an der ersten Straße rechts und gleich links ab auf einen Feldweg mit der Markierung blauer Strich. Der Weg durchzieht Felder und Wiesen, mündet bei einem Menhir auf eine kleine Fahrstraße, folgt ihr rechts am Campingplatz vorbei, dann zweigt die gelbe Strich-Markierung links auf einen Feldweg ab und zieht zur **Chapelle de la Madeleine** – ein angenehmer Rastplatz im Grünen.

Die Kapelle wurde im Jahr 1410 bei zwei Quellen errichtet, das moderne Kirchenfenster »Jesus und die Sünderin Maria Magdalena« schuf Jean Bazaine, einer der bedeutendsten französischen Maler des 20. Jahrhunderts.

Bei der Quelle vor dem westlichen Kapelleneingang zieht ein Pfad westwärts zu einem Feldweg. Hier geht es kurz rechts und sofort links, bald darauf an der Straße wieder links, bis beim Kapellenquellenbach die Markierung grüner Strich rechts in die Felder und Wiesen taucht. Wenn bald darauf erneut eine Verzweigung erreicht wird, gibt es zwei Möglichkeiten: abkürzend westnordwestwärts zum Strand **Plage de Porz Carn** oder aber südwestwärts durch das Sumpfgebiet **Marais de Lescors** und, immer der Markierung und Ausschilderung folgend, zum Vorgeschichtsmuseum von **Saint-Guénolé**. Von dort wandert man an der **Plage de Porz Carn** zurück zur **Pointe de la Torche**.

Auf der Pointe de la Torche.

Nützliche Informationen ⓘ

Ausgangsort: Quimper (Finistère).
Anfahrt/Ausgangspunkt: Von Quimper auf der D 785 via Pont-l'Abbé Richtung Pointe de Penmarc'h fahren und in Plomeur Richtung La Torche abbiegen. Ausgangspunkt sind die Großparkplätze vor der Pointe de la Torche.
Einkehr unterwegs: An der Pointe de la Torche, bei der Kirche Notre-Dame de Tronoan und in Saint-Guénolé.
Sehens- und Wissenswertes: Bittprozessionen: Notre-Dame de Tronoan am dritten Septembersonntag, Chapelle de la Madeleine am dritten Julisonntag, Chapelle de Beuzec am zweiten.
Auskunft: Comité départemental du Tourisme, 11 Rue Théodore-Le-Hars, 29104 Quimper Cedex, Tel. (2) 98 53 09 00.
Karte: ign TOP 25, Blatt 0519 OT Pont-l'Abbé/Pointe de Penmarc'h.

25 Das Vogelparadies am Cap Sizun

Réserve Naturelle de Goulien

Tourencharakter: Bequemer, aussichtsreicher Naturlehrpfad in Heidelandschaft über der Steilküste. Verlängerte Variante auf Küstenpfad.
Beste Jahreszeit: Wer nur der Vögel wegen kommt: Mitte April bis Mitte Juli; das Naturschutzgebiet ist vom 1. 4. bis 31. 8. geöffnet, im Sommer 10–18 Uhr, im Vorsommer 10–12 und 14–18 Uhr.
Weglänge: 1 km; längere Variante: 12 km.
Anstiege: Unter 100 Hm; längere Variante: 200 Hm.
Reine Gehzeit: 20 Min.; die erweiterte Führung dauert 3 Std.; längere Variante: 3 Std.

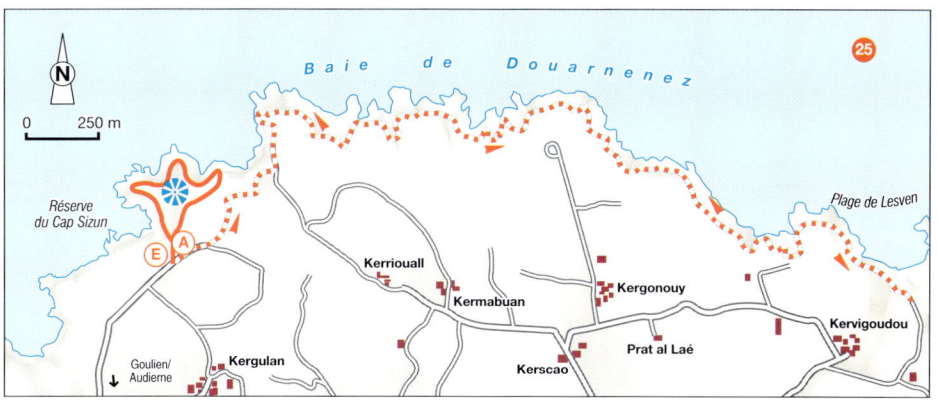

Wenn sich Anfang April Tausende von Silbermöwen, Eissturmvögeln, Krähenscharben und Trottellummen in den Felswänden und auf den Riffs vor dem Cap Sizun tummeln, öffnet das Vogelschutzgebiet »Réserve Naturelle de Goulien« seine Pforte. Schon im 19. Jahrhundert waren die Felsen über der Bucht von Douarnenez wegen ihres ungewöhnlichen Vogelreichtums bekannt; heute wird das Gebiet wissenschaftlich und ökologisch betreut und ist der Öffentlichkeit durch einen Naturlehrpfad zugänglich.

Schafe und Vögel

Als ein Straßenbauprojekt das bedeutende Nist- und Paarungsgebiet von Küsten- und Meeresvögeln zu zerstören drohte, gründeten Michel-Hervé Julien und die Société pour l'Etude de la Nature en Bretagne (Gesellschaft zum Studium der Natur in der Bretagne) 1959 das Schutzgebiet. Seit 1973 ist der Hauptteil des Geländes im Besitz des Département Finistère und somit der Zerstörung durch Investoren prinzipiell entzogen. Wären da nicht jene, die glauben, daß ihnen das Meer gehört: Die Ölverschmutzung hat dazu geführt, daß es seit 1980 keine Papageitaucher mehr im Schutzgebiet gibt, und auch der Tordalk ist verschwunden.

Heute findet man hier rund 700 Dreizehenmöwen-Paare; sie haben am Cap Sizun ihre größte Brutkolonie in Frankreich. Für die Eissturmvögel – 15 Paare – liegt das Cap Sizun an der äußersten Grenze ihres Nistgebiets. Mit 50 Paaren ist die Trottellume – ein

Alk, der tauchend fischt – gut vertreten. Zu den seltenen Landvogelarten zählen der räuberische Kolkrabe und die insektenfressende Rabenkrähe. Damit sich die beiden letztgenannten am Cap Sizun erhalten, wurde mit der Aufzucht von Schafen begonnen: Die Schafe fressen die Heide, auf den nachwachsenden Grasflächen finden die Raben ihr Futter.

Der Wegverlauf

Wer meint, daß ein Naturlehrpfad von einem Kilometer Länge in 10 Minuten abzuhaken sei, irrt: Die Naturschauspiele, die Landschaft, die Klippen und Felsriffs im Meer – das alles ist so wunderbar, daß eine Stunde das mindeste an zu veranschlagender Zeit ist. Das gilt nicht nur für die Schönwetterzeit. Auch wenn es regnet und wenn Wolken tief über See und Land ziehen, strahlt das, was auf diesem einen Kilometer zu erleben ist, einen unvergeßlichen Zauber aus.

Der ausgeschilderte Pfad ist vorgegeben, von ihm darf nicht abgewichen werden. Begleitet von Lehrtafeln, die die Flora und Fauna der Heide erläutern, zieht er sacht abwärts zu den gigantischen Felswänden über dem Meer. Die Aussicht ist einzigartig. Wer genauer hinsehen will, kann durch ein Münzfernglas die Vögel, die zu Tausenden die Felsinseln bevölkern, beobachten. Wer Fragen hat, kann sich an die Frauen und Männer der Naturschutzgebietsverwaltung wenden, die zu diesem Zweck ständig unterwegs sind.

Die Granitklippen vor dem Cap Sizun sind Rast- und Brutstätten für Zehntausende von Vögeln.

Der Pfad zieht am Rand der Felsabstürze weiter und erreicht eine Ecke mit drei langen Hölzern, die als Sitzbänke gedacht sind: ein feiner Rastort mit ausgezeichnetem Blick auf das tosende Meer. Schließlich erklimmt der Pfad eine Felsbastion mit traumhaftem Schwebe-Tiefblick durch die Felswände, an deren Fuß die Brandung schlägt. Wenig später ist wieder der Ausgangspunkt erreicht.

Wer die Wanderung verlängern will, folgt – wie auf der Karte als Variante eingezeichnet – dem Feldweg zur Steilküste hinab und biegt dort rechts auf den Küstenpfad ab. Es ist allerdings geplant, auch diesen Küstenabschnitt in das Naturschutzgebiet einzubeziehen und mit einem saisonalen Begehungsverbot zu belegen.

Nützliche Informationen

Ausgangsort: Douarnenez (Finistère).
Anfahrt/Ausgangspunkt: Das Cap Sizun ist über die D7 Douarnenez – Pointe du Van zu erreichen; bei dem Weiler Interridi ist das Naturschutzgebiet (»Réserve Naturelle«) ausgeschildert.
Einkehr unterwegs: Keine.
Auskunft: Réserve Biologique Michel-Hervé Julien, Chemin de Kérisit, 29770 Goulien, Tel. (2) 98 70 13 53; Office du Tourisme, rue Docteur-Mevel, 29100 Douarnenez, Tel. (2) 98 92 13 35.
Karte: ign TOP 25, Blatt 0419 ET Audierne/Pointe du Raz.

Lachmöwen, Kormorane und andere selten gewordene Vögel sind nicht nur am Cap Sizun, sondern auch in den Felsen an der Pointe du Raz zu beobachten.

26 Zur Pointe du Raz

Baie des Trépassés – Pointe du Raz – Port Bestrée – Lescoff – Baie des Trépassés – Pointe du Van – Baie des Trépassés

Tourencharakter: Bequeme, aussichts-reiche Wanderung durch Heideland-schaft über der Steilküste; ratsam sind feste Bergstiefel, Schwindelfreiheit und etwas Kletterkönnen.
Beste Jahreszeit: Ganzjährig.
Weglänge: 13 km.
Anstiege: 100 Hm.
Reine Gehzeit: 4 Std.

Das Gebiet um Pointe du Raz, Baie des Trépassés und Pointe du Van zählt zu den naturschönsten, kärgsten und sagenumwo-bensten der Bretagne. Es bietet einzigartige Ausblicke auf die westliche Küste. Die Ile de Sein, die Halbinsel von Crozon mit dem Cap de la Chèvre und der Pointe de Penhir, die Bucht von Douarnenez mit dem dahinter aufragenden Ménez-Hom und vieles andere Bekannte und Entdeckenswerte begleiten uns während der Wanderung in wechseln-den Perspektiven.

Bedrohtes Land

Bretonische Dickschädligkeit hat das Gebiet an der Pointe du Raz vor der Zerstörung durch die Atomindustrie bewahrt. Stur pro-testierten Bauern und Fischer gegen die Plä-ne, ausgerechnet hier ein Kernkraftwerk zu errichten. Jahrelang. 1981 schließlich mach-te Staatspräsident François Mitterrand den Baubeschluß rückgängig.

Heute drohen neue Gefahren, denn was für motorisierte Norwegen-Reisende das Nordkap ist, ist für motorisierte Bretagne-Reisende die Pointe du Raz: der äußerste

Punkt, der Ort am »Ende der Welt«. Und so stehen hier Autos, Busse und Wohnmobile zu Tausenden auf dem gebührenpflichtigen Großparkplatz. Damit Pointe du Raz, Baie des Trépassés und Pointe du Van nicht im Automobil-Tourismus ersticken, werden derzeit Grundstücke aufgekauft mit dem Ziel, das Gebiet potentiellen Touristik-Investoren zu entziehen, es in eine Art Nationalpark (»Grand Site National«) umzuwandeln und die zerstörten Orte wieder zu renaturieren. Wer gerne wandert, darf sich nicht abschrecken lassen: Pointe du Raz, Baie des Trépassés und Pointe du Van sind alles andere als »nur Tourismus«.

Die Bucht der Dahingeschiedenen

Die *Baie des Trépassés* trägt ihren Namen nach Vorgängen, die sich an Allerheiligen ereignen sollen. Dann kommen, wie die Legende erzählt, die Seelen in die »Bucht der Dahingeschiedenen« und suchen nach denen, die sie geliebt haben, als sie noch lebten. Einige Seelen sind als Lichtlein auf den Wellen zu erkennen, andere steigen aus dem Meer und wandeln in langer Prozession über die Felsen und durch die Heide zur Kapelle bei der Quelle auf der Pointe du Van, um zu beten.

In der keltischen Mythologie ist die Nacht auf den 1. November die *Samhain-Nacht*: die »Nacht der Vereinigung«. Da mit Sonnenuntergang am 31. Oktober das Sommerhalbjahr endet, aber das Winterhalbjahr erst mit Sonnenaufgang beginnt, galt diese Nacht als Nacht zwischen den Zeiten, die Nacht, die Vergangenheit, Gegenwart und Zukunft umfaßt, die Nacht, in der die Tore zwischen hüben und drüben, zwischen der Menschen- und der Anderswelt offen stehen. Feen, Tote, Lebende, Gespenster, Hexen, Heilige, Böse, Gute – wer sich vor ihnen in der Samhain-Nacht fürchtet, muß sein Haus gut verschließen.

Die Insel Sein

Vor der Pointe du Raz liegt die sagenumwobene Felsinsel Sein. »Qui voit Sein, voit sa fin«, lautet der Merkvers: »Wer Sein sieht, sieht sein Ende.« Der Vers bezieht sich ei-

Die südseitigen Flanken der Pointe du Raz mit der »Hölle von Plogoff«.

nerseits darauf, daß die Passage zwischen Pointe du Raz und Ile de Sein wegen ihrer Strömung zu den gefährlichsten vor der bretonischen Küste zählt. Andererseits bewahrt er die Erinnerung daran, daß die Insel Sein als Insel der Toten galt.

Der Name »Sein« geht ebenso wie der Name »Cap Sizun« auf den lateinischen Namen Insula Sena zurück. Der römische Schriftsteller Pomponius Mela berichtet im 1. Jahrhundert n.Chr.: Die Insel Sena ist bekannt wegen des Orakels einer gallischen Gottheit. Die Hüterinnen dieses Heiligtums sind neun Frauen, die ewige Jungfrauschaft gelobt haben. Durch ihren Gesang vermögen sie das Meer in Aufruhr zu versetzen, sie können sich in Tiere verwandeln, unheilbare Krankheiten heilen, und sie können die Zukunft voraussagen.

Man hat den Bericht des Pomponius Mela lange Zeit als Erfindung bezeichnet, doch eins kam zum andern. So erzählt der byzantinische Geschichtsschreiber Prokopios im 6. Jahrhundert n.Chr.: Im westlichen Gallien wohnt an der Küste ein Fährmann. In manchen Nächten dröhnen schwere Faustschläge an seine Hütte, er wacht auf, sieht nach: Nichts ist zu sehen, doch eine unwiderstehliche Macht zieht ihn zu seiner Barke. Er steigt ein, löst die Taue, scheinbar ist niemand im Boot, doch liegt es so tief im Wasser, als sei es voll beladen. Nach etwa 1 Stunde gelangt der Fährmann zur »Insel der Toten«, wo er eine rätselhafte Stimme hört, die die Seelen ruft. Nach und nach wird seine Barke leichter.

Der englische Geschichtsschreiber und Bischof Geoffrey of Monmouth berichtet um 1138 von einer Insel namens Avalon. Auf dieser Insel, so erzählt der kundige Bischof, wohnten neun Schwestern, von denen Morgan die schönste war. Auf diese Insel soll König Artus nach seinem Tod verbracht worden sein.

Diese und andere Übereinstimmungen oder Zufälligkeiten haben dazu geführt, daß in der Ile de Sein die sagenumwobene Insel

Avalon (Avalon = Apfelgarten) gesehen wird: Von der Bucht der Dahingeschiedenen fahren die Toten in der Barke zur Ile de Sein, in das mythische Avalon, den »Apfelgarten«, das »Paradies«.

Der Wegverlauf

Die Wanderung beginnt am Sandstrand der **Baie des Trépassés** (Bucht der Dahinge-schiedenen), die zwischen Pointe du Raz (links in Sicht) und Pointe du Van in die Si-zun-Halbinsel einschneidet. Ungehindert rollt die Brandung ins Innere der sich zum Atlantik öffnenden Bucht; jung und alt ste-hen zu Hunderten in der Brandung und tan-zen in den Wellen.

Vom Sandstrand folgen wir wenige Dut-zend Schritte der Straße pointe-du-raz-seitig aufwärts und biegen in den ersten Weg

rechts ein. Er führt an zwei einsamen Häu-sern und zwei Hitlerbunkern vorbei, mündet auf den Steilküstenpfad und zieht in karger Landschaft hinüber zur **Pointe du Raz**.

Wer die Wanderung in der Hauptsaison unternimmt, darf sich nach der einsamen Steilküstenetappe nicht erschrecken lassen: Das Faszinosum der Pointe du Raz ist nicht dort zu erleben, wo alles schwarz von Touri-sten ist, sondern in den schwindelerregen-den Felsflanken über der tosenden See – und dort kommen nicht viele hin, auch wenn ei-nige Passagen drahtseilgesichert sind. Das brüllende Meer übertönt alles, »Enfer de Plo-goff«, »Hölle von Plogoff«, wird das rasende Tosen am Südfuß des Pointe-du-Raz-Fels-sporns genannt. Über dieser »Hölle« kann man stundenlang rasten, ohne gestört zu werden. Möwen schreien, im Westen zeigen sich vor der Pointe du Raz Felsinseln, von denen einige Leuchttürme tragen, weiter draußen liegt die Insel Sein.

Von der Pointe du Raz folgen wir dem Südküstenpfad ostwärts, überschreiten an dem winzigen Hafen **Bestrée** ein Sträßchen und zweigen in der nächsten Bucht vom Küstenpfad links auf einen Weg ab, der landeinwärts in das Dorf **Lescoff** führt. Wir benutzen die Nebenstraße (die erste rechts abzweigende Straße), folgen ihr zur Hauptstraße, queren sie, halten links und biegen sofort rechts ein (Schild »Laoual«). Das stille Sträßchen führt zurück zur Bucht der Dahingeschiedenen.

Nach einer Pause in der Bucht geht es auf dem Küstenpfad nordwärts zur **Pointe du Van**. Es ist wiederum eine einsame Wanderung mit phantastischen Blicken aufs Meer und auf die Felsen hinab. Einer der interessantesten Punkte ist die Umgebung der *Chapelle Saint They*, errichtet im 15. Jahrhundert auf einem Felsvorsprung über dem tosenden Meer. Bemerkenswert sind die beiden gefaßten und mit Kreuzen bezeichneten Quellen in unmittelbarer Nähe der Kapelle; ihr Wasser soll einst als heilkräftig verehrt worden sein.

Zurück zum Ausgangspunkt an der **Baie des Trépassés** gelangt man abschließend wieder auf dem Herweg.

Nützliche Informationen

Ausgangsort: Audierne (Finistère).
Anfahrt/Ausgangspunkt: Ab Quimper bzw. Douarnenez der Richtungsangabe nach Audierne folgen. Ab Audierne gibt es nur noch eine Straße; man verläßt sie in Lescoff kurz vor der Pointe du Raz und biegt rechts zur Baie des Trépassés ab. Dort finden sich bei den beiden Hotels große Parkplätze, die als Ausgangspunkt dienen.
Einkehr unterwegs: Zwei Hotel-Restaurants am Ausgangspunkt, »Cité de Commerce« mit diversen Einkehrmöglichkeiten an der Pointe du Raz, saisonal ambulante Erfrischungsgetränke- und Café-Verkäufer an der Pointe du Van.
Auskunft: Office de Tourisme, BP 46, 29770 Audierne, Tel. (2) 98 10 12 20.
Karte: ign TOP 25, Blatt 0419 ET Audierne/Pointe du Raz.

27 Cap de la Chèvre – das Kap der Ziege

Saint-Hernot – Pointe de Saint-Hernot – Pointe du Dolmen – Cap de la Chèvre – Plage de la Palue – Kerdreux – Saint-Hernot

Tourencharakter: Aussichtsreiche Heide- und Felspfadwanderung.
Beste Jahreszeit: Ganzjährig, außer bei Schneelage.
Länge der Tour: 14 km.
Anstiege: 200 Hm.
Reine Gehzeit: 4 Std.

Durch die Heidelandschaft oberhalb der wild zerklüfteten Steilküste an der Bucht von Douarnenez führt diese Rundwanderung zum Cap de la Chèvre, dem Südkap der Halbinsel Crozon, und leitet weiter zum Sandstrand der Plage de la Palue, ehe es durch das Landesinnere ins Ausgangsdorf Saint-Hernot zurückgeht.

Am Ausgangspunkt lädt das *Musée minéralogique* zu einem gesteinskundlichen Rundgang im Gebäude der ehemaligen Schule: Die Exponate führen die geologischen und mineralogischen Reichtümer der Halbinsel Crozon vor Augen.

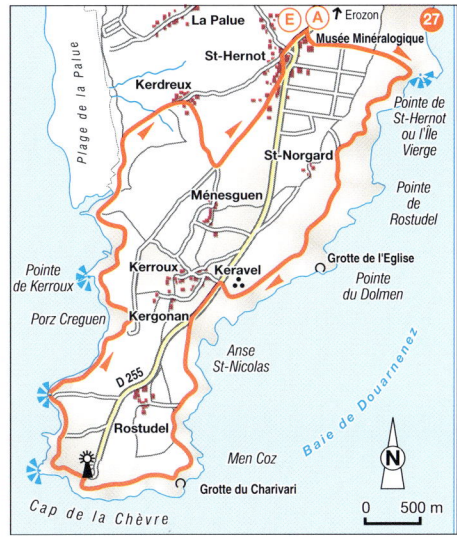

Der Wegverlauf

Ortsausgangseitig neben dem Gebäude des *Musée minéralogique* in **Saint-Hernot** zweigt ein anfangs mit gelbem Strich gekennzeichneter Weg ab (die Markierung an der nächsten Wegekreuzung nicht beachten, sondern geradeaus gehen!) und zieht einsam durch verwildernde Feld- und Wiesenflur zur Steilküste über der Baie de Douarnenez, diese an der aussichtsreichen **Pointe de Saint-Hernot** erreichend.

Mit prachtvollem Blick auf die Bucht, auf den dahinter im Osten aufragenden Ménez-Hom (vgl. Tour 21) – weiter rechts der Berg von Lacronan (vgl. Tour 22) – und auf die Küste von Cornouaille folgt der Pfad der bizarr verwitterten Steilküste südwärts, teils in Heidevegetation, teils in Gehölzen, passagenweise begleitet von Steinlesewällen, ehe die Landzunge **Pointe de Rostudel** zur Rast lädt.

Danach geht es in stetem Auf und Ab weiter oberhalb der Klippen, nach Durchschrei-ten eines kleinen, steilen Tals (mit einer Quelle) wird die **Pointe du Dolmen** passiert, in deren Felsen das Meer die Grotte de l'Eglise (Kirchengrotte) ausgewaschen hat. Der Dolmen, nach dem die Spitze benannt ist, steht bei dem gleich darauf erreichten Dorf **Keravel**.

Das Dorf bleibt rechts liegen, der Pfad weicht kurz auf die Straße aus und kehrt dann zur Küste zurück, die hier die kleine **Anse Saint-Nicolas** (Bucht von Saint-Nico-las) bildet. Wenn der stellenweise stark von Ginster überwucherte Pfad bald darauf in der Nähe einer Quelle eine efeuumrankte Ruine passiert hat, ist das eigentliche **Cap de la Chèvre** erreicht.

Man sollte nicht darauf fixiert sein, das Cap de la Chèvre dort zu suchen, wo sich neben einem Großparkplatz der weithin sichtbare Marinefunkturm reckt: Die gesamte Südspitze ist das Cap de la Chèvre, und es ist besser, sich sobald wie möglich einen aussichtsreichen Rastplatz zu suchen, als

Auf den Pfaden rund um das Cap de la Chèvre pfeift der Wind auch bei Sonne; man muß sich warm anziehen.

Von der Plage de la Palue fällt der Blick hinüber zur Pointe de Dinan mit den vorgelagerten Felsinseln und – dahinter am Horizont – zur Pointe de Pen-Hir.

damit zu warten und in Nähe des Großparkplatzes kein angenehmes Plätzchen mehr zu finden. Im Süden zeigen sich jenseits der Bucht von Douarnenez die Pointe du Van und ihr vorgelagert im Meer die sagenumwobene »Toteninsel« Ile de Sein (vgl. Tour 26).

Der nun folgende Pfadabschnitt im Bereich des Marinefunkturms und des Großparkplatzes ist »dégoûtant«, nimmt aber glücklicherweise nur ¼ Stunde in Anspruch: Die gesamte Abbruchkante oberhalb der Klippen ist mit Stacheldrahtrollen »gesichert«, damit Schwindelanfällige und Unvorsichtige nicht ins Meer stürzen. Sobald der Großparkplatz- und Funkturmbereich vorbei ist, endet das touristische Terrain, und ohne Stacheldrahtbegleitung setzen wir unseren schönen Weg durch die Heide fort: Blickfang im Nordnordwesten ist die Pointe de Dinan mit dem Felsschloß, während sich links davon die »Erbsenhaufen«-Inseln vor der Pointe de Penhir zeigen.

Etwa 1 Stunde nach Verlassen des Stacheldraht-Kaps – fast zahllos sind unterwegs die Punkte, die zu aussichtsreicher Rast laden – erreicht der Pfad die großartige Bucht **Plage de la Palue**. Sie ist zwar ein bekannter

Sandstrand, doch ist dort alles, was sonst an Sandstränden beliebt ist, verboten (wird aber trotzdem getan): Baden, Surfen, Zelten, Feuermachen usw.

Wir durchwandern nicht den ganzen Strand, sondern zweigen beim ersten Häuschen rechts auf den Zufahrtsweg ab. Er leitet hinauf in das Dorf **Kerdreux**, wo wir auf die erste Straße rechts abbiegen. Nach Verlassen des Dorfs wird aus dem Sträßchen ein Feldweg, an dessen Ende wir uns links wenden: Nach ¼ Stunde ist der Ausgangsort **Saint-Hernot** wieder erreicht.

Nützliche Informationen

Ausgangsort: Crozon (Finistère).
Anfahrt/Ausgangspunkt: Ausgangspunkt ist der Parkplatz neben dem Musée minéralogique in Saint-Hernot auf der Halbinsel Crozon an der Départementstraße von Crozon zum Cap de la Chèvre.
Einkehr unterwegs: Crêperie in Saint-Hernot.
Auskunft: Office de Tourisme, Boulevard de la Plage, 29160 Crozon, Tel. (2) 98 27 07 92.
Karte: ign TOP 25, Blatt 0418 ET Camaret/Presqu'île de Crozon.

Blick vom Felsenpfad auf die Sandstrandbucht von Morgat.

28 Panorama-Spaziergang über der Steilküste von Morgat

Site du Menhir – Plage de Postolonnec – Site du Menhir – Pointe des Grottes – Plage du Porzic – Morgat – Site du Menhir

Tourencharakter: Teilweise gesicherter Pfad/Steig über der Steilküste mit einzigartiger Aussicht.
Beste Jahreszeit: Ganzjährig, außer bei Schneelage.
Weglänge: 8 km.
Anstiege: 200 Hm.
Reine Gehzeit: Gut 2 Std.

Das Seebad Morgat an der Nordwestküste der Bucht von Douarnenez ist berühmt für seine Grotten in den in alpiner Schroffheit aufragenden Felsküsten: Die vielbesuchten Großen Grotten, darunter die spannenden Cheminées du Diable (Teufelskamine), liegen südwestlich des großen Sandstrands von Morgat, während unsere Wanderung durch die Felshöhen oberhalb der Kleinen Grotten östlich der Bucht führt.

Eine der »kleinen« Grotten ist die 80 Meter lange und 15 Meter hohe Grotte de l'Autel (»Grotte des Altars«). Ihre vor Nässe glänzenden Wände weisen eine eigentümliche Rotfärbung auf. Im Neolithikum soll sie zu kultischen Zwecken genutzt worden sein (daher der Name »Grotte des Altars«). Die Besichtigung dieser Grotte ist lebensgefährlich: Sie fällt nur bei Ebbe trocken, während bei Flut das Wasser so hoch steht, daß Boote hineinfahren können. Unvorsichtige und Unkundige haben keine Chance, wenn die Flut kommt; das Wasser schneidet den Rückweg ab.

Aus Sicherheitsgründen sei die Kraxeltour zu dieser »Mysteriengrotte« nicht beschrieben, der Zugang ist aber unschwer der Routenbeschreibung zu entnehmen. Wer es auf dem Landweg versuchen will, muß die Zeiten von Ebbe und Flut kennen und sollte zudem die Wanderkarte dabeihaben. Ansonsten ist es besser, auf dem Wasserweg mit einem Boot zur Grotte zu »wandern«. Allerdings ist dieser Panorama-Spaziergang auch ohne Besichtigung der Altar-Grotte ein einzigartiger Genuß.

Das versunkene Ys

Wer auf den Klippen von Morgat steht und über die Bucht von Douarnenez blickt, mag an die versunkene Stadt Ys denken, die

berühmteste aller bretonischen Städte: Irgendwo unter dem Meer der Bucht ist Ker-Is, »die Stadt der Tiefe«, mit ihren Mauern, Palästen und Kirchen.

Im 6. Jahrhundert ließ König Gradlon von Cornouaille die *Stadt Ys* für seine zauberhafte Tochter Dahud erbauen und sie durch Deiche und Schleusen gut gegen die Flut schützen. Den Schlüssel für die Deiche und Schleusen verwahrte der König (ein Zeichen seiner Macht). Die Menschen in der Stadt Ys lebten in Saus und Braus und voller Sünde, wie die Legende erzählt. Vergeblich versuchte der heilige Gwenolé, Ys und die le-

benslustige Dahud zum Christentum zu bekehren, und sagte schließlich voraus, das sündige Ys werde vom Meer verschlungen.

Als sich König Gradlon taufen ließ, nahm ihm Dahud den Schlüssel für die Deiche und Schleusen weg und gab ihn »ihrem besten Liebhaber, dem Teufel«. Da brachen die Deiche, und Ys versank in den Fluten. Während die Flut stieg, flohen König Gradlon und der heilige Gwenolé auf Pferden, doch Dahud eilte ihnen nach und sprang hinter Gradlon aufs Pferd. Gwenolé sah, daß das Pferd mitsamt König und Tochter zu versinken drohte, und berührte Dahud mit

Bunte Segel beleben die See am Fuß der Felsküste von Morgat.

seinem Priesterstab: Dahud stürzte vom Pferd und versank in den Fluten, während sich Gradlon (er verlegte die Hauptstadt des Königreichs Cornouaille nach Quimper) und der heilige Gwenolé (er wurde Bischof) retten konnten.

Dahud, die auch Ahès und Morgane genannt wird, ist versunken, aber nicht tot: Sie lebt im Meer und in der Erinnerung der Menschen, Fischer sehen sie zuweilen inmitten eines Schwarms großer Fische. Auch Ys ist versunken, aber nicht tot: Hin und wieder sind im Meer die starken Mauern, die Paläste und Kirchen von Ys zu sehen, und das traurige Geläut der Glocken dringt aus den Wellen. Ys war so prächtig und schön, daß die größte Stadt Frankreichs nach Ys benannt ist: »Par-is« bedeutet »gleich Ys«. Aber Paris ist nur dem Namen nach »gleich Ys«, daher geht die Sage: Wenn Paris untergeht, wird das echte Ys wieder auftauchen.

Der Wegverlauf

Schon am Ausgangspunkt **Site du Menhir**, einem kleinen Parkplatz unweit eines Menhirs, öffnet sich ein überwältigendes Panorama auf Morgat mit der von bunten Segeln belebten Sandstrandbucht sowie auf die Bucht von Douarnenez. Wir folgen dem markierten Steilküstenpfad zunächst links,

der Ausschilderung »Plage de Postolonnec« entsprechend. Bald laden Sitzbänke zur Rast, eine Panorama-Orientierungstafel benennt die Orte im Blickfeld, Kletterfreudige und Schwindelfreie können sich auf die lotrecht zum Meer abstürzenden Felsen wagen und finden Aussichtslogen ersten Ranges. Sicherheitsabsperrungen gibt es nicht. Mit einzigartiger Aussicht zieht der Pfad durch die Heide, gelegentlich spenden Kiefern und Felsen ein wenig Schatten.

Nach der Rast am weiten Sandstrand **Plage de Postolonnec** geht es auf demselben Pfad zurück, aber am Ausgangspunkt geradeaus weiter Richtung Morgat. Die Felsszenerien können hier als dramatischer empfunden werden als die in Richtung Plage de Postolonnec. Schließlich führt ein steiler Stufensteig hinab zu einer von Felsen und der Brandung umkesselten Kiesstrandbucht: Auch dies ist ein schöner Platz für eine Rast. Man kann sich in den Schatten der östlichen Felswand zurückziehen und aufs Meer hinausschauen, kann dem Schreien der Möwen lauschen und die Brandung gegen die Klippen schlagen hören, während draußen die Segelboote übers Wasser flitzen.

Nach der Rast in dieser namenlosen Kiesstrandbucht steigen wir wieder die Stufenanlage hinauf und setzen oben den Spaziergang auf dem Küstenpfad fort. Das Gelände wird nun passagenweise leicht ausgesetzt,

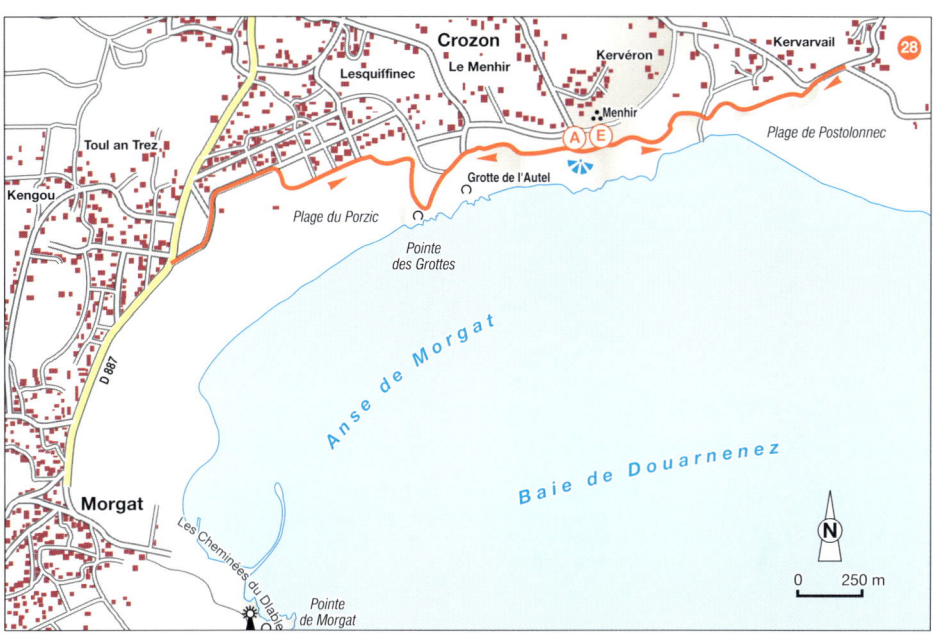

Auch bei ablaufendem Wasser ist die Kraxelei zur Altar-Grotte gefährlich. Die mittlere Hochwasser-marke ist rechts an den Felsen als schwarzer Flutstreifen erkennbar.

wer schwindelanfällig ist, kann sich bergsei-
tig an einem Zaun festhalten, dann tauchen
urplötzlich wieder Morgat und die Bucht
von Morgat auf, während sich rechts in der
felsigen Halbinsel jenseits der Plage du Porzic erneut eine Grotte zeigt.

Wir folgen dem Pfad hinab zur **Plage du
Porzic**, umgehen die Grottenhalbinsel und
erreichen **Morgat**, wo es Einkehrmöglichkei-
ten jeder Art gibt. Der Rückweg zur **Site du
Menhir** erfolgt auf derselben Route wie der
Hinweg.

Nützliche Informationen

Ausgangsort: Morgat (Finistère).
Anfahrt/Ausgangspunkt: Morgat ist vom
Landesinneren auf Straßen Richtung Crozon
zu erreichen. Ausgangspunkt ist der Panora-
ma-Parkplatz Site du Menhir; er ist in
Morgat an der Durchgangsstraße ausge-
schildert.
Einkehren unterwegs: Zahlreiche Möglich-
keiten in Morgat.
Auskunft: Office départemental du
Tourisme, 11 rue Théodore-le-Hars, 29104
Quimper Cedex, Tel. (2) 98 53 09 00.
Karte: ign TOP 25, Blatt 0418 ET
Camaret/Presqu'île de Crozon.

29 Château de Dinan – das Schloß der Zwerge

Pointe de Dinan – Pointe de Lost
Marc'h – Pointe de Dinan

Tourencharakter: Aussichtsreiche
Heide- und Felspfadwanderung über der
Atlantikküste. Für die Felswanderung
zum Château sind feste Stiefel mit
rutschfesten Sohlen empfehlenswert.
Beste Jahreszeit: Ganzjährig, außer bei
Schneelage.
Weglänge: 11 km.
Anstiege: 200 Hm.
Reine Gehzeit: 3 Std.

Die aussichtsreiche Pointe de Dinan mit
ihren Felstoren und Kletterfelsen und dem
sagenumwobenen Château de Dinan ist tou-
ristisch weniger besucht als die Pointe de
Penhir, steht ihr jedoch an Schönheit und
Wildheit kaum nach. Von ihr führt die
großartige Wanderung längs der Steilküste
zur Plage de la Palue und durch das Landesinnere zurück.

Vom Strand von Kerségénou aus zeigt sich die Felsbrücke, die zum »Schloß der Zwerge« führt.

Ein mächtiger Menhir wacht über der Plage de la Palue.

Die listigen Zwerge

Die Sage, die vom *Felsschloß* erzählt wird, ist ein wenig eigenartig. Einst, so heißt es, trieben auf der Halbinsel Riesen ihr Unwesen. Sie fraßen Schiffbrüchige und ertrunkene Matrosen und führten sich wie Strandräuber auf. Eines Nachts, so heißt es, fingen die Riesen Streit an mit den Zwergen, die in der Felsburg an der Pointe de Dinan lebten. Sie überfielen die Zwerge, aber diese verbargen sich in den Höhlen, zündeten große Feuer aus Tang und Seegras an, so daß die Riesen nichts mehr sehen konnten, und als die Riesen blind vor Rauch in den Höhlen herumtappten, verschlossen die Zwerge die Höhleneingänge mit Felsen – das war das Ende der Riesen.

Der Wegverlauf

Vom Parkplatz vor der **Pointe de Dinan** leitet ein breiter, steiniger Weg zwischen Heidevegetation aufwärts (halb links in Verlängerung der Stichstraße), von Anfang an mit

prachtvoller Aussicht: Links (im Süden) läßt sich die Wanderroute nach Lost Marc'h überblicken, im Süden der Halbinsel zeigt sich das Cap de la Chèvre (mit dem wuchtigen Marinesignalturm), halb rechts davon sind in der Ferne die Küste von Cornouaille und die Pointe du Raz mit den vorgelagerten Leuchttürmen und der Ile de Sein zu erkennen. Nach und nach öffnet sich auch die Aussicht nach Nordwesten, wo die Pointe de Penhir mit den vorgelagerten Tas-de-Pois-Felsinseln den markantesten Blickfang setzt. Die umfassendste Rundschau erwartet uns auf dem höchsten Punkt der unter Naturschutz stehenden Pointe de Dinan, 64 Meter über dem Meer.

Von hier führt ein Pfad über den Klippen sacht abwärts. Deutlich ist der »Burg«-Charakter des **Château de Dinan**, wie die nordwestliche Felszunge der Pointe de Dinan genannt wird, zu erkennen: Die Burg ist durch eine schmale, natürliche Felsbrücke mit dem Festland verbunden; unter der Felsbrücke tost das Meer, während das Château aus Felszinnen, -türmen, -pfeilern und -wän-

den besteht (Klettergebiet). Abwärts haltend gelangt der Pfad an schöne (Rast-)Felsen, von denen aus sich das Château gut überblicken läßt. Hier wäre es möglich, steil abzusteigen zum Pfad, der über die Felsbrücke führt, aber da die Pointe de Dinan mit ihrer kargen, erosionsgefährdeten Vegetation unter Naturschutz steht, sollte die Kraxelei unterbleiben.

Ein Pfad hält wenige Minuten ostwärts, bis ein anderer links in die Felsflanke abzweigt, bequem zur Felsbrücke und über sie hinüber auf die Felsburg führt. Wer durch die Felsen klettert, findet Aussichtstürme und Rastplätze vom Feinsten. Über die Felsbrücke verlassen wir die Burg der Zwerge wieder, gehen geradeaus, treffen erneut auf den Heidepfad über den Klippen und kehren zum Parkplatz zurück.

Während bisher fast jeder Hinweis gefehlt hat, ist der weitere Verlauf der Route ausgeschildert: Der gelb markierte Küstenpfad zieht in sachtem Auf und Ab grob südwärts, meist zwischen Heidevegetation, während rechts unten die Brandung an die Klippen schlägt. Immer wieder finden sich kleine Sandstrände, aber das Baden ist gefährlich und aus gutem Grund verboten.

Nach etwa ½ Stunde ab Parkplatz zeigt sich links in der Heide ein übermannshoher *Menhir*, wenig später ist die **Pointe de Lost Marc'h** erreicht. Sie gewährt einen vorzüglichen Blick auf die Plage de la Palue (vgl. Tour 28). Auf der Pointe de Lost Marc'h gab es in vorgeschichtlicher Zeit einen umwallten Bezirk; zwei Abschnittswälle sind noch zu erkennen.

Von der Pointe de Lost Marc'h geht es hinüber zum großen **Menhir**. Wer diesen eindrucksvollen Langstein von Norden aus betrachtet, sieht im Hintergrund die Wellen ans nahe Ufer branden, aber die Geräusche des Meeres sind fast völlig verstummt. Vom Menhir sind es nur wenige Minuten zum Weiler **Lost Marc'h**, wo eine Crêperie zur Rast lädt.

Danach wandern wir vom Menhir aus auf einem sandigen Heideweg nordwärts. Am

In Heidevegetation leitet der Pfad von der Pointe de Dinan zur Plage de la Palue.

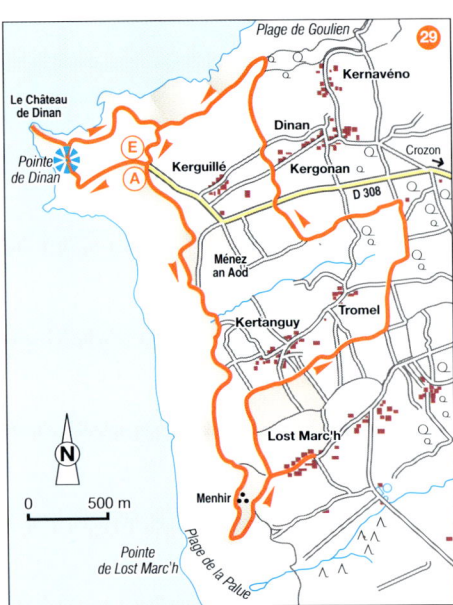

29

30 Fels-Faszination Pointe de Pen-Hir

Pointe de Pen-Hir – Alignement de Lagatiar – Pointe de Pen-Hir

Tourencharakter: Aussichtsreiche Heide- und Felswanderung über der Steilküste; festes Schuhwerk ist empfehlenswert.
Beste Jahreszeit: Ganzjährig, außer bei Schneelage.
Weglänge: 7 km.
Anstiege: 200 Hm.
Reine Gehzeit: 2 Std.

Wegweiser, der bald darauf weithin sichtbar der Heide enträgt, geht es geradeaus (!), bald rechts kurvend und immer der Markierung gelber Strich folgend. Sie umgeht ein Bachtal, verläuft durch Wäldchen und Heideland, quert schließlich die Pointe de Dinan-Zufahrtsstraße und leitet zur Bucht von Dinan zurück. An der Küste links, und der Ausgangspunkt, die **Pointe de Dinan**, ist wieder erreicht.

Nützliche Informationen ℹ

Ausgangsort: Camaret-sur-Mer (Finistère).
Anfahrt/Ausgangspunkt: Man nimmt die Küstenstraße und umfährt die Bucht von Dinan. Ausgangspunkt ist ein kleiner Parkplatz am Ende einer zur Pointe de Dinan führenden Stichstraße südlich von Camaret-sur-Mer.
Einkehr unterwegs: Crêperie in Lost Marc'h.
Auskunft: Office de Tourisme, Quai Toudouze, 29570 Camaret-sur-Mer, Tel. (2) 98 27 93 60.
Karte: ign TOP 25, Blatt 0418 ET Camaret/Presqu'île de Crozon.

Von den Wiesen der Pointe de Pen-Hir fällt der Blick auf die gleichnamige Bucht.

Die Landzunge Pointe de Pen-Hir ist die großartigste Fels-und-Meer-Landschaft der westlichen Festland-Bretagne. An einigen Stellen herrscht Massentourismus, aber das Gelände ist so naturschön und weitläufig, daß dieser selbst in der Sommerferienhauptsaison kaum stört. Stiefel mit griffigen Sohlen vorausgesetzt, ist die Wanderung ein Hochgenuß, da sich dann auch zahlreiche Abstecher durch die in alpiner Kühnheit aufragenden Felsflanken durchführen lassen. Vom kleinen Atlantikschlacht-Museum führt die Wanderung zur Pointe de Pen-Hir und anschließend durchs Landesinnere zum Alignement du Lagatiar bei den Ruinen des früheren Hauses des symbolistischen Dichters Saint-Pol-Roux.

Atlantikwall

Das *Musée Mémorial Merchant Navy* (Atlantikschlacht-Museum) in einem deutschen Bunker am Ausgangspunkt erinnert daran, daß die Pointe de Pen-Hir nicht immer ein Paradies für Spaziergänger, Wanderer und Kletterer darstellte. Im Zweiten Weltkrieg war sie in den »Atlantikwall« einbezogen, jenes System von Befestigungen, das Hitler-Strategen an der französischen, belgischen und niederländischen Küste errichten ließen, um Europa in ein uneinnehmbares KZ zu verwandeln. Der »Atlantikwall« wurde am ersten Tag der alliierten Großlandung in der Normandie 1944 durchbrochen. Ein Denkmal auf der Pointe de Pen-Hir erinnert

an die Bretonen, die ihr Leben ließen, als sie
für die Befreiung ihrer Heimat von den Truppen des SS-Regimes kämpften.

Der Wegverlauf

Vom **Atlantikschlacht-Museum** zieht der
aussichtsreiche Heidepfad über der grandiosen Steilküste südwärts und erreicht die
Pointe de Pen-Hir mit dem *Bretonen-Denk-
mal* als markantem Orientierungspunkt. Der
Blick schweift auf die **Tas de Pois** (»Erbsenhaufen«), wie die vorgelagerten Felsinseln
genannt werden, und auf die Pointe de
Saint-Mathieu, vor der sich weit draußen im
Meer die Ile d'Ouessant zeigt.

Nach Passieren des Denkmals sind unten
in den Felsflanken mehrere Pfade zu erkennen; es gibt keine Ausschilderung, man muß
nach Gefühl und Sicht gehen: noch ein
Stück links, dann in Serpentinen abwärts, bis
La Salle Verte (»der Grüne Saal«) erreicht
ist, eine Höhle bei einem grasbedeckten Absatz. Dieser einsam gebliebene Ort bietet einen malerischen Blick auf die Tas de Pois.

Von der Salle Verte geht es wieder hinauf
und nun immer mit einzigartiger Aussicht an
der Abbruchkante entlang, bald oberhalb
der Anse de Pen-Hir. Der Blick fällt hinüber
zur Pointe de Dinan mit dem »Schloß der
Zwerge«, während weiter südlich das Cap
de la Chèvre zu sehen ist und sich halb
rechts dahinter am Ende der Küste von Cornouaille die Pointe du Raz sowie die Ile de
Sein zeigen. Sobald der Pfad einen Weg erreicht, folgen wir diesem links in den Weiler
Pen-Hir, durchschreiten ihn (geradeaus),
treffen dahinter auf einen Heideweg und
zweigen von diesem bei den ersten Häusern
links zum Ausgangspunkt ab.

Interessant ist zuletzt der ½stündige Abstecher zum **Alignement de Lagatiar**, einer Art
»Klein-Carnac«. Dazu folgen wir dem Küstenpfad nordwärts und biegen nach 10 Minuten rechts zu den *Menhiren* ab. Von den
ursprünglich etwa 700 übermannshohen
Langsteinen, die hier im Neolithikum in
mehreren Reihen aufgerichtet wurden,

*Felsturm in der Brandung an der Pointe de Pen-Hir.
Sie ist ein bekanntes Kletterrevier.*

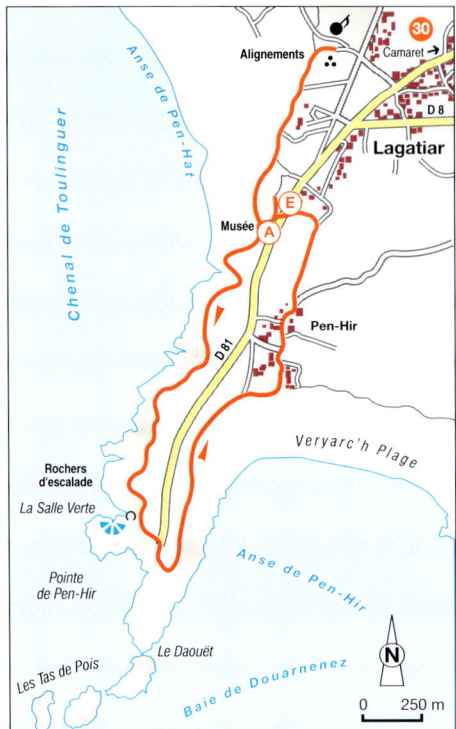

Alignements
Camaret →
30
D 8
Lagatiar
E
Musée
A
Pen-Hir
Anse de Pen-Hat
Chenal de Toulinguer
D 81
Veryarc'h Plage
Rochers d'escalade
La Salle Verte
Pointe de Pen-Hir
Anse de Pen-Hir
Les Tas de Pois
Le Daouët
Baie de Douarnenez

0   250 m

Pointe de Penhir fahren. Ausgangspunkt ist der Parkplatz am Musée Mémorial Merchant Navy (Atlantikschlacht-Museum).
Einkehr unterwegs: Keine.
Sehens- und Wissenswertes: Wer am 11. September kommt, kann in Camaret an der Kapelle Notre-Dame-de-Rocamadour die Sühne-und-Bitt-Prozession mit Segnung des Meeres miterleben.
Auskunft: Office de Tourisme, Quai Toudouze, 29570 Camaret-sur-Mer, Tel. (2) 98 27 93 60.
Karte: ign TOP 25, Blatt 0418 ET Camaret/Presqu'île de Crozon.

31 Saint-Mathieu – das Kloster am »Ende der Welt«

Saint-Mathieu – Pointe de Saint-Mathieu – Trémeur – Le Gibet des Moines – Saint-Mathieu

stehen noch etwa 99. Es wird behauptet, das Alignement sei eine astronomische Anlage zur Beobachtung von Sonnenständen gewesen; bewiesen ist das nicht.

Neben dem Alignement stehen auf einer Anhöhe die eindrucksvollen Ruinen des **Manoir du Coecilian**. Dort lebte ab 1907 zurückgezogen der aus Marseille stammende symbolistische Dichter Saint-Pol-Roux, ein Wegbereiter des Surrealismus. 1940 trieben Hitlersoldaten den 79jährigen aus dem Manoir und erschossen ihn und seine Tochter Divine in Brest.

Begleitet vom Tosen der Brandung kehren wir von den Menhiren zum Ausgangspunkt beim **Atlantikschlacht-Museum** zurück. Wer die Wanderung abends unternimmt, kann einen prachtvollen Sonnenuntergang über dem Meer erleben.

Nützliche Informationen ℹ️

Ausgangsort: Camaret-sur-Mer (Finistère).
Anfahrt/Ausgangspunkt: Von Camaret-sur-Mer südsüdwestlich auf der D 8 Richtung

Tourencharakter: Aussichtsreiche Heide- und Felswanderung über der Steilküste; festes Schuhwerk ist empfehlenswert.
Beste Jahreszeit: Ganzjährig, außer bei Schneelage.
Weglänge: 8 km.
Anstiege: 100 Hm.
Reine Gehzeit: 2 Std.

Die Ruinenschönheit des einstigen Klosters Saint-Mathieu sowie das Tosen der See an der Steilküste sind die grandiosen Höhepunkte dieser Wanderung am »Ende der Welt«. Auf bretonisch heißt das Kap »Penn ar Bed« = Ende der Welt; nach der lateinischen Übersetzung dieses bretonischen Namens wird das westlichste Département der Bretagne Finistère genannt.

Notre Dame du Bout du Monde

In der *Marienkapelle* neben der alten Abtei wurde jahrhundertelang die *Statue »Unsere liebe Frau vom Ende der Welt«* verehrt.

Heute ist nur noch eine allerdings lebensgroße Fotografie vorhanden, das Original der aus dem 16. Jahrhundert stammenden Statue steht in der Kirche von Plougonvelin.

An den Wänden der Kapelle ist eine fotografische Dokumentation von etwa 30 Objekten des »bretonischen kulturellen Erbes« aus der Umgebung ausgestellt: Kapellen, heilige Quellen, keltische Kreuze. Wer sich die Mühe macht, diese Orte aufzusuchen – sie sind auf einer Übersichtskarte in der Kapelle verzeichnet –, gelangt an einige interessante Plätze.

Der wohl merkwürdigste ist die *Quelle bei der Landkapelle Saint-Jean.* Während die in einen Bauernhof einbezogene Kapelle als unangenehm empfunden werden kann (häßlich, verwahrlost, es stinkt), entspringt die Quelle ein Stück weiter oben im Grünen. Sie hat die in der Bretagne übliche Quellfassung mit gemauertem Quelltopf, Statuennische und Steinkreuz erhalten. Während bei nahezu allen frei zugänglichen Quellen des Landes die Statuen aus den Nischen entwendet sind, ist sie hier noch erhalten: eine ellbogenhohe, archaisch wirkende Figur der Notre Dame mit Kind.

Das Haupt des Evangelisten Matthäus

Der französische Name »Pointe de Saint-Mathieu« erinnert daran, daß im *Kloster Saint-Mathieu* lange Zeit der Schädel des Evangelisten Matthäus aufbewahrt wurde. Matthäus war ein Zöllner, wurde einer der Zwölf Apostel und soll das Matthäus-Evangelium aufgeschrieben haben; in Äthiopien, Ägypten oder Persien soll er das Martyrium erlitten haben.

Als bretonische Seefahrer im 6. Jahrhundert während einer Reise, auf der sich viele wundersame Dinge ereignet haben sollen, in ägyptischen Gewässern kreuzten, erschien ihnen der heilige Matthäus und bat sie, seine Leiche aus dem Land der Ungläubigen in ein christliches Land zu verbringen und in geweihter Erde zu bestatten. Durch eine List gelang es ihnen, den Ungläubigen das Haupt des Evangelisten zu entwenden, und sie segelten damit in die Bretagne. Kurz vor Erreichen der Küste wäre das Schiff beinahe an einer Felsinsel zerschellt, doch auf wunderbare Weise öffneten sich die Felsen, unversehrt gelangte die Reliquie an Land. Als der bretonische König Salomon I. von

In der Ruine der ehemaligen Klosterkirche am »Ende der Welt«.

Le Conquet
Kermergant
Trovern
Kerarchleuz
31
Plougonvelin
Trémeur
D 85
Kerouman
St-Marzin
Le Gibet
des Moines
Kerveur
Gaudina
Pridic
Kerautret
Grève de Keryunan
Vaéré
E
St-Mathieu
A
Abbaye
Ruinée
N
Pointe
de St-Mathieu
0   250 m
Les Rospects

diesen Begebenheiten hörte, begab er sich ans »Ende der Welt« und nahm das Haupt des Evangelisten persönlich in Empfang.

Als Klostergründer gilt der heilige Tanguy. Dieser hatte seine Schwester, die heilige Eode, ermordet; um diese Bluttat zu sühnen, gründete er das Benediktinerkloster Saint-Mathieu. Während der Französischen Revolution wurde die Abtei aufgehoben, auch der Schädel ging damals verloren.

Der Wegverlauf

Vom Parkplatz bei der **Ruine des Klosters Saint-Mathieu** geht es durch die Rue des Moines hinüber zur **Kapelle Notre-Dame-de-Grace** und zu den imposanten Überresten der Benediktinerklosterkirche **Saint-Mathieu** am Ende der Welt (Loc Mazé Penn ar Bed). Sie ist der Rest eines im 6. Jahrhundert gegründeten Klosters. Es wurde dicht an den

Klippen errichtet, doch die See hat ihm weniger geschadet als Unverstand: Nach der Französischen Revolution diente das Kloster als Steinbruch, noch im Jahr 1864 wurde der benachbarte *Leuchtturm* (kann bestiegen werden: Rundblick) aus den Steinen des Klosters erbaut. Heute steht die Kirchenruine als historisches Denkmal unter Schutz.

Auch ohne die Ersteigung des Leuchtturms bietet sich an der Pointe de Saint-Mathieu und während der Weiterwanderung auf dem Küstenpfad eine prachtvolle Aussicht: Im Südwesten zeigen sich die Pointe de Pen-Hir und das Cap de la Chèvre an der Spitze der Halbinsel von Crozon, im Süden sind die Pointe du Raz und die vorgelagerte Ile de Sein zu erkennen.

Nach etwa 1 Stunde verlassen wir den Küstenpfad und lassen uns von der Markierung rote Scheibe durch Wiesen und Felder und kleine Weiler zum Ausgangspunkt zurückleiten. Die auf der Karte namentlich eingetragenen Orte entpuppen sich als Höfe bzw. Ansammlungen weniger Häuser, eine Einkehrmöglichkeit gibt es nicht.

Kurz bevor der Ausgangspunkt wieder erreicht ist, zeigt sich **Le Gibet des Moines** (»der Galgen der Mönche«). Es handelt sich um zwei gallische Stelen mit Kreuzen. Dann ist man wieder beim **Kloster Saint-Mathieu** angelangt.

Nützliche Informationen

Ausgangsort: Brest (Finistère).
Anfahrt/Ausgangspunkt: Auf der D 789 von Brest nach Westen, zuletzt abbiegen Richtung Pointe de Saint-Mathieu. Ausgangspunkt ist der Parkplatz bei der Klosterruine Saint-Mathieu beim gleichnamigen Dorf.
Einkehr unterwegs: In Saint-Mathieu.
Auskunft: Office de Tourisme, Place de la Liberté, 29200 Brest, Tel. (2) 98 44 24 96.
Karte: ign TOP 25, Blatt 0417 ET Brest/ Pointe de Saint-Mathieu.

Bei der Kapelle Saint-Jean tritt eine Quelle zutage, die früher als wundertätig angesehen wurde.

32 An der Aber-Küste bei Ploudalmézeau

Penfoul – Pointe de Landunvez – Chapelle Saint-Samson – Plage de Trémazan – Penfoul

Tourencharakter: Aussichtsreiche Heidewanderung über der Steilküste.
Beste Jahreszeit: Ganzjährig, außer bei Schneelage.
Weglänge: 18 km, Hin- und Rückweg auf derselben Route.
Anstiege: 100 Hm.
Reine Gehzeit: 5 Std.

Diese aussichtsreiche Steilküstenwanderung führt zur Pointe de Landunvez im Nordwesten der Bretagne. Kennzeichen dieser Küste sind die fjordähnlich ins Land einschneidenden Ria-Täler, die hier die keltische Bezeichnung »Aber« tragen. Es handelt sich um Flußtäler, die beim Abschmelzen der Gletscher nach dem Ende der letzten Eiszeit von der See überflutet wurden. Heute bilden sie oft malerische Buchten, in denen sich tidebedingt die Fließrichtung ändert: Bei auflaufender Flut fließt das Wasser auf einer Strecke von Dutzenden von Kilometern »quellwärts«. Die bekanntesten Abers sind der Aber Wrac'h mit dem gleichnamigen Badeort, der Aber Benoit mit den Dünen von Corn-ar-Gazel und der Aber Ildut. Zahlreiche Badeorte säumen die Aber-Küste.

Küste der Legenden

Die Aber-Küste wird als »Küste der Legenden« (Côtes des Légendes) bezeichnet. Der bekannteste Heilige der Gegend ist der heilige Budoc, dessen Legende in der *Kirche von Ploudalmézeau* (sie hat eine Außenkanzel von 1741), dem Ausgangsort der Wanderung, dargestellt ist. Azénor, Budocs Mutter, war eine Prinzessin von Léon. Sie heiratete einen Häuptling namens Judual, und alles hätte gutgehen können, hätte nicht ihre Schwiegermutter sie mit abgrundtiefem Haß verfolgt. Als Azénor schwanger wurde, beschuldigte die Schwiegermutter sie, ein ehebrecherisches Verhältnis zu unterhalten, und

Der Wanderpfad an der Aber-Küste.

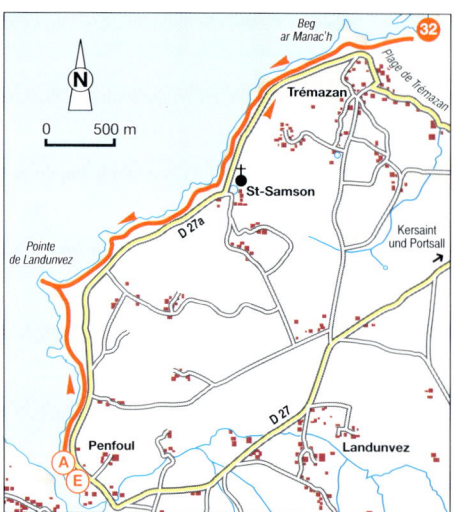

redete so sehr auf Judual ein, bis dieser es glaubte.

Azénor wurde vor ein geistliches Gericht gestellt und dazu verurteilt, bei lebendigem Leibe verbrannt zu werden. Einer göttlichen Eingebung folgend, ließen die geistlichen Richter Milde walten und verfuhren mit Azénor in der Art der Hexenprüfungen: Schwimmt sie, ist sie schuldig und wird verbrannt; geht sie unter, ist sie unschuldig, ertrinkt und kommt in den Himmel.

Das hölzerne Faß, in dem die schwangere Azénor eingeschlossen und ins Meer geworfen wurde, versank nicht und zerschellte auch nicht an den Felsen. Es schwamm weit fort, und alle gingen davon aus, daß Azénor ertrinken würde. Doch es kam anders, denn Azénor war unschuldig und fromm. Fünf Monate lang trieb sie im Faß auf den Wellen, betete zur heiligen Brigit (vgl. S. 117), vergab denen, die sie in diese Lage gebracht hatten, und wurde auf wunderbare Weise von einem Engel ernährt; auch die Geburt ihres Kindes, das sie Budoc (»der Ertränkte«) nannte, verlief ohne Komplikationen.

Zwei Tage nach der Geburt wurden Faß, Mutter und Säugling an Land gespült, und zwar an der Aber-Küste am heutigen Badeort Porspoder (wenige Kilometer südlich des Ausgangspunkts). Die Mönche, die sie am Ufer fanden, unterrichteten unverzüglich den Bischof von Dol, dieser benachrichtigte Häuptling Judual – der längst eingesehen hatte, daß Azénor unschuldig war – von diesem Wunder, und Judual schloß glücklich seine Frau und seinen Sohn in die Arme – welch Happy-End! Budoc aber wurde ein großer Heiliger und Bischof von Dol. Ehe er sein Amt als Bischof antrat, unternahm er eine Reise nach Jerusalem und brachte viele Reliquien mit, darunter den heiligen Gral.

Der Wegverlauf

Unser Ausgangspunkt, der Parkplatz bei **Penfoul**, liegt in einem dünenartigen Gelän-

de über einer winzigen Aber-Bucht; jenseits der Bucht zeigen sich die Felsen der Landspitze Pointe du Coq. Der rot-weiß markierte Pfad zieht über der Steilküste nordwärts, draußen in der See liegen die Felsinseln der **Roches d'Argenton**, und bald ist die weit in die Wellen hinausstoßende, aussichtsreiche Landzunge **Pointe de Landunvez** erreicht – ein schöner Rastplatz.

Der rot-weiß markierte Weitwanderpfad zieht weiter über der wildzerklüfteten Küste, die allerdings nicht die monumentalen Höhen der Côte Sauvage der Belle-Ile oder der Felsflanken an der Pointe de Penhir erreicht. Die nächste markante Station ist die **Chapelle Saint-Samson**, neben der ein altes

Steinkreuz steht. Unterhalb der Kapelle entspringt – nur wenige Meter über dem Meeresspiegel – die bei nahezu jeder bretonischen Kapelle obligatorische Quelle.

Nach der Rast an der Quelle geht es auf dem Pfad weiter nordwärts, immer deutlicher ist das Felsinselgewirr der **Rocher de Portsall** zu erkennen, und bei klarer Sicht zeigt sich weiter draußen die Ile d'Ouessant. Die Portsall-Felsen haben traurige Berühmtheit erlangt, als 1978 der Öltanker »Amoco Cadiz« auflief: Eine verheerende Ölpest war die Folge. Schließlich erreicht der Pfad die **Plage de Trémazan** in der Bucht des Badeorts **Portsall**.

Der Rückweg erfolgt auf derselben Route.

Nur wenige Meter über der mittleren Hochwasserlinie entspringt unterhalb der Kapelle Saint-Samson eine Süßwasserquelle. Dies ist ein schöner Rastort neben einem Felsen im Grünen.

Nützliche Informationen

Ausgangsort: Die nächstgelegenen größeren Orte sind Ploudalmézeau sowie Saint-Renan (im Landesinneren) und Brest (im Südosten).
Anfahrt/Ausgangspunkt: Von Süden auf der D 27 nordwärts Richtung Landunvez fahrend, zweigt man in Penfoul links auf die Route Touristique ab. Ausgangspunkt ist der erste Parkplatz über den Klippen.
Einkehr unterwegs: Keine.
Auskunft: Office de Tourisme, Place de l'Eglise, 29830 Ploudalmézeau, Tel. (2) 98 48 11 88.
Karte: ign TOP 25, Blatt 0416 ET Plouguerneau/Les Abers.

Côtes d'Armor – Küsten und Wälder des Nordens

Der Name »Côtes d'Armor« für das Département im Norden der Bretagne charakterisiert die natürlichen Gegebenheiten nur unzureichend: Das Gebiet besteht nicht nur aus »Küsten am Meer«, sondern reicht auch weit in das Landesinnere hinein. So vereint der Norden der Bretagne phantastische Küstenwanderungen ebenso wie faszinierende Wald- und Schluchtwanderungen.

Im Wassersport, Seebad- und Automobiltourismus sind die Küsten des Nordens seit langem ein Begriff, hier führen einige der bekanntesten »Corniches« (Küstenstraßen) Frankreichs entlang, aber auch aus der Wanderperspektive hat diese Region einiges zu bieten. Die Corniche de l'Armorique im Westen erschließt den Küstenabschnitt zwischen Morlaix und Saint-Michel-en-Grève; dieser Teil wird auch als »Goldener Gürtel« (Ceinture dorée) und »Heidekraut-Küste« (Côte des bruyères) bezeichnet; zu seinen großartigsten Orten zählt die Pointe de Primel (Tour 33). Östlich der Corniche de l'Armorique erschließt die Corniche Bretonne die einzigartige »Küste des rosa Granit« (Côte de granit rose); der Zöllnerpfad zwischen Saint-Guirec und Perros-Guirec führt durch die bizarre Felsenwelt dieser rosa Granitküste (Tour 34). Die »Smaragdgrüne Küste« (Côte d'Emeraude) zwischen dem Sandstrand-Seebad Le Val-André und dem Austernfischerhafen Cancale markiert den östlichen Abschluß der Steilküste; an der Côte d'Emeraude liegen unter anderem die bekannten Hafenstädte Dinard, Saint-Malo und – an der tief ins Land schneidenden Rance – Dinan, die Touren 37 und 38 erschließen die faszinierende Landschaft an Cap Fréhel und Pointe du Grouin. Ein Rest der von Sturmfluten zerschlagenen Felsküste ist die Insel des Mont Saint-Michel (Tour 40) im Watt an der Grenze zwischen Bretagne und Normandie.

Doch nicht nur die Küstenregion, auch das waldreiche Landesinnere lädt zu hervorragenden Wanderungen ein. Im Grenzbereich zwischen Côtes d'Armor und Morbi-

han locken die Wälder am Lac de Guerlédan, dem bekanntesten Wassersportsee der Bretagne (Tour 12). Ein wunderbarer Spaziergang erwartet den Wanderer in den Wäldern der Corong-Schlucht (Tour 35), nicht ganz so bequem sind die Pfade in der phantastischen Blavet-Schlucht, in der der Fluß unter Blockmeeren verschwindet (Tour 36). Die Wanderung 39 auf den aussichtsreichen Mont Dol führt durch das einst sumpfige Bruchland, in dem vor über 1000 Jahren das erste Erzbistum der Bretagne errichtet wurde.

Kapelle an der Küste des rosa Granits, der vielleicht bekanntesten Landschaft der Côtes d'Armor.

Granitpyramide mit wackelsteinartigem Aufsatz an der Pointe de Primel. Deutlich zu erkennen ist das »natürliche« Rot des Granits oberhalb der mittleren Hochwasserlinie; darunter ist der Granit grau.

33 Pointe de Primel – Felsfestung am Meer

Primel-Trégastel – La Salle Verte –
Pointe de Primel – Primel-Trégastel

> **Tourencharakter:** Felsige Kurzwanderung auf Pfaden.
> **Beste Jahreszeit:** Ganzjährig, außer bei Schneelage; es ist am günstigsten, die Wanderung bei ablaufender Flut zu beginnen.
> **Weglänge:** 5 km.
> **Anstiege:** 100 Hm.
> **Reine Gehzeit:** Gut 1 Std.

Die von enormen Felsburgen in Rot-Grau-Schattierungen akzentuierte Pointe de Primel ist als Naturschutzgebiet ausgewiesen und zählt zu den schönsten und aussichtsreichsten Plätzen an der Côte des bruyères, der »Küste des Heidekrauts«. Das Naturschutzgebiet ist recht klein, und ent-

sprechend kurz fällt die Wanderung aus, doch das tut dem Erlebniswert keinen Abbruch: Es ist eine Sandstrand-Bade- und Felswanderung von atemberaubender Schönheit.

Der Wegverlauf

Vom Parkplatz am Ortsrand von **Primel-Trégastel** – links weitet sich der Sandstrand von Trégastel – geht es kurz auf einem Sträßchen kapwärts, dann zweigt bei der Naturschutzgebiet-Übersichtstafel die rot-weiße Weitwandermarkierung links auf den Küstenpfad ab. Die Übersichtstafel weist darauf hin, daß sich seit dem Mesolithikum (8000 v. Chr.) Menschen an den Felsburgen der Pointe de Primel aufgehalten haben.

Von Anfang an öffnet sich eine bestechende Aussicht: Über die von bunten Segeln belebte Anse du Diben mit ihren Stränden und dem Badeort Le Diben hinweg schweift der Blick auf das Felsinselgewirr vor der Pointe du Diben, während sich in der Ferne die

Ile de Batz und die anderen Inseln vor der Pointe de Bloscon beim Cork- und Plymouth-Fährhafenort Roscoff zeigen. Nach einer Weile taucht rechts vorn auch das Ziel der Wanderung auf: das mächtige Felskap Pointe de Primel aus rotem Granit.

Immer wieder malerische Ausblicke gewährend, kurvt der Graspfad rechts hinauf und betritt eine fast allseits von roten und grauen Granitbastionen umschlossene Wiesenmulde, die **La Salle Verte** genannt wird: der Grüne Saal. Hier soll im Mittelalter ein Bauwerk gestanden haben.

Nach Durchschreiten der grünen Mulde überklettert der Pfad einen Bergrücken: Hier öffnet sich ein prachtvoller Blick auf die Na-

deln, Granitbuckel, Klippen und Riffs, die vor der Küste in Schwärmen aus der See tauchen. Der Pfad durchzieht eine Wiese (links ein winziger Badestrand) und hält auf eine felsige Anhöhe zu, die riegelartig vor der Pointe de Primel steht. Das Steinhäuschen auf der Felshöhe heißt **La Cabane des Douaniers** (die Zöllnerhütte).

Hat der Pfad den Rücken der Felshöhe erklommen, bietet sich ein überwältigendes Panorama; dies ist ein hervorragender Ort für eine Rast. In die Felsen auf dem gesamten Rücken haben vorgeschichtliche Menschen Hunderte von Schalen und Rinnen gehöhlt.

Von der Felshöhe hält die rot-weiße Weit-

Die am weitesten in die See stoßende Felsbastion der Pointe de Primel ist nur bei Ebbe erreichbar.

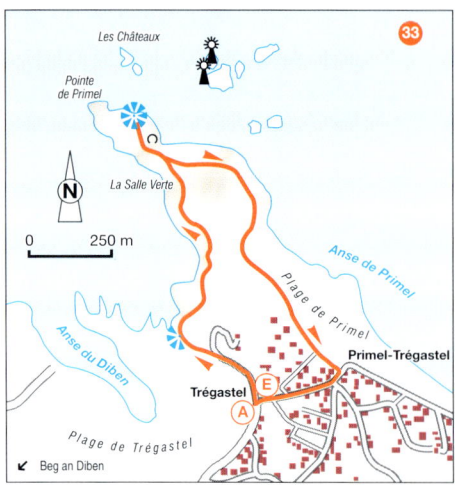

34 Ploumanac'h – Träume in rosa Granit

Saint-Guirec – Perros-Guirec – Saint Guirec

Tourencharakter: Bequeme Strecken-wanderung entlang der Küste.
Beste Jahreszeit: Ganzjährig; beste Tageszeiten vormittags und nachmittags.
Weglänge: Mindestens 10 km.
Anstiege: 100 Hm.
Reine Gehzeit: Mindestens 3 Std.

Diese Wanderung erschließt einen der ein-drucksvollsten Küstenabschnitte der gesam-ten Bretagne. An der »Küste des rosa Gra-nits« zwischen Ploumanac'h und Perros-Guirec jagt eine Bizarrformation in Fels die andere. Um diesen Fels-Thriller richtig ge-nießen zu können, ist es von Vorteil, die Wanderung nicht in der Ferienhauptsaison zu unternehmen.

Saint-Guirec

Der Badeort Saint-Guirec ist nach dem gleichnamigen Heiligen benannt. Eine berühmte *Guirec-Statue* steht in einem ka-pellenähnlichen Bau aus dem 12. Jahrhun-dert unweit des Ausgangspunkts; sie ist die Nachfolgerin einer Holzstatue, die von den unverheirateten Frauen der Umgebung bis zur Unkenntlichkeit mit Nadeln zerstochen wurde.

Wie Ronan und andere Heilige kam Gui-rec in einem Steintrog übers Meer ge-schwommen (aus Wales). An der Küste des rosa Granits gefiel es ihm gut, denn es waren viele Heiden zu bekehren; er ließ sich nie-der und wurde der Schutzheilige von Perros. Als Guirec gestorben war, wurde eine Holz-statue von ihm angefertigt, und die Nase dieser Statue zog wie magisch die unverhei-rateten Frauen der Umgebung an. Sie sta-chen Nadeln in die Nase: Blieb die Nadel

wandermarkierung abwärts und verläuft durch eine Wiese zu einer querenden Kluft. Bei entsprechendem Wasserstand kann sie durchschritten werden, dann ist auch die bis zu 45 Meter aufragende Granitzunge der **Pointe de Primel** erreichbar.

Der Weitwanderpfad hält sich nun an die Ostküste der Pointe de Primel und erreicht bei der Sandstrandbadebucht **Plage de Primel** den kleinen Ort **Primel-Trégastel**. Auf der Durchgangsstraße geht es zurück zum Ausgangspunkt.

Nützliche Informationen

Ausgangsort: Morlaix (Finistère).
Anfahrt/Ausgangspunkt: Von Morlaix auf der D 46 nordwärts nach Plougasnou fahren und weiter nach Trégastel. Ausgangspunkt ist der Parkplatz am Ortseingang von Primel-Trégastel.
Sehens- und Wissenswertes: Die Stadt Morlaix am Mündungstrichter des gleich-namigen Flusses hat eine lebhafte, schöne Altstadt. In der Maison de la Reine Anne (16. Jh.), einem der typischen Laternenhäu-ser von Morlaix, logierte Anne de Bretagne während ihrer Wallfahrt zu den Heiligen ihrer Heimat.
Einkehr unterwegs: In Primel-Trégastel.
Auskunft: Office de Tourisme, Place des Otages, 29600 Morlaix, Tel. (2) 98 62 14 94.
Karte: ign série bleue, Blatt 0615 ouest Taulé/Carantec.

Schalenstein mit Rinne
an der Küste des rosa Granits.

stecken, so konnte die Glückliche sicher sein, binnen Jahresfrist von einem guten Mann geehelicht zu werden; fiel die Nadel ab, so mußte sie sich noch ein wenig gedulden. Nachdem die Nase zerstochen war, wurden auch die anderen Teile der Statue bis zur Unkenntlichkeit durchlöchert. Schließlich ersetzte man die hölzerne Statue durch eine aus Granit.

Warum die Felsen rot sind

Granit kommt in verschiedenen Färbungen vor. Grau, gelblich, rötlich, bräunlich und bläulich sind die verbreitetsten Schattierungen. Daß die Küste des rosa Granits eine so auffällige Rotfärbung zeigt, ist dem Erzengel Michael zuzuschreiben, wie die Legende berichtet.

Ein irischer Heiliger predigte einst an den damals noch grauen Felsen den Heiden das Christentum, doch diese interessierten sich nicht dafür. Um größeren Eindruck zu machen, erzählte der Gottesmann daraufhin von den Wundern, die der Erzengel Michael zu bewirken imstande sei, aber die Heiden lachten ihn nur aus. Da schnitt sich der Heilige in den Daumen und ließ ein wenig Blut auf die Felsen tropfen. Im selben Augenblick erschien der Erzengel Michael in den Wolken und färbte mit dem Blut die ganze Küste rot. Die Heiden staunten: Die graue Küste war rot. Solche magische Akte konnten ihre Priester nicht bewirken, und sie waren nun überzeugt, daß das Christentum mächtiger sei als ihr alter Glaube, gingen hin und ließen sich taufen. Dieses Wunder soll sich am Cap Fréhel zugetragen haben, doch am schönsten zu erleben ist die Rotfärbung an der Küste des rosa Granits.

Der Wegverlauf

Die Wanderung beginnt an der malerisch von Felsen umkesselten Sandstrandbadebucht **Plage de Saint-Guirec**. Hier nimmt der auto- und fahrradfreie **Sentier des Douaniers** (Zöllnerpfad) seinen Anfang und gibt bis Perros-Guirec die Route vor.

Vom Sandstrand zieht der Zöllnerpfad nordwärts, durchquert ein Gehölz, dann öffnet sich fast unvermittelt die Küste des rosa Granits – ein überwältigender Anblick. Auch nur die wichtigsten Felsformationen aufzählen oder gar beschreiben zu wollen, würde zu weit führen – man sollte mindestens einen halben Tag für die Wanderung einplanen.

Vom Zöllnerpfad zweigen zahlreiche kleine Pfade ab, auf denen sich die Felsen erkunden lassen, außerdem gibt es Dutzende schöner Orte für eine Rast. Die meisten Felsen tragen Unsinnsnamen, die man sich nicht merken muß: »Holzschuh«, »Schildkröte«, »Hase« usw. Ziemlich am Anfang, noch vor dem Leuchtturm, steht zwischen den Felsen eine namenlose, verschlossene *Kapelle* (Foto S. 159). Oberhalb der Kapelle steht der eindrucksvolle »Pilz«-Felsen.

Insgesamt gibt es so viel zu sehen und zu entdecken am Zöllnerpfad, daß man kaum vorwärts kommt. Nach und nach schwingt der Pfad mit der Küstenlinie rechts, draußen in der See liegen die Sieben Inseln (Les Sept Iles), auch das Ziel zeigt sich, die Halbinsel von Perros-Guirec. Der Zöllnerpfad passiert die Felsformation **Le Château du Diable**

Kapelle am Zöllnerpfad an der Küste des rosa Grantis bei Saint-Guirec.

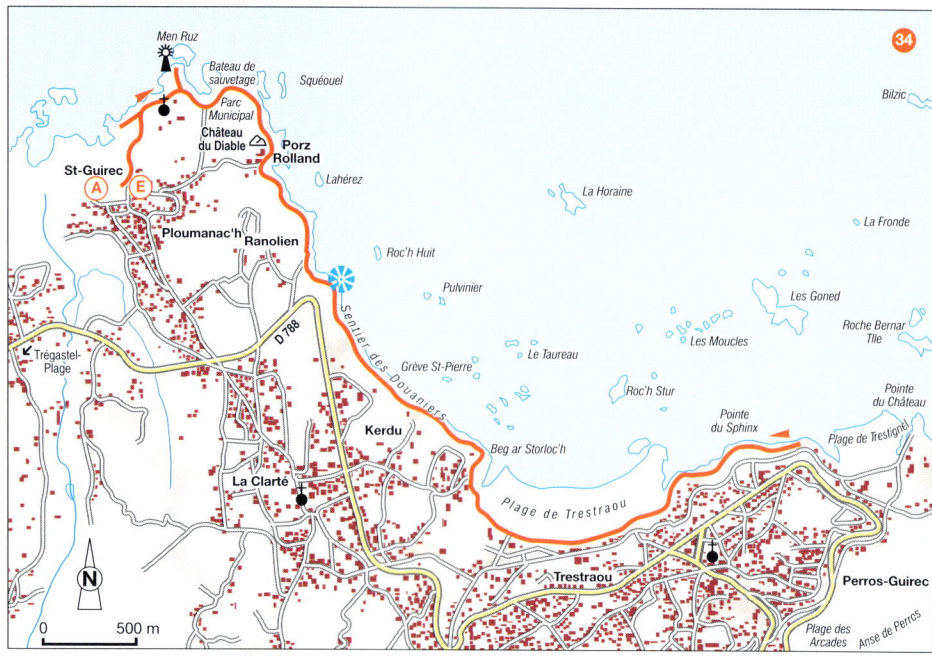

(Teufelsschloß) und erreicht schließlich die **Plage de Trestraou**, die berühmte Sandstrand-Bade- und Segelbucht von **Perros-Guirec**.

Auf dem gleichen Zöllnerpfad geht es später wieder nach **Saint-Guirec** zurück.

Nützliche Informationen ℹ️

Ausgangsort: Seebad Perros-Guirec (Côtes d'Armor).

Anfahrt/Ausgangspunkt: Von Lannion auf der D 11 nordwärts Richtung Ploumanac'h fahren; parken auf einem der Großparkplätze im Ortsteil Saint-Guirec. Ausgangspunkt ist der Badestrand Plage de Saint-Guirec.

Einkehr unterwegs: Zahlreiche Möglichkeiten in Saint-Guirec und Perros-Guirec.

Sehens- und Wissenswertes: Wer am 15. August (Mariä Himmelfahrt) in Perros-Guirec ist, kann die Wallfahrt zu Notre-Dame de la Clarté im Ortsteil La Clarté miterleben.

Auskunft: Office de Tourisme, 21 Place de l'Hôtel de Ville, 22700 Perros-Guirec, Tel. (2) 96 23 21 15.

Karte: ign série bleue, Blatt 0714 ouest Perros-Guirec.

35 Durch die Corong-Schlucht zum Menhir Quélénec

Le Guellec – Gorges du Corong – Menhir Quélénec – Le Guellec

> **Tourencharakter:** Überwiegend aussichtsreiche Heide- und Waldwanderung, meist auf einsamen Pfaden; Stiefel sind empfehlenswert.
> **Beste Jahreszeit:** Ganzjährig.
> **Weglänge:** 6 km.
> **Anstiege:** 100 Hm.
> **Reine Gehzeit:** 2 Std.

Diese wunderschöne kurze Wanderung führt zum Felsenmeer im Corong, leitet in zauberhaftem Wald am Fluß aufwärts und macht mit einem der mächtigsten Menhire der inneren Bretagne in hervorragender Aussichtslage bekannt. Der Hügel, auf dem der Menhir Quélénec bei einem Schalenfelsen aufgerichtet wurde, zählt zu den schönsten Aussichtspunkten im Argoat. Fast endlos schweift der Blick über das weite, bewaldete Land.

Der Wegverlauf

An der Verzweigung oberhalb der Parkmöglichkeit bei **Le Guellec** leitet die Markierung blauer Strich geradeaus (nicht rechts hinauf), senkt sich zwischen Ginsterbüschen und Heideland hinab und tritt in einen Eichenwald ein, in dem alle Stämme efeuumrankt sind. Sogar viele der wenigen Tannen, die sich längs eines Bachlaufs angesiedelt haben, sind von Efeu umwunden, auch Stechpalmen in teils sehr alten Exemplaren horsten in diesem eigentümlichen Eichen-Efeu-Stockausschlagwald.

Nach ¼ Stunde erreicht der Pfad das gewaltige Blockmeer, unter dem der Corong dahinrauscht, und quert es: Die blaue Strich-Markierung leitet über die Granitplatten und Felsen im Fluß. Anders als in den Felsenmeeren von Huelgoat und am Blavet sind die Blöcke nicht bemoost. Nach Überschreiten des Flusses führt ein Pfad abwärts; dort springt der Corong in kleinen Kaskaden unter dem Blockwerk hervor.

Nun führt uns die blaue Strich-Markierung auf einem Fels- und Wurzelpfad flußaufwärts, immer wieder begleitet von enormen Felsblöcken und -wänden. Nach dem Ende der Blockzone plätschert das Flüßchen ruhiger dahin, in Überschwemmungsgebieten haben sich malerische Auenwälder gebildet – ein wunderschönes Wegstück.

Schließlich durchschreitet die blaue Strich-Markierung auf Steinen einen Nebenbach, hält aufwärts, erreicht einen Fahrzeugwendeplatz, folgt wenige Meter der Zufahrt nach oben und biegt rechts in einen Waldweg ein. Dieser überschreitet den Corong auf einem Damm, schwingt gleich darauf links und zieht lange Zeit einsam und verhältnismäßig aussichtsreich durch Heide und kleinere Wälder.

Nach Überschreiten einer Kuppe, auf der Steinblöcke liegen, geht es zur kleinen Straße hinab und nach Queren der Straße auf einem Feldweg geradeaus zum **Menhir Quélénec** (Menhir Paotr Saout) auf der Anhöhe **Ménez-Guellec**.

Der in exzellenter Aussichtslage aufgestellte Menhir ist etwa 5,5 Meter hoch. Oberhalb von ihm liegt ein mächtiger Felsblock, in dessen Oberfläche eine Schale

Unterhalb des Felsenmeers tanzt der Corong in Kaskaden unter dem Blockwerk hervor.

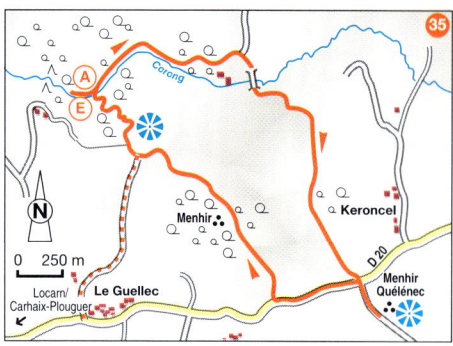

gehöhlt ist und neben dem eine Stechpalme mit korallenroten Früchten wächst. Wie von einem Thron aus schweift der Blick von diesem Schalenfelsen auf den Menhir und über das weite Hügelland des Argoat – ein phantastischer Ort für eine Rast.

Vom Menhir geht es zurück zur kleinen Straße. Der blaue Strich folgt der Straße wenige Minuten aussichtsreich abwärts (links) und biegt vor der Kurve (weiter unten steht ein weiterer Menhir) rechts auf einen Feldweg ab. Der Weg hält in der Heide aufwärts und taucht bald darauf in einen zerzausten Hain, in dem ein eigentümlich geformter Menhir aufrecht steht, während der zweite, etwa gleich hohe, neben ihm auf der Erde liegt (er ist oder wurde umgestürzt). Obwohl die Wald- und Orkanschäden in der Umgebung unübersehbar sind, läßt sich hier angenehm rasten. Wie es heißt, gibt es *»männliche«* und *»weibliche« Menhire*; sie wurden oft paarweise aufgerichtet. Während der Rast kann man versuchen herauszubekommen, welches denn nun der »männliche« und welches der »weibliche« Menhir ist.

Anschließend zieht der Weg weiter aussichtsreich durch die Heide, eine der typischen »Ossian-Heiden« der Bretagne. Der grasige Weg erklimmt erneut einen Hügel, auf dem Steinblöcke liegen und von dem sich eine prachtvolle Aussicht bietet. Dann führt der blaue Strich abwärts und leitet zwischen Ginsterbüschen zum Parkplatz bei **Le Guellec** zurück.

Nützliche Informationen ℹ️

Ausgangsort: Carhaix-Plouguer (Finistère).
Anfahrt/Ausgangspunkt: Von Carhaix-

Plouguer führt die kleine Straße D 20 nordostwärts Richtung Trébrivan, Locarn und Saint-Nicodème. In dem Weiler Le Guellec biegt man beim Schild »Gorges du Corong« links ab auf einen arg holprigen Feldweg (man kann ihn auch zu Fuß gehen: schöne Aussicht), der nach einer Weile irgendwo endet; dort ist – bei einer nichtssagenden Übersichtstafel – der Ausgangspunkt.
Einkehr unterwegs: Keine.
Sehens- und Wissenswertes: Die Stadt Carhaix-Plouguer (Finistère) bestand schon in gallorömischer Zeit. Im 6. Jahrhundert war sie die Hauptstadt des Reichs des blutigen Comorre »Blaubart«; die Stadtkirche (16.–19. Jh.) ist dem heiligen Trémeur geweiht, dem Sohn von Blaubart und dessen fünfter ermordeter Ehefrau, der heiligen Tréphine (vgl. Tour 12).
Auskunft: Office départemental du Tourisme, 11 rue Théodore-le-Hars, 29104 Quimper Cedex, Tel. (2) 98 53 09 00.
Karte: ign série bleue, Blatt 0717 est Maël-Carhaix.

36 Ungezähmte Natur – die Flußschwinde des Blavet

Chaos de Toul-Goulic – Gorges de Toul-Goulic – Chaos de Toul-Goulic

> **Tourencharakter:** Schluchtwanderung auf teilweise beschwerlichem Pfad; Stiefel mit griffigen Sohlen sind empfehlenswert.
> **Beste Jahreszeit:** Ganzjährig, außer bei Schneelage.
> **Weglänge:** 10 km.
> **Anstiege:** 200 Hm.
> **Reine Gehzeit:** 3 Std.

Diese prächtige Waldwanderung erschließt einen der wildesten Schluchtabschnitte des Blavet. Während viele der Schluchten im Inneren der Bretagne »kultiviert« wurden – in einem anderen Blavet-Schluchtabschnitt wurde der Lac de Guerlédan aufgestaut, durch die Daoulas-Schlucht führt eine

In der Schlucht des Blavet.

Straße –, ist dieser Abschnitt noch weitgehend naturbelassen.

Der Wegverlauf

Vom Parkplatz führt ein Waldpfad zwischen bizarrwüchsigen Eichen durch die von mächtigem Blockwerk durchsetzte Talflanke steil hinab zum **Chaos de Toul-Goulic**. Ähnlich wie der Silberfluß bei Huelgoat und der Corong bei Le Guellec verschwindet der Blavet hier unter einem Felsenmeer aus gewaltigen Granitblöcken.

Die rot-weiße Weitwanderwegmarkierung folgt von der Flußschwinde aus dem Felsenmeer auf einem Pfad schluchtabwärts; nach einer Weile taucht der Blavet wieder unter den Felsblöcken auf. Es ist ein schöner, romantischer Pfad in einem Wald, in dem Buche und Eiche dominieren und auch Efeu und Stechpalme nicht fehlen. Da der Pfad verhältnismäßig beschwerlich ist, wird er nur selten begangen: Er springt über Felsen und Wurzeln, hält je nach Gelände im Steilhang schweißtreibend aufwärts, senkt sich wieder hinab, zuweilen muß man unter gestürzten Baumstämmen hindurchkriechen, Efeugirlanden und Brombeergerank sind beiseitezuschieben, Felskanzeln bieten sich als natürliche Rastthrone über dem Fluß an.

Nach einer Weile wird das Gelände zahmer, die rot-weiße Markierung quert eine Départementstraße und taucht dann in die **Gorges de Toul-Goulic** ein, einen weitaus längeren Schluchtabschnitt, der als noch schöner als der erste empfunden werden kann. Nach der beeindruckenden Wanderung durch den tiefsten Schluchtabschnitt – die Flanken schwingen bis zu 70 Meter himmelwärts – beginnt bei einer einsamen Mühle das kultivierte Land, und die rot-weiße Markierung entfernt sich vom Fluß. Hier kann man am Waldrand sitzen und rasten, über das Land schauen und sich fragen, ob nicht eine Trekkingtour auf einem der Weitwanderwege quer durch die Bretagne und längs ihrer Küsten eine faszinierende Angelegenheit wäre.

Nach der Rast kehren wir um, tauchen wieder ein in die Schlucht und wandern zurück zum **Chaos de Toul-Goulic**.

Nützliche Informationen

Ausgangsort: Kergrist-Moëlou (Côtes d'Armor).

Anfahrt/Ausgangspunkt: Kergrist-Moëlou in nordöstlicher Richtung verlassen und nach Passieren des Dorfs Trémargat der Ausschilderung »Toul-Goulic« bis zum Parkplatz (= Ausgangspunkt) folgen.

Einkehr unterwegs: Keine.

Sehens- und Wissenswertes: Kergrist-Moëlou besitzt eine eindrucksvolle Kirche

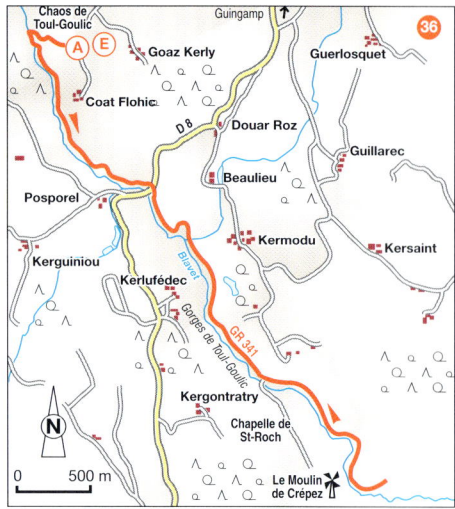

36

37 Vom Cap Fréhel zum Fort de la Latte

Cap Fréhel – Fort de la Latte –
La Motte – Besnard – Cap Fréhel

Tourencharakter: Aussichtsreiche
Küsten- und Binnenlandwanderung auf
Pfaden und bequemen Wegen.
Beste Jahreszeit: Ganzjährig.
Weglänge: 13 km.
Anstiege: 200 Hm.
Reine Gehzeit: Gut 3 Std.

Vom Cap Fréhel, das als eines der großartigsten Naturdenkmäler der Bretagne gilt, führt
diese Wanderung an der Côte d'Emeraude
(Smaragdküste) zum Fort de la Latte und
weiter durch die Heiden des Binnenlands
zur Westküste.

Der Wegverlauf

Vom Leuchtturm auf dem **Cap Fréhel** leitet
die rot-weiße Weitwanderwegmarkierung zur
Nordspitze des Kaps hinab, dessen Felswän-

aus dem 16. Jahrhundert (s. Foto S. 91); der
Calvaire davor zeigt mehr als 100 Personen.
Auskunft: Office départemental du
Tourisme, 11 rue Théodore-le-Hars,
29104 Quimper Cedex, Tel. (2) 98 53 09 00.
Karten: ign série bleue, Blatt 0717 est Moël-
Carhaix und Blatt 0817 ouest Saint-Nicolas-
du-Pélem.

Vom Menhir Doigt de Gargantua (Gargantuas Finger) fällt der Blick auf das Fort de la Latte.
Der ungewöhnlich dünne Menhir soll dem Riesen Gargantua als Spazierstock gedient haben.

de 60 lotrechte Meter der tosenden See entragen. Bei klarer Sicht öffnet sich ein weites Panorama: im Osten bis zur Pointe du Grouin jenseits von Saint-Malo, im Nordosten bis zu den Kanalinseln, im Nordwesten bis zur Ile de Brehat. Der Granit des Kaps und in der Umgebung schimmert an sonnigen Nachmittagen in einem leichten Rot.

Vom Kap leitet die rot-weiße Markierung über der Steilküste zum weithin sichtbaren Fort de la Latte. Noch in Kapnähe zeigt sich dicht vor der Küste der Vogelfelsen **La Fauconnière**, auf dem Seemöwen und Kormorane eine Heimat gefunden haben; das Gebiet um die Fauconnière ist als *Vogelschutzgebiet* ausgewiesen.

In stetem Auf und Ab zieht die Markierung weiter über der Steilküste entlang, meist zwischen Heide und Ginster, zuletzt am Rand von Gehölzen, und tritt schließlich in den **Parc de la Latte** ein, den Park des gleichnamigen Forts. Das **Fort de la Latte** wurde im 13./14. Jahrhundert für das Adelsgeschlecht Goyon-Matignon errichtet und im 17. Jahrhundert von Vauban erneuert; es ist in Privatbesitz und kann besichtigt werden.

Wenn die Markierung den Zugangsweg zum Fort kreuzt, gelangt man auf dem Weg in 5 Minuten zum **Menhir le Doigt de Gargantua** (der Finger Gargantuas). Dieser Menhir, von dem aus sich ein schöner Blick auf das Fort bietet, ist fast 3 Meter hoch, aber nur 20 Zentimeter schmal; er wird auch als »Spazierstock Gargantuas« bezeichnet. Im Felsblock hinter ihm sind die Abdrücke von

zwei Füßen (oder Schuhsohlen) zu erkennen; die Sage meint, hier habe der Riese Gargantua gestanden und aufs Meer hinausgeschaut; dabei habe ihm der Menhir als Spazierstock gedient.

Vom Fort leitet die Markierung weiter an der Küste entlang, bald außerhalb des Parks. Gut 20 Minuten ab dem Fort de la Latte senkt sie sich in eine kleine Talkerbe hinab, und zwar in die zweite nach Passieren des Caps **Le Vaugamont**.

Hier wenden wir uns von der rot-weißen Markierung ab und gehen rechts hinauf in den Weiler **La Ville Tourin**, lassen uns von der Markierung gelber Strich zum weithin sichtbaren Wasserturm und danach durch Feld- und Wiesenflur sowie durch Heide und Ginsterbüsche leiten.

Wenn die Route ein Wegedreieck in Straßennähe erreicht, geht es halb links weiter (gelber Strich auf einem kleinen Stein mitten auf dem Grasweg) durch Ginsterlandschaft in den Weiler **Besnard**. Dort folgen wir kurz der Straße (links) und biegen gleich darauf bei Rastbänken und -tisch rechts auf einen grasigen Heideweg ab: Er durchquert eine sanfte Senke und stößt wieder auf den Küstenpfad, der (rechts) zum **Cap Fréhel** zurückleitet.

Nützliche Informationen

Ausgangsort: Saint-Cast-le-Guildo (Côtes d'Armor).
Anfahrt/Ausgangspunkt: Ausgangspunkt ist der Parkplatz vor dem Leuchtturm am Cap Fréhel nordwestlich von Saint-Cast-le-Guildo (jenseits der Baie de la Frénaye). Von Saint-Cast auf der D 13 nach Matignon fahren, weiter auf der D 786 Richtung Le Val-André/Saint-Brieuc, bis die kleine D 34 rechts Richtung »Cap Fréhel« abzweigt.
Einkehr unterwegs: Saisonal hat das Restaurant »La Fauconnière« am Cap Fréhel geöffnet.
Auskunft: Office de Tourisme, Place Général-de-Gaulle, 22380 Saint-Cast-le-Guildo, Tel. (2) 96 41 81 52.
Karte: ign TOP 25, Blatt 1016 ET Saint-Cast-le-Guildo/Cap Fréhel.

Kletterausflug an der Pointe du Grouin.

38 Wilde Schönheit: Pointe du Grouin

Plage du Verger – Pointe du Grouin – Basse Cancale – Plage du Verger

Tourencharakter: Binnenlandwanderung auf Pfaden und bequemen Wegen.
Beste Jahreszeit: Ganzjährig.
Weglänge: 10 km.
Anstiege: 200 Hm.
Reine Gehzeit: 3 Std.

Diese Steilküsten-, Binnenland- und Sandstrandbadebuchten-Wanderung umrundet die felsige Pointe du Grouin am Ostende der

Côte d'Emeraude. Die Wanderung kann als wilder und abwechslungsreicher als die am Cap Fréhel empfunden werden. Immer wieder öffnen sich traumhafte Panoramen.

Der Wegverlauf

Neben dem oberen Parkplatz beim Strand **Plage du Verger** steht oberhalb versumpfender Teiche die im 19. Jahrhundert an alter Stelle wiedererrichtete *Wallfahrtskapelle Notre-Dame-du-Verger*. An den Wänden im Inneren hängen Hunderte von Plaketten und Zetteln, auf denen der Schutzheiligen für ihre Hilfe gedankt wird.

Von der Kapelle geht es auf einem Pfad neben dem Fahrweg zur Plage du Verger hinab. Die grasbewachsenen Dünen am Rand dieses sehr schönen Sandstrands stehen unter Naturschutz und dürfen nicht betreten werden. Hinter dem Grasdünengürtel öffnet sich das Halbrund der an den Seiten von Felswänden flankierten Badebucht.

Auf dem Weg vor dem Dünengürtel hält die rot-weiße Weitwanderwegmarkierung ostwärts, erklimmt die Felsen und folgt einem Pfad auf der Abbruchkante der Steilküste zur **Pointe du Grouin**. Die wilden Felsszenerien am Kap beeindrucken auch bei tiefhängenden Wolken, und bei klarer Sicht ergibt sich ein Rundblick vom Mont Saint-Michel bis zu den Kanalinseln und zum Cap Fréhel. Bei Ebbe kann man durch die Felsen hinabklettern und findet eine bis zu

Die Vogelschutzinsel Ile des Landes und der Leuchtturm vor der Pointe du Grouin.

10 Meter hohe und 30 Meter tiefe Höhle. Östlich vorgelagert ist der Pointe du Grouin die langgestreckte Vogelschutzinsel Ile des Landes.

Von der Pointe du Grouin leitet die rotweiße Markierung weiter auf dem Küstenpfad, nun in Richtung der Venusmuschel- und Austernfischerstadt Cancale. Sie verbirgt sich hinter Landzungen, die weit in die See hineinstoßen. Hinter der ersten Landzunge erreicht man die Badestrand- und Yachthafenbucht **Port-Mer**. Auf der Landzunge **Pointe du Catry** jenseits der Bucht nähert sich die Küstenwanderung dem Ende. Es ist eigenartig, an allen Nordküsten der Bretagne Felsen vorgefunden zu haben und nun auf die flache Wattenmeerküste der Bucht des Mont Saint-Michel zu blicken: Abrupt enden bei Cancale die Felsen. Wie es heißt, wurde

das gesamte Land während der großen Erdbeben-Sturmflut des Jahres 709 von der See verschlungen.

Von der Pointe du Catry zieht die rotweiße Markierung in die schmale Bade-, Campingplatz- und Bootsbucht **Port Pican** hinab. Hier verlassen wir den Küstenpfad, gehen die kleine Zufahrtsstraße hinauf, unterqueren mit der blauen Strich-Markierung eine Straßenbrücke und wenden uns kurz darauf im Dorf **Basse Cancale** links (kleiner Durchlaß zwischen Häusern). Der blaue Strich zeigt bald nach rechts, durchzieht Felder und Wiesen und leitet zurück zum Ausgangspunkt, der schönen Sandstrandbucht **Plage du Verger**.

Nützliche Informationen

Ausgangsort: Saint-Malo (Ille-et-Vilaine).
Anfahrt/Ausgangspunkt: Zwei kleine Parkplätze gibt es am Strand La Plage du Verger, der an der Küstenstraße von Saint-Malo

38
Pointe du Grouin
La Foi
La Truie
Île des Landes
Vogelschutzgebiet
Chenal de la Vielle Rivière
0
500 m
Pointe de la Moulière
D 201
Balise
Port-Mer
Plage du Verger
Basse Cancale
Pointe du Cahtry
Port Pican
Notre-Dame du Verger
E
A
Saint-Malo
Cancale

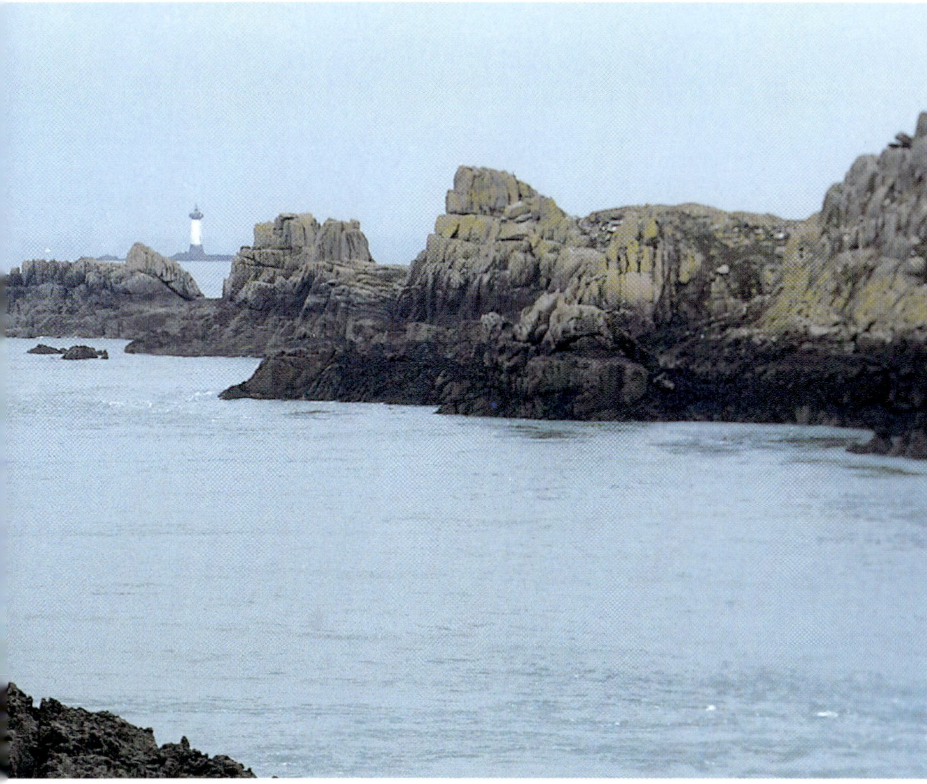

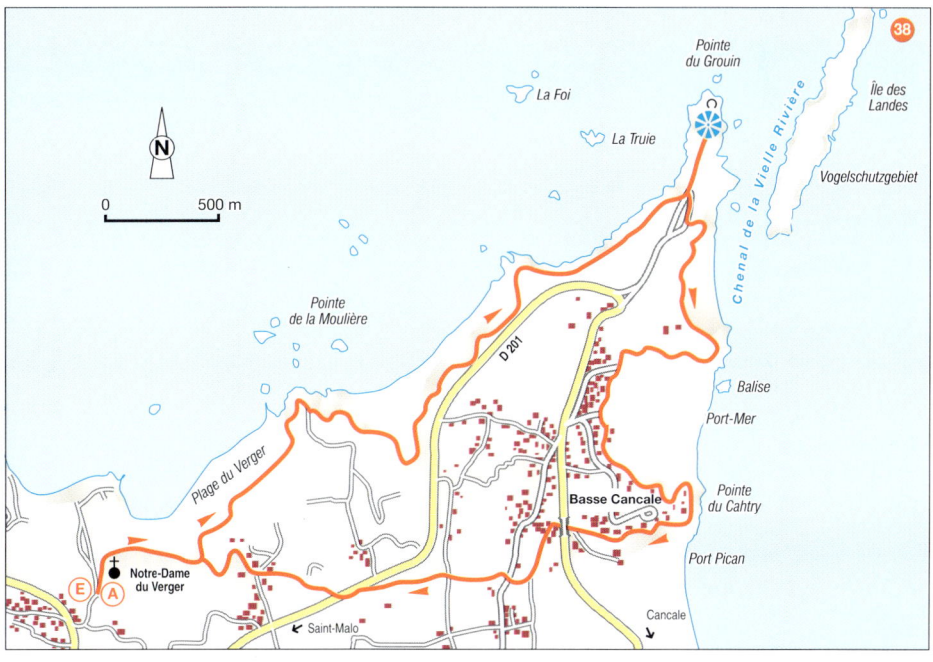

Richtung Pointe du Grouin schlecht ausge-schildert ist. Ausgangspunkt der Tour ist am oberen Parkplatz bei der Kapelle; man kann aber auch am unteren Parkplatz am Strand parken.

Einkehr unterwegs: Restaurant an der Pointe du Grouin, diverse Einkehrmöglichkeiten an der Plage Port-Mer.

Sehens- und Wissenswertes: Die Stadt Saint-Malo an der Mündung der Rance ist Seebad, Hafenort und bedeutendes Fremdenver-kehrszentrum (schöne Altstadt). Das Gezei-tenkraftwerk im Mündungstrichter der Rance nutzt den gewaltigen Tidenhub von mehr als 13 Metern. Der berühmteste Sohn der Stadt ist der Dichter und Diplomat François René Vicomte de Chateaubriand. Wer die vorge-schlagene Wanderung am 15. August macht, kann die Wallfahrt zu Notre-Dame-du-Verger miterleben.

Auskunft: Office de Tourisme, Esplanade Saint-Vincent, 35400 Saint-Malo, Tel. (2) 99 56 64 48; Office de Tourisme, 44 Rue du Port, 35260 Cancale, Tel. (2) 99 89 63 72.

Karte: ign TOP 25, Blatt 1215 OT Le Mont Saint-Michel/Dol-de-Bretagne.

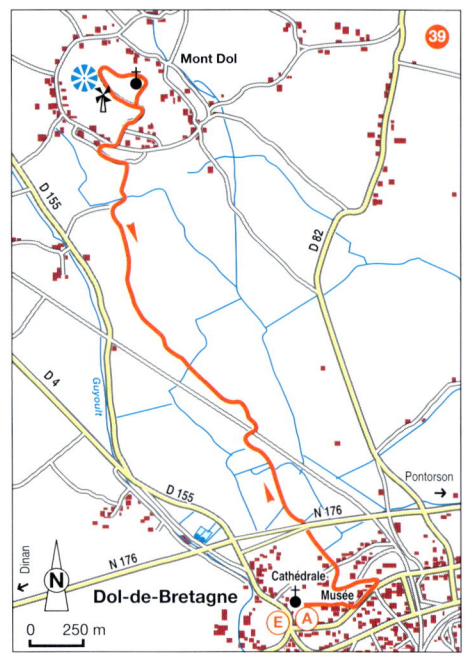

39 Auf den Mont Dol

Dol-de-Bretagne – Mont Dol – Dol-de-Bretagne

> **Tourencharakter:** Aussichtsreiche Streckenwanderung durchs Binnenland auf meist bequemen Wegen.
> **Beste Jahreszeit:** Ganzjährig.
> **Weglänge:** 8 km.
> **Anstiege:** 200 Hm.
> **Reine Gehzeit:** Gut 2 Std.

Von der gotischen Kathedrale der alten Bi-schofsstadt Dol-de-Bretagne mit ihrem spät-mittelalterlichen Altstadtkern leitet diese be-queme Wanderung durch Felder und Wie-sen zum Mont Dol, der eine phantastische Rundschau gewährt.

Dol-de-Bretagne ist der auf einem Felsriff

gelegene Vorort des Marais, einer sumpfigen Bruchlandschaft, die mittlerweile entwässert und nicht mehr vorhanden ist, aber immer noch so heißt.

Um 550 kam der heilige Samson, der Erz-bischof von York, übers Meer gefahren und ließ sich hier nieder. Er wurde der erste Erz-bischof der Bretagne und wird als einer der sieben Gründer der Bretagne verehrt. Tatsächlich blieb Dol-de-Bretagne bis 1801 das christlich-religiöse Zentrum der Breta-gne (seither Rennes). Die Ausmaße der in Granit errichteten Kathedrale spiegeln die einstige Bedeutung von Dol wider.

Das Feld der Schmerzen

Südlich von Dol steht auf dem Champ-Do-lent, dem Feld der Schmerzen, der 8,60 Me-ter hohe *Menhir Champ-Dolent*. Dort kämpften einst die Heere dreier verfeindeter Brüder mit derartiger Heftigkeit, daß das Blut der Erschlagenen wie eine Flut über das Land floß und sogar Mühlräder in Bewegung setzte. Um das Massaker zu beenden, warf der Himmel einen langen Stein herab, der noch heute aufrecht in der Erde steckt: Es ist der sehenswerte Menhir Champ-Dolent.

Der Wegverlauf

In **Dol-de-Bretagne** aus der gotischen *Kathedrale Saint-Samson* (12./13. Jh.) tretend, wenden wir uns links, gehen an dem mächtigen Bauwerk entlang und am *Musée historique* vorbei und folgen der autofreien Rue Ceinte, einer Gasse mit Häusern aus dem 15. bis 17. Jahrhundert. Wenn sie auf die größere, ebenfalls von alten Häusern gesäumte Rue Le-Jamptel mündet, geht es links weiter zur Place Chateaubriand und dort links zu den Stadtmauern (Remparts) mit Blick zum Mont Dol.

Wir folgen dem aussichtsreichen Spazierweg Promenade de Douves außerhalb der Stadtmauern links, halten am Ende geradeaus, steigen entsprechend der rot-weißen

Da die Wanderpfade der Bretagne passagenweise von Ginsterbüschen und Gestrüpp überwuchert sind, empfehlen sich generell feste Stiefel und lange Hosen.

Markierung eine Treppe hinab und lassen uns von dieser Markierung in die Felder und Wiesen leiten. Der Krone eines ehemaligen Deichs folgt die Schnellstraße N 176, die unsere Markierung unterquert, um dann zum **Mont Dol** weiterzuziehen.

Im winzigen Dorf im Hang des Mont Dol steht eine alte *Kirche*, deren Inneres Fresken aus dem 12./13. Jahrhundert schmücken. Steil leitet die rot-weiße Markierung an der Kirche vorbei und auf den plateauförmigen, weitläufigen Gipfel des Bergs, auf dem mehrhundertjährige Kastanien wachsen; eine von ihnen (die geborstene rechts) soll im 17. Jahrhundert gepflanzt worden sein. Auf dem höchsten Punkt des Bergs erhebt sich ein *Turm* mit der Monumentalstatue einer Schutzmantelmadonna (19. Jh.).

Auch ohne Turmbesteigung bietet sich von dem allseits in Felswänden abbrechenden Gipfelbereich eine phantastische Aussicht: Über die schachbrettmusterartig mit Wallhecken und Pappelreihen bepflanzten Polder des ehemaligen Marais von Dol schweift der Blick bis zum Mont Saint-Michel und begegnet im Nordosten den Kanalinseln, während sich im Nordwesten jenseits der Fischerstadt Cancale die Steilküste der dort beginnenden Côte d'Emeraude zeigt.

In gallorömischer Zeit soll sich auf dem Gipfel des Mont Dol ein Diana-Tempel befunden haben, und zwar dort, wo sich die Wallfahrtskapelle von *Notre-Dame-de-l'Espérance* (Unsere liebe Frau der Hoffnung) erhebt. Auch ein Mithras-Tempel soll hier gestanden haben, ehe im 7. Jahrhundert die Christianisierung begann und der Erzengel Michael den Teufel vertrieb. Der Felsblock neben der Kapelle zeigt – wie kundige Informationstafeln verraten – die Krallen des Teufels, und der lotrecht abstürzende Felsen hinter diesem Felsblock war der Thron des Teufels. Michael stürzte den Teufel vom Berg, doch der tauchte plötzlich auf dem Mont Saint-Michel auf, und so mußte der Erzengel einen gewaltigen Sprung tun, um den Teufel auch von dort zu vertreiben. Der Fußabdruck, den der Engel hinterließ, als er sich vom Felsen abstieß, ist ebenfalls zu sehen.

Der Gipfelbereich des Mont Dol ist ein sehr schöner Ort für eine ausgiebige Rast. Wer einkehren will, findet ein Restaurant am anderen Ende des Plateaus bei der kleinen Windmühle. Nach der Rast geht es auf demselben Weg nach **Dol-de-Bretagne** zurück.

Nützliche Informationen

Ausgangsort: Dinan (Côtes d'Armor).
Anfahrt/Ausgangspunkt: Ausgangspunkt ist der Parkplatz vor der Kathedrale Saint-Samson in Dol-de-Bretagne nordöstlich von Dinan. Dol ist am raschesten zu erreichen auf der autobahnähnlich ausgebauten N 176 Dinan – Dol – Pontorson.
Einkehr unterwegs: In Dol-de-Bretagne, im Weiler Mont Dol und auf dem Gipfel des Mont Dol.
Sehens- und Wissenswertes: Die von einer mächtigen Burg überragte Stadt Dinan an der Rance hat eine sehenswerte malerische Altstadt.
Auskunft: Office de Tourisme, 6 Rue de l'Horloge, 22100 Dinan, Tel. (2) 96 39 75 40; Office de Tourisme, Hôtel de Ville, 35120 Dol-de-Bretagne, Tel. (2) 99 48 15 37.
Karte: ign TOP 25, Blatt 1215 OT Le Mont Saint-Michel/Dol-de-Bretagne.

40 Mont Saint-Michel – Wunder des Abendlandes

Le Rivage – Mont Saint-Michel – Rocher de Tombelaine – Le Rivage

Tourencharakter: Kombinierte Deich- und Wattwanderung.
Beste Jahreszeit: Ganzjährig. Die Wattwanderung ist ausschließlich in der Zeit 2½ Stunden vor bis 1 Stunde nach Niedrigwasser möglich.
Weglänge: 17 km, davon 11 km auf dem festen Land.
Anstiege: Unter 100 Hm.
Reine Gehzeit: Gut 4 Std.

Auf einem Deich, der vom Massentourismus unberührt geblieben ist, leitet diese Wanderung durch die von Lämmern und Seevögeln belebten Salzwiesen an der Wattenmeerküste zur Felsinsel des Mont Saint-Michel. Die anschließende Wattwanderung zur Felsinsel La Tombelaine ist ausschließlich in der Zeit 2½ Stunden vor bis 1 Stunde nach Niedrigwasser möglich. Die Niedrigwasserzeiten sind außen am Mont Saint-Michel angeschlagen. Gehen Sie nie bei Nebel ins Watt; verlassen Sie es bei aufziehendem Gewitter oder Seenebelbänken sofort; meiden Sie bei auflaufendem Wasser die Nähe der Priele; versuchen Sie niemals, einen Priel zu durchschwimmen; beachten Sie, daß Muschel-

bänke eine starke Verletzungsgefahr für nackte Füße darstellen.

Läßt sich die Wattwanderung tidebedingt nicht durchführen, ist es empfehlenswert, auf Felspfaden die vergleichsweise einsam gebliebene Nord- und Westflanke des Mont Saint-Michel zu erkunden: Die Chapelle Saint-Aubert steht am Nordwestfuß, die Fontaine Saint-Aubert entspringt in der Nordflanke. Die Kletterpartie dauert lang, obwohl der Felsberg einen Umfang von maximal nur 900 Metern hat, und ist im Wandervorschlag zeitlich nicht eingerechnet.

Traum und Alptraum

Auch wer den *Mont Saint-Michel*, das bekannteste Wallfahrtsziel Frankreichs, oft auf Fotografien gesehen hat, wird staunen, wenn »der Berg« zum ersten Mal in Wirklichkeit auftaucht. Wie ein überirdisches Traumgebilde enträgt dieser von einer gotischen Kathedrale überhöhte Felskegel 80 Höhenmeter dem Wattenmeer und den Treibsandbänken vor der aufgepolderten Flachlandküste an der Schnittstelle zwischen Bretagne und Normandie. Aus der Distanz läßt sich auch der Name »Wunder des Abendlandes« verstehen – ein Name, den mittelalterliche Pilger diesem Berg gaben, um das Unerklärliche, Magische, Himmlische auf eine halbwegs verständliche Formel zu bringen.

Pilger aus allen Winkeln Europas wallfahrteten diesem »Wunder des Abendlandes« zu, doch viele von ihnen waren unvorsichtig und vergaßen in ihrem heiligen Taumel beim Schlußspurt die Realität: Der Tidenhub am Mont Saint-Michel liegt bei 14 Metern, die Zeit wird hier nicht nach Auf- und Untergang der Sonne berechnet, sondern es herrscht Mondzeit mit Ebbe, Flut und Springtiden; am furchtbarsten ist die Flut bei Voll- und Neumond und zur Zeit der herbstlichen Tagundnachtgleiche. Niemand hat die Pilger gezählt, die starben, als »wie ein galoppierendes Pferd« die Flut stieg, die Baljen und Priele voll Wasser liefen und den Rückweg abschnitten. Der Mont Saint-Michel ist ein Traum, und wer sich ihm unangemessen nähert, erlebt einen Alptraum.

Nur zu Fuß erreichbar

Wer den Mont Saint-Michel aus der Ferne sieht und sich von diesem traumhaften Anblick begeistern läßt, darf nicht den Fehler begehen, ihn mit einem Auto erreichen zu wollen. Wie vor Tausenden von Jahren ist das Wunder des Abendlandes auch heute nur zu Fuß erreichbar; wer diese spirituelle Annäherung unterläßt und mit einem Automobil hinfährt, erlebt eine Enttäuschung: Auch in der Nebensaison stehen schon um 9 Uhr morgens, wenn die Pforten der einstigen Klosterstadt auf dem Felsberg öffnen, Dutzende von Campingmobilen, Reisebussen und Pkw auf den gebührenpflichtigen Großparkplätzen, und im Sekundentakt werden es Dutzende mehr. In den malerischen Gassen des »himmlischen Bergs« warten Kitsch und Klimbim auf Käufer, aus den Lautsprechern schallt zur Kaufanimierung seichte Schlagermusik.

Drachenbezwinger Michael

Wie nahezu alle Michaelsberge war der Mont Saint-Michel in heidnischer Zeit die Kultstätte einer Gottheit, von der nicht bekannt ist, wie sie hieß, die aber in der christlichen Legende als teuflischer Drachen (Schlange, Erdwurm) dargestellt wird. Der Erzengel überwindet die Erdschlange, aber tötet sie nicht: Mit seinem Speer hält er sie in Schach. Da Michael eine Lichtgestalt ist, wird angenommen, daß auf den Michaelsbergen in heidnischer Zeit einerseits die Erdgöttin, andererseits aber auch ein Lichtgott verehrt wurde. In der Verbindung »Michael und Drache« behielt das Christentum in Legende und Ikonographie, wenn auch verändert, die alten Gottheiten bei.

Legendäre Christianisierung

Im Jahr 708 erschien – wie die Legende erzählt – dem Bischof von Avranches, dem heiligen Aubert (Authbertus), der Erzengel Michael mehrmals im Traum und forderte ihn auf, auf diesem immer noch von ausgedehnten Wäldern umgebenen und von Heiden bevölkerten Felsberg eine Kapelle zu bauen. Damals erhob sich der Berg – wie die Wissenschaft weiß – nicht aus dem Wattenmeer, sondern war umgeben von festem Land und Wald.

Im März 709 erschütterte ein Erdbeben das Armorikanische Gebirge, eine gewaltige Sturmflut fraß das Land und ließ Menschen, Vieh und Dörfer für immer versinken. Damals entstand die *Baie du Mont Saint-Michel*: Der Felsberg enträgte nun nicht mehr

Zwischen Himmel, Wasser und Erde – der Mont Saint-Michel in einer Neumondnacht.

den Wipfeln von Urwäldern, sondern war eine von der See umspülte Insel im Watt.

Bischof Aubert schickte Handwerker, die eine Kapelle am Fuß des Bergs errichten sollten (die Chapelle Saint-Aubert), aber die Pläne zur Christianisierung des gesamten Bergs stießen offenbar auf derartigen Widerstand, daß der Erzengel Michael noch mehrmals dem Bischof im Traum erscheinen und ihn drängen mußte, doch endlich eine große Kirche zu bauen. Als Bischof Aubert diesem Ansinnen nicht nachkam, stieß ihm Michael einen Finger durch den Schädel; der angebliche Schädel des ungehorsamen Bischofs wird in der Kirche von Avranches aufbewahrt (wie die Wissenschaft herausgefunden hat, handelt es sich um einen im Megalithikum trepanierten Schädel).

Ab 1017 entstand das architektonisch einzigartige Ensemble, wie es heute zu erleben ist. Während der Französischen Revolution wurde die Benediktinerabtei aufgehoben, ab 1811 wurden die Gebäude als Zuchthaus benutzt. 1874 schließlich hat man den Mont Saint-Michel unter Denkmalschutz gestellt.

Der Wegverlauf

Der Ausgangspunkt-Parkplatz **Le Rivage** bietet einen malerischen Blick über die Salzwiesen hinweg zum Mont Saint-Michel. Vom Parkplatz geht es wenige Meter neben der kleinen Straße ostwärts, bis schräg links ein mit Gras bewachsener Deich abzweigt. Wir öffnen ein Holzgatter, treten auf den Deich, schließen das Gatter (damit die Schafe von den Salzwiesen nicht auf die Straße laufen) und wandern auf dem mit festen Steineinlassungen markierten Küstenpfad seewärts. Die Luft ist erfüllt vom Blöken der Lämmer und vom Schreien der Seevögel, während uns links das Bild des aus der See aufragenden Mont begleitet und rechts dahinter in der Ferne das Ziel der Wattwanderung zu sehen ist: die schwarze Felsinsel La Tombelaine.

Sobald die rot-weiße Weitwanderwegmarkierung quert, folgen wir ihr links Richtung Mont Saint-Michel. Bei Ebbe und auch schon bei ablaufender Flut verlassen viele Wanderer den Weitwanderweg, um durchs Watt zum Mont zu gelangen. Das ist die

schönste Art und Weise, sich dem Berg zu nähern, doch darf aus Sicherheitsgründen – mit der See ist nicht zu spaßen! – kein genauer Punkt angegeben werden. Bei Flut orientiert man sich an der rot-weißen Markierung bis zum Damm, der das Festland seit den 1870er Jahren mit dem Berg verbindet. Neben dem Fahrdamm leitet die Markierung dann weiter zum Mont Saint-Michel.

Der Eingang ist links (es wird kein Eintrittsgeld erhoben; links innerhalb des Eingangs befindet sich das Office de Tourisme). Der Aufstieg erfolgt auf der von Häusern aus dem 15./16. Jahrhundert flankierten Grande-Rue rechts herum. Erste Station ist die *Eglise paroissiale Saint-Pierre* (im Ursprung 11. Jh.); in ihr steht die berühmte versilberte Statue des Erzengels Michael, der die Erdschlange überwindet und sie mit seinem Speer in Schach hält. Einen vorzüglichen Ausblick gewährt der bald darauf erreichte *Nordturm*; wer eine Münze ins Turminnere wirft, darf einen Wunsch tun.

Stufen leiten weiter aufwärts zur Krone des Mont Saint-Michel. Hier stehen die *Abteikirche* (église abbatiale, 11./12. Jh., Schiff romanisch, Chor gotisch) und die *La Merveille* (»das Wunder«) genannten Klostergebäude aus der Zeit der Gotik. Die *Krypten*, darunter die Krypta der Schwarzen Madonna Notre-Dame-sous-Terre (Unsere liebe Frau unter der Erde) und die Krypta von Notre-Dame-des-Trente-Cierges (Unsere liebe Frau der 30 Kerzen), können nicht individuell, sondern nur im Rahmen einer Führung besichtigt werden. Empfehlenswert ist es, auch durch den gotischen *Kreuzgang* (cloître) zu wandern; dahinter liegen die *Klostergärten*.

Nach dieser Kurzvisite auf dem Mont Saint-Michel verlassen wir den Berg, wenden uns links und treten die Wattwanderung an. Schon nach wenigen Dutzend Metern verebbt der Lärm der Motoren, natürliche Stille kehrt ein, nach und nach verschwinden die Autos und Großparkplätze. Einzig die Nordfront des Bergs ist noch in Sicht, nichts, was an die lärmende Welt des »Fortschritts« erinnert, stört dieses wunderbare Bild. Im Watt lagern viele stundenlang, um das »Wunder des Abendlandes« zu betrachten; die wenigsten gehen ganz hinüber bis zur Felsinsel **La Tombelaine**, die heute nur noch von Vögeln bevölkert ist. Stellen, die beim Betreten nachgeben, signalisieren Treibsandbänke; sie sind zu meiden.

Der Rückweg zum Parkplatz **Le Rivage** erfolgt wieder auf dem gleichen Weg.

Nützliche Informationen

Ausgangsort: Fougères (Ille-et-Vilaine); siehe Tour 1, S. 35.
Anfahrt/Ausgangspunkt: Ausgangspunkt ist der Parkplatz Le Rivage ostsüdöstlich des Mont Saint-Michel bzw. nordnordwestlich von Fougères. Der Parkplatz liegt an der kleinen Départementstraße zwischen Mont Saint-Michel und Pontaubault. Er ist von Fougères aus zu erreichen auf der via Saint-James Richtung Avranches führenden Départementstraße.
Einkehr unterwegs: Auf dem Mont Saint-Michel.
Auskunft: Office de Tourisme, Corps-de-Garde-des-Bourgeois, 50116 Le Mont Saint-Michel, Tel. (2) 33 60 14 30.
Karten: ign TOP 25, Blatt 1215 OT Le Mont Saint-Michel/Dol-de-Bretagne und ign Série bleue Blatt 1215 est.

Reetgedeckte Auberge im einstigen Torfschifferhafen Bréca.

Anhang

Anforderungen/Saison

Die Wandersaison in der Bretagne unterscheidet sich nicht von der in unseren Mittelgebirgen: Frühjahr und Herbst – im Küstenbereich auch der Winter – sind die schönsten Wanderzeiten. In der Hitze des Sommers hingegen ist eher das genußvolle Herumtoben in den Wellen angesagt.

Die Wanderungen in der Bretagne folgen fast ausnahmslos gut ausgeschilderten und markierten Pfaden, Steigen und Wegen. Die An- und Abstiege sind so gering, daß sie prinzipiell als vernachlässigbar angesehen werden können.

Die Kilometerangaben sind ein Hinweis auf die Kondition, die mitgebracht werden muß, damit das Wandern Spaß macht. Die Stundenangabe ist nur ein vager Anhaltspunkt: Luftfeuchtigkeit, Temperatur, Beschaffenheit des Geländes je nach Jahreszeit, Witterung und Wetter (Trockenheit, Schnee, Glätte, aufgeweichter Boden), die persönliche Verfassung, die Rücksichtnahme auf eventuell schwächere Partner und viele andere Faktoren bestimmen die tatsächliche Gehzeit.

Bei den Wanderungen an den felsigen Steilküsten ist *Trittsicherheit* erforderlich, da es – glücklicherweise – generell keine Geländer und andere naturverschandelnde Sicherungen gibt. Einige Felspassagen können als schwindelerregend empfunden werden und/oder Ungeschickte und Leichtsinnige in Absturzgefahr bringen. Objektiv bietet keine dieser Passagen größere Schwierigkeit als ein »normaler« Pfad: weder Klettern noch Kraxeln ist erforderlich, aber – wie immer – umsichtiges Gehen, und dies nicht nur bei Nässe.

Da die Überzivilisation der Städte immer mehr Menschen in die Natur drängt, häufen sich Unfälle, und der Ruf nach einem Schutz der Unvorsichtigen vor der ach so tückischen Natur wird auch in der Bretagne lauter. Die Sicherungen, die am Cap de la Chèvre gebaut wurden, liefern einen Vorgeschmack auf das, was uns erwartet, wenn der Sicherheitswahnsinn Wirklichkeit wird: Der Steilküstenpfad am Kap wurde an der Abbruchkante mit Stacheldrahtrollen »gesichert«, damit Stöckel- und Turnbeschuhte nicht ins Meer stürzen. In letzter Konsequenz würde dieses unverhältnismäßige Sicherheitsbestreben dazu führen, die ganze Küste mit Stacheldraht zu garnieren: Wie aus einem Gefängnis heraus dürfen wir dann über Stacheldrahtrollen hinweg einen Blick auf die See wagen – und nie mehr werden Unvorsichtige in Gefahr kommen können.

Wer diesen Wanderführer benutzt, soll nicht sagen dürfen, dieser Führer habe das verschwiegen: Die Steilküstenpfade erfordern Trittsicherheit und – wie generell bei Wanderungen in Felsgelände – Berg- oder Trekkingstiefel mit rutschfesten Profilsohlen.

Auskunft

Am Schluß jeder Wanderung sind unter »Nützliche Informationen« die Anschriften der Fremdenverkehrsämter angegeben. Diese schicken Informationsmaterial zu und sind bei der Unterkunftsuche behilflich. In Deutschland ist Info-Material erhältlich beim Frankreich-Service unter der Rufnummer 0190–570025.

Weitere Kontaktadressen:

Französisches Fremdenverkehrsamt
Kaiserstraße 12
D-60311 Frankfurt am Main
Tel. (069) 7 56 08 30

France touristique
Argentiniastraße 41
A-1040 Wien
Tel. (00 43 1) 5 03 28 90

Französisches Fremdenverkehrsamt
Bahnhofstraße 16
CH-8022 Zürich
Tel. (00 41 1) 2 11 30 85

Ausrüstung

In den schneefreien Monaten reicht eine Ausrüstung mit folgenden Grundelementen:

Leichte Berg-/Trekkingstiefel
Tagesrucksack
Sonnenschutz
Kälteschutz
Windschutz
Regenschutz
Mückenschutz
Karte
Badebekleidung
Stirnlampe

Die Stirnlampe hat sich als unverzichtbar im Inneren vieler Dolmen und anderer Megalithanlagen erwiesen.

Auf Wanderungen ist es zwar am praktischsten, ohne lästige Badekostüme ins Meer zu springen, aber das ist in der Bretagne nicht üblich und wird als anstößig empfunden. Da wir in der Bretagne Gäste sind und als solche die Kultur des Gastlandes respektieren müssen, wenn wir nicht im negativen Sinne als »Ausländer« bezeichnet werden wollen, darf im Wandergepäck die Badebekleidung nicht fehlen.

Da es in der Bretagne viele Fels- und Wurzelpfade gibt, sind generell feste Stiefel mit griffigen Sohlen und die Knöchel umschließenden Schäften zu empfehlen – Voraussetzung für ermüdungsfreies Gehen, für Rutschfestigkeit im trockenen Fels, für Sicherheit in sumpfigem Gelände oder auf matschigen Wegen, für Angstfreiheit vor dem Umknicken des Fußes, kurzum für genußvolles Wandern.

Baden

Die Badeverbote, auf die an vielen Küstenabschnitten Schilder hinweisen, sind unbedingt zu beachten. Grundsee und andere Strömungen haben hier schon zahlreiche Menschenleben gefordert. So idyllisch viele dieser Badeverbotsküsten aussehen: Sie sind lebensgefährlich.

Baden Sie aus diesem Grund nur an den Stränden, die als offizielle Badeplätze ausgewiesen sind (es gibt genug davon). Bei den Hunderten von einsamen, malerischen Buchten, die an Badeverbotsküsten liegen, muß man sich aufs Sonnenbaden beschränken. Mit der See ist nicht zu spaßen!

Fahrradwandern

Die Bretagne mit ihren zahlreichen Feld- und Forstwegen ist auch ein beliebtes Fahrradwandergebiet. An vielen Bahnhöfen der Eisenbahngesellschaft S.N.C.F. können Normalräder, Tourenräder und Mountainbikes geliehen werden, und in fast jedem größeren Ort gibt es einen Fahrradverleih.

Auch in verschiedenen Zügen werden Fahrräder transportiert (man beachte dazu die Anschläge in den Bahnhöfen), so daß sich reizvolle Tourenmöglichkeiten für Streckenwanderungen ergeben.

Daß das Fahrradwandern in der Bretagne beliebt ist, bedeutet nicht, daß es auch großen Spaß bereitet: Der Wind an der Küste macht Radtouren oft zu einer ganz schön zähen Angelegenheit. Zu Fuß ist man da weitaus besser dran.

Führer

Als gute Ergänzungen zu diesem Wanderführer seien folgende beiden Bücher genannt:

Der *»grüne« Michelin Bretagne* ist der (unverzichtbare) autotouristische Grundlagenführer für Reisen durch die Bretagne. Er ist nicht teuer, ist in französischer und deutscher Sprache erhältlich und enthält außer detaillierten touristischen Informationen auch einen ordentlichen Veranstaltungskalender.

Der *»schwarze« Guide de la Bretagne* von Gwenc'hlan Le Scouezec ist ein detailreicher Grundlagenführer für Kirchen, Klöster, Megalithdenkmäler und andere Stätten der »geheimnisvollen« Bretagne. Er ist nur in französischer Sprache erhältlich. ISBN 2–905939–12–5.

Darüber hinaus gibt es eine Fülle x-beliebiger Bretagne-Führer, die jedoch in bezug auf unsere Wanderungen nichts bringen. Interessant hingegen ist der im Verlag DuMont erschienene Führer *»Richtig Wandern – Bretagne«* von Karin Lucke.

Gefahren

Gesunder Menschenverstand, Kondition und Ausrüstung vorausgesetzt, ist das Wandern in der Bretagne nahezu gefahrlos. Vor jeder längeren Hochtour sollte der Wetterbericht gehört werden. Schon beim entfernten Herannahen eines Gewitters sind Klippen und Aussichtstürme, aber auch Badeteiche und Ufer von Seen sofort zu verlassen, auch Wattwanderungen sind bei aufziehenden Gewittern sowie Nebelbänken sofort abzubrechen.

Eine Gefahrenquelle wird leicht unterschätzt: Bei Nässe nutzen auf bemoostem Blockwerk oder auf Wurzeln auch die besten Stiefelsohlen nichts.

Karten

Für Wanderungen uneingeschränkt zu empfehlen sind ausschließlich die vom *Institut Géographique National (ign)* herausgegebenen Wanderkarten »*top 25*« im Maßstab 1:25000. In Gebieten, für die noch keine »top 25« erschienen ist, haben sich die topographischen Karten der »*série bleue*« (1:25000) als brauchbar erwiesen. Die Karten beider Serien sind in der Bretagne in Buchhandlungen, in großen Supermärkten, in Tabakläden usw. erhältlich.

Bei jeder Wanderung dieses Führers sind die benötigten Karten mit genauer Bezeichnung angegeben, und so läßt sich jede Karte über (fast) jede Buchhandlung bestellen. Wer die Karten in Deutschland bestellt, muß etwa 14 Tage darauf warten und bezahlt ein wenig mehr, aber man kann dafür schon vor Antritt der Reise in den Karten stöbern.

Es gibt seit neuestem keine ign-Karten im Maßstab 1:50000 mehr. Die vom ign statt dessen für einige Gebiete herausgegebenen touristischen »Cartes Spéciales« im Maßstab 1:50000 genügen nicht den Anforderungen, die eine Wanderkarte erfüllen muß.

Die aus der Autoperspektive wohl beste Übersichtskarte ist die *gelbe Michelin-Karte* »*Bretagne*« im Maßstab 1:200000.

Die Kartenskizzen des vorliegenden Wanderführers ermöglichen eine problemlose Orientierung und sind Bestandteil jeder Routenbeschreibung. Bei einigen Küstenwanderungen ist die Null-Linie (0 m über NN) eingezeichnet: Sind die Küstenabschnitte flach, so steht das Gebiet oberhalb der Null-Linie bei Flut unter Wasser.

Literatur

Der Welterfolg »Salz auf unserer Haut« von Benoîte Groult ist sicherlich der zeitgenössische Toptitel der belletristischen Vorbereitung auf eine Bretagnefahrt. Der auch verfilmte Roman schildert die heftige erotische Beziehung zwischen einer Intellektuellen aus Paris und einem potenten bretonischen Fischer.

Heftig geht es auch bei »Asterix und Obelix« zu: Listenreich machen die beiden Gallier in einem bretonischen Dorf der römischen Besatzungsmacht das Leben schwer.

Literarisch aufs engste verknüpft mit der Bretagne ist der Name des Dichters und Diplomaten Chateaubriand. Allerdings spielen seine romantischen Welterfolge »Atala« und »René« nicht in der Bretagne, sondern im Land der Indianer.

Jules Verne wurde in Nantes geboren, aber alle bretonischen Dichter aufzuzählen, würde in einem Wanderbuch wohl doch ein wenig zu weit führen. Im folgenden eine kleine Liste von Werken, deren Thema im engeren oder weiteren Sinn die »Matière de Bretagne« (Stoff aus der Bretagne, vgl. S. 30–31) ist:

Chrétien de Troyes: Yvain. Urtext, deutsche Übersetzung von Ilse Nolting-Hauff. Eidos Verlag, München 1962.
Hartmann von Aue: Iwein. Urtext, deutsche Übersetzung von Thomas Cramer. Verlag Walter de Gruyter, 3. Auflage Berlin/New York 1981.
Malory, Thomas: König Artus. Die Geschichten von König Artus und den Rittern seiner Tafelrunde. 3 Bände. Insel Verlag (insel taschenbuch 239), Frankfurt am Main 1973.
Marie de France: Die Lais. Urtext, Übersetzung von Dietmar Rieger. Wilhelm Fink Verlag, München 1980. (Eine Übersetzung ist auch in der Manesse Bibliothek erschienen.)

Markale, Jean: Die keltische Frau. Mythos, Geschichte, soziale Stellung. Goldmann Verlag, 2. Auflage München 1991.

Niel, Fernand: Auf den Spuren der großen Steine. Stonehenge, Carnac und die Megalithen. List Verlag, München 1977.

Reden, Sibylle von: Die Megalith-Kulturen. Zeugnisse einer verschollenen Urreligion. DuMont Buchverlag, 6. Auflage Köln 1989.

Télécom

Nahezu alle Telefonzellen in der Bretagne, auch auf der Belle-Ile, sind nur mit der Télécarte benutzbar (es gibt aber auch noch Telefonzellen, in die Münzen eingeworfen werden müssen). Die Télécarte ist unter anderem an Kiosks und in Tabakläden erhältlich.

Übernachtung

Gastgeberverzeichnisse sind über die Französischen Fremdenverkehrsämter erhältlich. Wer sich öfter in Frankreich aufhält, wird sich wohl irgendwann den »roten« *Michelin* zulegen, der jedes Jahr aktualisiert und neu aufgelegt wird: Er enthält nicht nur Stadtpläne (wie der »grüne« *Michelin*), sondern auch alle Anschriften und Rufnummern der Fremdenverkehrsämter sowie die Anschriften, Telefonnummern und Preise von Hotels und Restaurants einschließlich Kategorisierung.

Ute und Peter Freier

Wanderungen auf der Schwäbischen Alb

Bruckmann

Bernhard Irlinger

Radtouren
in der Toskana

Bruckmann

ERLEBNIS RAD

**Rad-Wandern in den schönsten Gebieten Europas.
Mit Bruckmanns erfolgreicher Reihe »Erlebnis Rad«.**